Armin Schöne

Digitaltechnik und Mikrorechner

Armin Schöne

Digitaltechnik und Mikrorechner

mit 102 Abbildungen und zahlreichen Beispielen

Friedr. Vieweg & Sohn   Braunschweig / Wiesbaden

CIP-Kurztitelaufnahme der Deutschen Bibliothek

Schöne, Armin:
Digitaltechnik und Mikrorechner / Armin Schöne.
— Braunschweig; Wiesbaden: Vieweg, 1984.
ISBN-13: 978-3-528-08567-4   e-ISBN-13: 978-3-322-84235-0

DOI: 10.1007/ 978-3-322-84235-0

1984

Umschlaggestaltung: Peter Lenz, Wiesbaden

Vorwort

Die Digitaltechnik und mehr noch die Mikroelektronik sind heute in vieler Munde. Sie haben zur Entwicklung neuartiger technischer Erzeugnisse und zur Verdrängung mancher älteren Formen technischer Produkte geführt und sie werden dies weiterhin tun.

Informationen kann man analog oder digital verarbeiten. Durch die Entwicklung integrierter und schließlich hochintegrierter digitaler Schaltungen wurden die Gewichte auf vielen Anwendungsgebieten sehr zu Gunsten der digitalen Informationsverarbeitung verschoben. Die Mikroelektronik hat aber nicht nur die Art und Weise der Informationsverarbeitung in technischen Systemen stark beeinflußt, sondern auch die Möglichkeiten der Informationsverarbeitung in solchen Systemen sehr erweitert.

Das vorliegende Buch behandelt den Entwurf digitaler Systeme, also den Entwurf von Schaltnetzen, Schaltwerken und Mikrorechnern. Das Buch soll einen handlichen Umfang nicht überschreiten. Die theoretischen Zusammenhänge sind knapp, aber präzise dargestellt. Darüberhinaus war es wichtig, die Schritte von der Theorie zum Entwurf zu zeigen. An geeigneten Stellen eingefügte kleinere Beispiele erläutern den Text. Außerdem enthält jedes Hauptkapitel ein vollständig ausgeführtes Entwurfsbeispiel. Text und Bilder richten sich nach den zur Zeit der Fertigstellung des Manuskriptes gültigen DIN-Normen.

Das Buch ist aus einschlägigen Lehrveranstaltungen des Verfassers hervorgegangen. Für den Studenten einer technischen Universität oder einer Fachhochschule wird es nicht genügen, das Buch nur zu lesen, sondern er muß sich die Zusammenhänge weiter verdeutlichen, indem er zum Beispiel die angeführten Beweise und Beispiele mit Bleistift und Papier selbst nachvollzieht. Der berufstätige Ingenieur oder Informatiker mag das Buch je nach den vorhandenen Erfahrungen als eine in angemessener Zeit zu erfassende Einführung in das Gebiet des Entwurfs digitaler Systeme oder auch als Grundlage benutzen, die bisher angewandten Entwurfsverfahren auf mögliche Verbesserungen zu überprüfen. Er wird dem Buch manche Anregung hierzu entnehmen können. Autor und Verlag hoffen jedenfalls, daß der vorliegende Text dem Studenten, dem Entwicklungsingenieur und anderen interessierten Anwendern das für den praktischen Entwurf notwendige Handwerkszeug und zugleich tiefere Einblicke in die Zusammenhänge unterschiedlicher Entwurfsverfahren auf unterschiedlichen Entwurfsebenen geben wird.

Der Verfasser dankt Herrn Dipl.-Ing. K.-F. Penning für Vorarbeiten, für kritische Hinweise und für Verbesserungsvorschläge zum Manuskript, ferner Herrn Prof. Dr.-Ing. H. Schwarze für die Durchsicht des Manuskripts und einige Hinweise auf sinnvolle Ergänzungen.

Armin Schöne

Im Januar 1983

Inhaltsverzeichnis

1 Einführung

Dieses Buch handelt vom gerätetechnischen Aufbau digitaler Systeme und zwar im besonderen von Verfahren zum Entwurf des Aufbaus solcher Systeme.

Was sind digitale Systeme? Es sind technische Systeme, in denen technische Größen benutzt werden, die – in der Abstraktion, nicht in der physikalischen Darstellung – nur endlich viele verschiedene Werte annehmen. Man spricht auch von Systemen, die digital arbeiten. Solche Systeme verwendet man in unterschiedlichen Ausführungsformen zur Realisierung vieler automatisch arbeitender Systeme. So sind sämtliche digitalen Rechner oder digitalen Datenverarbeitungsanlagen oder ‚Computer‘ digitale Systeme dieser Art.

Die durch das Wort ‚digital‘ ausgedrückte Eigenschaft wird im Sinn der folgenden Erläuterungen als Gegensatz zur durch ‚analog‘ ausgedrückten Eigenschaft aufgefaßt. Den üblichen physikalischen Größen weist man in der Makrophysik der Kontinua stetige Werteverläufe zu. Das gilt zum Beispiel für die an irgendeinem Ort gemessene Temperatur, eine intensive physikalische Größe. Als Wert dieser Temperatur mag man mit einem Thermometer z. B. 18,4 °C ermittelt haben. Man ist gewiß überzeugt, daß man durch Steigerung der Meßgenauigkeit weitere Stellen des Wertes der Temperatur nach dem Komma bestimmen könnte, z. B. vielleicht 18,385 °C. In der mathematischen Abstraktion gibt es keine Grenze, diese Temperatur durch beliebig viele weitere Dezimalstellen nach dem Komma immer noch genauer anzugeben. Hingegen gibt es physikalische Grenzen. Die erreichbare Meßgenauigkeit und Auflösung der Meßwerte sind beschränkt. Ferner ist die Temperatur ein Maß für den statistischen Mittelwert der Bewegungsenergien der Moleküle einer Substanz je Freiheitsgrad, so daß die Definition der Temperatur bei sehr kleinen räumlichen Bereichen und insbesondere bei einzelnen Molekülen keinen praktischen Nutzen ergibt.

Die Temperatur ist also an sich eine Größe mit stetig veränderlichen Werten. Wegen der unvermeidbaren Grenzen bei der erreichbaren Meßgenauigkeit und Auflösung kann man die Temperatur unter genügend (jedoch nicht beliebig) feiner Einteilung des Werteintervalls genauso gut als diskrete Größe darstellen.

Als umgekehrtes Beispiel kann man die Anzahl der Menschen auf der Erde betrachten. Diese Anzahl ist gewiß eine Größe mit diskreten Werten, jeder Mensch ist einzeln zählbar und sogar von allen anderen Menschen unterscheidbar. Doch ist es sinnlos, die Zahl der in irgendeinem bestimmten Zeitpunkt lebenden Menschen auf den einzelnen Menschen genau angeben zu wollen. Mit erträglichem Aufwand kann man diese Zahl vermutlich auch nicht auf 10 Millionen Menschen genau herausfinden. In realistischer Betrachtungsweise kann man also die Größe „Anzahl der Menschen auf der Erde“ genausogut als Größe mit stetig veränderlichen Werten wie als Größe mit diskreten Werten angeben.

An diesen Beispielen sollte dargelegt werden, daß man viele Größen sowohl als Größen mit stetig veränderlichen Werten als auch als Größen mit diskreten Werten darstellen kann.

Es gibt aber auch Größen, bei denen nur eine digitale Darstellung in Frage kommt, zum
Beispiel die Anzahl der auf einen Kandidaten bei einer Wahl abgegebenen Stimmen.

Der Betrachtungsweise Größe mit stetig veränderlichen Werten/Größe mit diskreten Werten
entspricht der Darstellung einer solchen Größe durch analoge Daten oder durch digitale
Daten.

Den zeitlichen Verlauf einer physikalischen Größe bezeichnet man gemeinhin als ‚Signal‘.
Im einzelnen können einem solchen zeitlichen Verlauf unter Umständen verschiedene
‚Signalparameter‘ entnommen werden, so einer genau sinusförmigen elektrischen Wechsel-
spannung die Signalparameter:

— ‚Amplitude‘: Größter Wert der Abweichung der Spannung vom Mittelwert der Spannung.
— ‚Phase‘: Zeitliche Verschiebung des sinusförmigen Signalverlaufs gegen eine sinusförmige
   Bezugsspannung gleicher Frequenz.
— ‚Frequenz‘: Häufigkeit des Durchlaufens eines ‚Phasenwinkels‘ von 2π in der Zeiteinheit.

Zwischen dem jeweils betrachteten Signalparameter und den analogen Daten zur Darstellung dieses Signalparameters muß ein Zusammenhang gemäß Bild 1.1 existieren, d. h. der
Wert der analogen Daten nimmt mit dem stetig veränderlichen Wert des betrachteten
Signalparameters linear oder zumindest monoton zu. Unter analogen Daten versteht man
den abstrakten Informationsinhalt der Werte des betrachteten Signalparameters, denkt
also an den Informationsinhalt und nicht an die Form der physikalischen Darstellung der
analogen Daten. Das bedeutet zum Beispiel bei einem elektronischen Analogrechner, daß
man unter den von einem solchen verarbeiteten analogen Daten nicht die elektrischen
Spannungen versteht, durch die diese analogen Daten dargestellt werden, sondern abstrakt
die hierdurch beschriebene Information. Diese könnte auch anders, zum Beispiel durch
gezeichnete Kurven, dargestellt werden. Da man den abstrakten Informationsinhalt meint,
kann man den Wert analoger Daten auch beliebig genau angeben. Dem entspricht die Definition in DIN 44300, wonach analoge Daten nur aus kontinuierlichen Funktionen bestehen.

Unter digitalen Daten versteht man demgegenüber bestimmte diskrete Werte der jeweils
betrachteten Größe. Bild 1.2 gibt einen möglichen Zusammenhang zwischen einem Signalparameter mit stetig veränderlichen Werten und digitalen Daten an. Man beachte, daß
bestimmte digitale Daten jeweils ein Werteintervall des Signalparameters beschreiben, zum
Beispiel Z_1 das Werteintervall $^0x_1 < x_1 < {}^1x_1$. Mit dem im Bild 1.2 dargestellten Zusam-

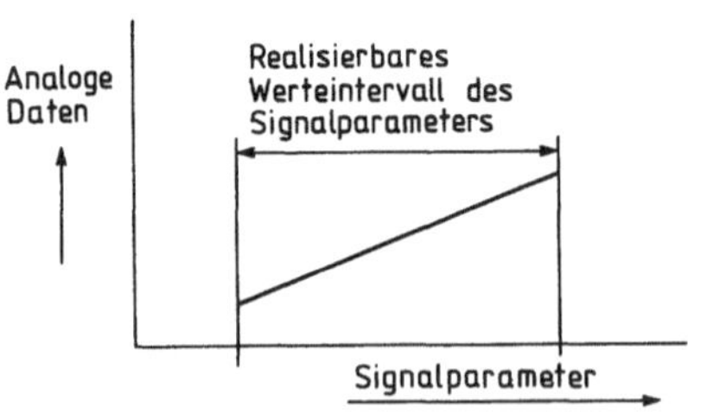

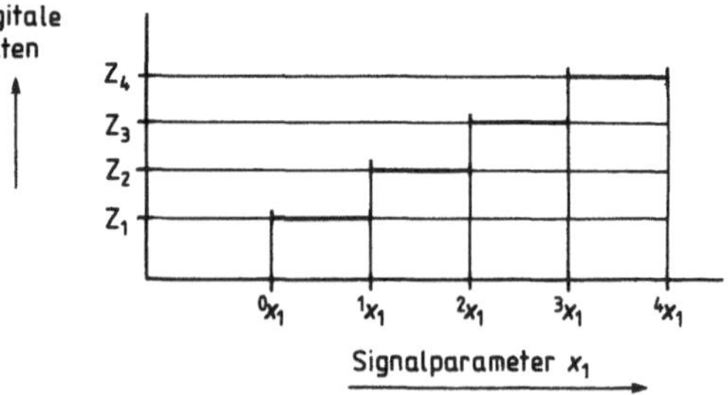

Bild 1.1 Zusammenhang zwischen einem
Signalparameter und analogen Daten

Bild 1.2 Zusammenhang zwischen einem Signalparameter und digitalen Daten

menhang sind insgesamt die digitalen Daten Z_1, Z_2, Z_3, Z_4 definiert. Durch sie wird das Werteintervall $^0x_1 < x_1 < {}^4x_1$ des Signalparameters beschrieben, wobei die Punkte $x_1 = {}^1x_1, x_1 = {}^2x_1, x_1 = {}^3x_1$ auszunehmen sind.

Im Sinne dieser Darstellung definiert DIN 44300, daß digitale Daten nur aus Zeichen bestehen. Unter Zeichen versteht man hierbei nicht irgendeine bestimmte bildliche Darstellung zum Beispiel der Buchstaben A, B, C, ..., sondern abstrakt die in einer solchen Darstellung enthaltene Information. Ein Zeichen ist ein Element aus einer zur Darstellung von Informationen vereinbarten endlichen Menge von verschiedenen Elementen. Eine solche endliche Menge wird Zeichenvorrat genannt.

Im Beispiel nach Bild 1.2 könnten die digitalen Daten aus einem Zeichenvorrat mit den Elementen Z_1, Z_2, Z_3, Z_4 bestehen. Andere Beispiele für einen Zeichenvorrat sind der abstrakte Informationsinhalt der Zeichen eines Alphabets oder der Dezimalziffern 0, 1, 2, ..., 9.

Bei der Entwicklung des gerätetechnischen Aufbaus digitaler Systeme benutzt man zur Darstellung von Informationen weitgehend lediglich einen Zeichenvorrat von zwei Zeichen. Die Zeichen dieses Zeichenvorrats nennt man Binärzeichen. Zur bildlichen Darstellung von Binärzeichen könnte man zum Beispiel Z_1 und Z_2 verwenden. Üblich ist hingegen 0 und L (DIN 19226) oder 0 und 1 (DIN 40700, Teil 14) oder L und H (DIN 40700, Teil 14). Bei den Binärzeichen 0, L bzw. 0, 1 meint man den abstrakten Informationsgehalt. Den Binärzeichen H (von High) und L (von Low) unterlegt man hingegen zusätzlich auch eine physikalische Bedeutung: H wird durch das elektrisch ‚positivere‘ Signal, L durch das ‚negativere‘ Signal dargestellt.

Falls digitale Daten durch eine größere, aber endliche Anzahl von Werteintervallen eines Signalparameters dargestellt werden, so bestehen sie aus mehrstelligen Kombinationen von Binärzeichen. Zum Beispiel könnte man in Bild 1.2 00 statt Z_1, 0L statt Z_2, L0 statt Z_3 und LL statt Z_4 schreiben. Man kann auch sagen, daß entsprechende Werteintervalle des Signalparameters x_1 die beiden Variablen X_1 und X_2 darstellen, von denen jede nur zwei verschiedene Werte, nämlich 0 oder L, annehmen kann. Solche Variablen nennt man binäre Schaltvariablen. Jede der vier möglichen Wertekombinationen von $X_1 X_2$ nennt man, wenn man sie als Einheit auffaßt, ein zweistelliges Binärwort.

Sind die $X_1, X_2, ..., X_\mu, ..., X_m$ Variable, von denen jede jeweils eine bestimmte Anzahl s verschiedener Werte annehmen kann (Schaltvariable), so bezeichnet man jede der möglichen s^m Wertekombinationen von $X_1 X_2 ... X_\mu ... X_m$ als ‚Wort‘, wenn diese Folge von Zeichen in einem bestimmten Zusammenhang als Einheit betrachtet wird. Sind die X_μ binäre Schaltvariable ($s = 2$), so spricht man unter der gleichen Voraussetzung bei jeder der 2^m möglichen Wertekombinationen von einem m-stelligen Binärwort.

In Bild 1.2 sind die zu den Werten $x_1 = {}^1x_1, x_1 = {}^2x_1$ und $x_1 = {}^3x_1$ des Signalparameters gehörenden digitalen Daten doppeldeutig. In diesen Punkten können die digitalen Daten also nicht durch den Wert des Signalparameters dargestellt werden. Entsprechendes gilt für die Darstellung der beiden Werte 0 und L einer Schaltvariablen X_1 durch einen Signalparameter x_1. Damit ein reales System genügend zuverlässig arbeitet, muß man das Werteintervall $^ux_{10} < x_1 < {}^0x_{10}$ des Signalparameters, das den Wert $X_1 = 0$ darstellt, vom Werteintervall $^ux_{1L} < x_1 < {}^0x_{1L}$, das den Wert $X_1 = L$ darstellt, durch ein genügend breites Werteintervall $^0x_{10} < x_1 < {}^ux_{1L}$ trennen (Bild 1.3). In diesem letztgenannten Werteintervall ist ein Wert der binären Schaltvariablen X_1 nicht definiert.

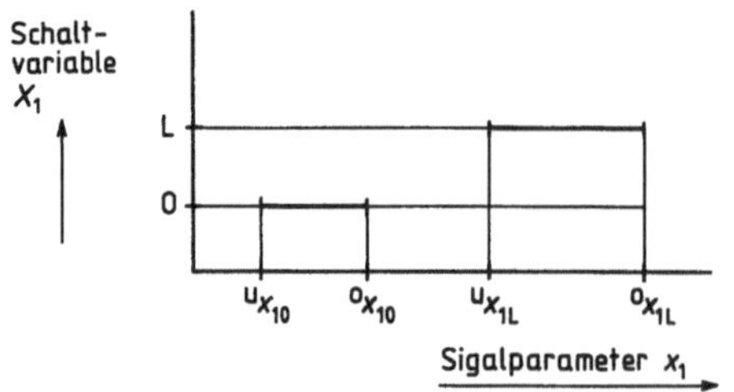

Bild 1.3

Darstellung der beiden Werte 0 und L einer Schaltvariablen X_1 durch Werteintervalle eines Signalparameters x_1

Tabelle 1.1 Übliche Wertebereiche der elektrischen Spannung zur Darstellung digitaler Daten bei (HL-)TTL-Bausteinen (Formelzeichen nach Bild 1.3)

Digitale Daten		Werte des Signalparameters (V)							
		Übliche Werte				Garantiewerte			
		$^u x_{10}$	$^0 x_{10}$	$^u x_{1L}$	$^0 x_{1L}$	$^u x_{10}$	$^0 x_{10}$	$^u x_{1L}$	$^0 x_{1L}$
L (Low)	Eingang	0	1,2			0	0,8		
	Ausgang	0	0,1			0	0,4		
H (High)	Eingang			1,6	5			2,0	(5)
	Ausgang			3,05	3,65			2,4	(5)

In Tabelle 1.1 sind Werte für den Signalparameter „elektrische Spannung" bei den elektronischen (HL-)TTL-Bausteinen (vgl. Kapitel 2) angegeben.

Beim Entwurf digitaler Systeme — so auch im vorliegenden Buch — werden Variable größtenteils als binäre Schaltvariable eingeführt. Im folgenden werden ausschließlich kausal determinierte Systeme betrachtet. Bei solchen Systemen bestimmen die Werte der Eingangsvariablen in ihrem zeitlichen Verlauf die Werte der Ausgangsvariablen. Ein auf diese Weise entworfenes digitales System, in dem ein bestimmter Fehler nur zeitweise auftritt, ist kein kausal determiniertes System.

In Bild 1.4 ist ein digitales System mit den Eingangsvariablen $E_1, E_2, ..., E_p$ und den Ausgangsvariablen $A_1, A_2, ..., A_t$ schematisch dargestellt. Ein solches digitales System kann man mit unterschiedlichen Mitteln realisieren, zum Beispiel mechanisch, strömungstechnisch, elektro-mechanisch oder elektronisch. Im vorliegenden Buch werden ausschließlich elektronische Realisierungen betrachtet.

Die einfachste Form eines digitalen Systems (Bild 1.4) nennt man ‚Schaltnetz'. Läßt man Laufzeitphänomene außer acht, so hängen die Werte der Ausgangsvariablen $A_1, A_2, ..., A_t$

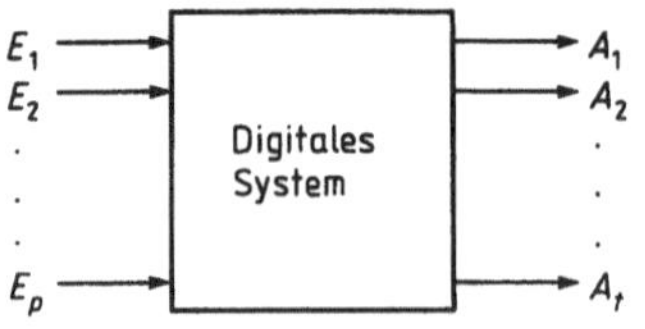

Bild 1.4

Digitales System mit Eingangsvariablen und Ausgangsvariablen

eines Schaltnetzes in irgendeinem Zeitpunkt ausschließlich von den Werten der Eingangs-variablen $E_1, E_2, ..., E_p$ im gleichen Zeitpunkt ab. Um ein Schaltnetz zu entwickeln, be-nötigt man mathematische Beschreibungsformen, bei denen Funktionen von Variablen, die jeweils lediglich zwei verschiedene Werte annehmen, gleichfalls lediglich genau zwei verschiedene Werte annehmen können. Solche Beschreibungsformen erhält man durch Ver-wendung einer booleschen Algebra. Schaltnetze werden im ersten Hauptteil dieses Buches, Kapitel 2, behandelt.

Kompliziertere Formen digitaler Systeme heißen ‚Schaltwerke‘. Allgemein gesagt hängen die Werte der Ausgangsvariablen eines Schaltwerks in irgendeinem Zeitpunkt von den Werten der Eingangsvariablen im gleichen Zeitpunkt und in endlich vielen vorangegange-nen Zeitpunkten ab. Um ein Schaltwerk zu realisieren, benötigt man zusätzlich zu den in elektronisch realisierten Schaltnetzen ausschließlich vorhandenen elektronischen Ver-knüpfungsgattern Speicherelemente (Speicherglieder), zum Beispiel in Gestalt von bista-bilen Kippgliedern (Flipflops).

Um die Realisierung eines Schaltwerks zu entwickeln, muß man eine bestimmte Struktur des Schaltwerks vorgeben. Man kann zum Beispiel die Struktur eines synchronen Einre-gisterautomaten, eines bestimmten taktgesteuerten Mehrregisterautomaten oder irgend-eine Struktur wählen, die aus mehreren Einregisterautomaten oder Mehrregisterautomaten zusammengesetzt ist. Bistabile Kippglieder — die selbst Schaltwerke sind — kann man le-diglich als asynchrone Schaltwerke realisieren.

Man kann also beim Entwurf eines Schaltwerks unterschiedliche Wege beschreiten und hierbei unter anderem unterschiedlich komplizierte Strukturen voraussetzen. Keineswegs ist grundsätzlich ein Entwurf mit komplizierterer Struktur vorzuziehen. Vielmehr ist es eine Frage der Zweckmäßigkeit, für welche Struktur man sich beim Entwurf eines Schalt-werks entscheidet. Im Kapitel 3, dem zweiten Hauptteil dieses Buches, werden solche Schaltwerkstrukturen behandelt, die bei einem systematischen Entwurf bevorzugt zu-grunde gelegt werden sollten.

Auch digitale Datenverarbeitungsanlagen (Digitalrechner) sind digitale Schaltwerke und zwar eigentlich ziemlich komplizierter Art, da sie sehr viele Speicherelemente enthalten. Bei der Entwicklung digitaler Datenverarbeitungsanlagen geht man daher anders vor als beim Entwurf einfacherer Schaltwerke mit verhältnismäßig wenigen Flipflops. Grundsätzlich ermöglicht bei der freiprogrammierbaren Ausführungsform einer digitalen Datenverarbei-tungsanlage die Einführung eines besonderen Zentralspeichers, mit dem gleichen Digital-rechner je nach den im Zentralspeicher gespeicherten Informationen unterschiedliche Aufgaben zu lösen (Bild 1.5). Die eigentliche Informationsverarbeitung findet in einem solchen System überwiegend im Prozessor statt. Der Prozessor führt hierbei Folgen von ‚Maschinenbefehlen‘ aus, die im Zentralspeicher gespeichert sind und die er von dort ab-ruft. Eine solche Folge von Maschinenbefehlen nennt man ein ‚Programm‘. Neben Pro-grammen werden im Zentralspeicher auch zu verarbeitende und verarbeitete Daten ge-speichert. Besteht der Zentralspeicher in größerem Umfang aus Schreib-/Lese-Speichern — also Speichern, in die Informationen auch ‚eingeschrieben‘ werden können — so können dort gespeicherte Programme durch andere ersetzt werden. Auf diese Weise wird der Digi-talrechner ein bei wechselnden Aufgaben der Datenverarbeitung vielseitig verwendbares Werkzeug.

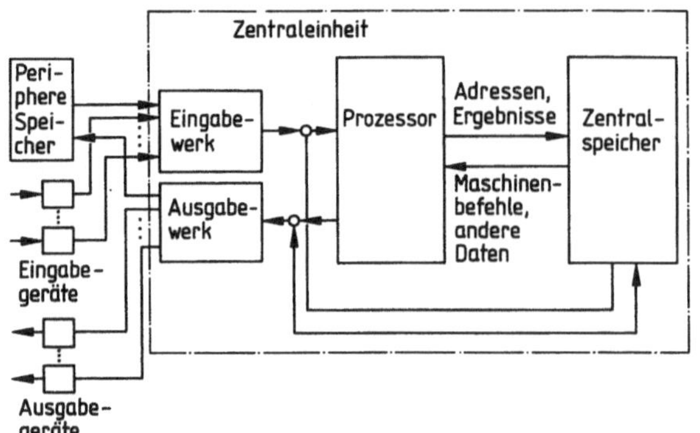

Bild 1.5
Schema einer digitalen Einprozessor-
Datenverarbeitungsanlage

Der Prozessor gleicht am ehesten einem Schaltwerk üblichen Aufbaus. Wegen der großen Anzahl von Speichergliedern, die ein Prozessor erhalten muß, kann man bei dessen Entwurf die bei Schaltwerken anwendbaren systematischen Entwurfsverfahren kaum nutzen. Beim Entwurf von Prozessoren geht man vielmehr von speziellen Vorstellungen über notwendige Informationsübertragungen zwischen ‚Registern' — d.h. Gruppen meistens jeweils gleicher Anzahl von Speichergliedern — aus. Die Funktionsweise vieler Digitalrechner ist daher sehr ähnlich und lehnt sich an ein um 1945/48 von *John von Neumann* und anderen entwickeltes Arbeitsprinzip an (von-Neumann-Automaten).

Ein digitales System, das ausschließlich aus Prozessor und Zentralspeicher bestände, wäre so nicht arbeitsfähig. Man muß vielmehr Programme und zu verarbeitende Daten eingeben und Ergebnisse ausgeben können. Hierzu dienen ‚Eingabewerk' und ‚Ausgabewerk' als besondere Steuereinheiten — in modernen, größeren Rechnern meistens spezielle Prozessoren — sowie Ein- und Ausgabegeräte. Speicher, zu denen der Prozessor nur über Eingabe- und Ausgabewerke Zugriff hat, nennt man ‚periphere Speicher' (Bild 1.5).

Ursprünglich waren digitale Datenverarbeitungsanlagen so komplizierte Einrichtungen, daß sie nur von hochspezialisierten Gruppen von Fachleuten entwickelt werden konnten. Etwa seit 1970 hat sich hier jedoch ein sehr grundlegender Wandel eingestellt. In der Elektronik schreitet die Mikrominiaturisierung ständig fort. Damit ist eine immer höhere ‚Integration' von Funktionen in einzelnen ‚hochintegrierten Schaltungen', die als ‚Chips' von einigen Quadratmillimetern in Bausteinen von einigen Zentimetern Länge untergebracht werden, verbunden. In dieser Form kamen der ‚Mikroprozessor' — ein meistens als ein einziger Baustein hergestellter Prozessor mit teilweise beachtlichen Arbeitsmöglichkeiten —, hochintegrierte Speicherbausteine und Ein-/Ausgabebausteine auf den Markt. Dies sind heute Massenartikel, deren genauer Aufbau den Anwender nur teilweise zu interessieren braucht.

Mittels solcher hochintegrierter Bausteine kann man einen Mikrorechner für eine spezielle Aufgabe verhältnismäßig einfach entwickeln. Mitunter genügen schon einige wenige solcher Bausteine. Derartige Mikrorechner können im Gegensatz zu anspruchsvolleren Datenverarbeitungsanlagen häufig zur Lösung einer einzigen Aufgabe dienen. In diesen Fällen betreibt man den Rechner fortlaufend mit dem gleichen Programm, das man also nicht von Zeit zu Zeit gegen ein anderes, im gleichen Speicherbereich unterzubringendes Programm austauschen muß. Bei solchen Mikrorechnern kann daher der Zentralspeicher größtenteils aus Nur-Lese-Speichern bestehen.

Da die hochintegrierten Bausteine wenig kosten, kann man Mikrorechner auch dort anwenden, wo sie eigentlich zu leistungsfähig sind. Daher konkurrieren zum Beispiel bei der Realisierung bestimmter digitaler Steuerungssysteme Mikrorechner mit entsprechenden, als Schaltwerke mit Bausteinen nicht so hoher Integration entwickelten gerätetechnischen Lösungen. Es ist also erforderlich, daß der Entwicklungsingenieur den Entwurf sowohl digitaler Schaltwerke wie auch von Mikrorechnern beherrscht. Dies ist auch deshalb wichtig, weil man beim Entwurf von Mikrorechnern in gewissem Umfang auch einfachere Schaltnetze und Schaltwerke als Teile des Mikrorechners entwickeln muß.

Im übrigen benötigt man beim Entwurf von Mikrorechnern auch Kenntnisse, die man beim Entwurf von Schaltwerken nicht braucht. Man benötigt Kenntnisse über den Aufbau und die Arbeitsweise der hochintegrierten Bausteine mit ihren ziemlich komplizierten Funktionen und man muß wissen, wie man digitale Datenverarbeitungsanlagen programmiert.

Der Kern eines Mikrorechnern ist ein aus vielleicht 30 marktgängigen Typen auszuwählender Mikroprozessor. An Aufbau und Arbeitsweise des ausgewählten Typs hat sich der Aufbau des gesamten Mikrorechners sehr stark auszurichten. Auch die marktgängigen Typen hochintegrierter Bausteine orientieren sich teilweise an speziellen Mikroprozessor-Typen. Im dritten Hauptteil dieses Buches — im 4. Kapitel — wird überwiegend der Entwurf von Mikrorechnern behandelt, die mittels des INTEL-8-Bit-Mikroprozessors 8085 aufgebaut werden können. Dieser Mikroprozessor verfügt über einen recht großen Marktanteil. Es besteht obendrein Programmkompatibilität zu Mikrorechnern mit dem INTEL-Mikroprozessor 8080 und dem Zilog-Mikroprozessor Z 80, von einigen Besonderheiten abgesehen.

Im vorliegenden Text geht es darum zu zeigen, auf welche Weise man mit marktgängigen Bausteinen einen funktionierenden Mikrorechner entwickeln kann. Hierbei wird dargelegt, wie man die in den Datenbüchern der Hersteller von hochintegrierten Schaltungen enthaltenen technischen Daten zu interpretieren und zu nutzen hat. Dies ist viel wichtiger als das letztlich aussichtslose Unterfangen, die zahlreichen marktgängigen hochintegrierten Bausteine auch nur annähernd vollständig zu beschreiben.

2 Schaltnetze

2.1 Beschreibung von Schaltnetzen

Ein Schaltnetz ist ein Sonderfall eines digitalen Systems. Bei elektrischer Realisierung werden Wirkungen auf das Schaltnetz durch elektrische Signale auf seinen endlich vielen Eingängen hervorgerufen. Diese Signale erzeugen in Verbindung mit den Eigenschaften des jeweiligen Schaltnetzes elektrische Signale auf den Ausgängen des Schaltnetzes, die dieses Schaltnetz kennzeichnen. Den abstrakten Informationsinhalt des gewählten Signalparameters dieser Signale beschreibt man durch die Werte von binären Schaltvariablen E_1, E_2, ..., E_p (Eingangsvariable) und A_1, A_2, ..., A_t (Ausgangsvariable), vgl. Bild 2.1.

Gemäß Kapitel 1 werden als binäre Schaltvariable solche Variablen bezeichnet, die jeweils nur zwei verschiedene Werte annehmen können (vgl. auch [2.1] Nr. 86). Zur Darstellung dieser Werte werden im folgenden die Zeichen 0 und L benutzt. Bei technischen Realisierungen von Schaltnetzen sind die Zeichen L (Low) für den der negativeren und H (High) für den der positiveren Spannung entsprechenden Wert üblich (Kap. 1).

Wird dem Zeichen 0 das „elektrotechnische" Zeichen L und dem Zeichen L das „elektrotechnische" Zeichen H zugeordnet, so spricht man von „positiver Logik". Die umgekehrte Zuordnung „0" zu „H" und „L" zu „L" nennt man „negative Logik" [2.2].

Jedes Schaltnetz kann man durch eine Funktionstabelle oder durch Schaltfunktionen beschreiben. In einer Funktionstabelle werden sämtliche möglichen Wertekombinationen aller Eingangsvariablen angeführt. Demzufolge hat eine Funktionstabelle zur Beschreibung eines Schaltnetzes mit p Eingangsvariablen 2^p Zeilen. Zu den verschiedenen Wertekombinationen der Eingangsvariablen werden die Werte sämtlicher Ausgangsvariablen des Schaltnetzes angegeben (Tabelle 2.1). Da die Werte der Ausgangsvariablen eines Schaltnetzes in einem bestimmten Zeitpunkt — abgesehen von Signallaufzeiten — nur von den Werten der Eingangsvariablen im gleichen Zeitpunkt abhängen (Kap. 1), wird ein Schaltnetz somit durch eine Funktionstabelle der angegebenen Art vollständig beschrieben.

Ein Schaltnetz gemäß Bild 2.1 kann man auch durch Schaltfunktionen beschreiben, die man formal wie folgt angeben kann

$$A_1 = f_1(E_1, E_2, ..., E_p),$$
$$A_2 = f_2(E_1, E_2, ..., E_p),$$
$$\vdots$$
$$A_t = f_t(E_1, E_2, ..., E_p). \tag{2.1}$$

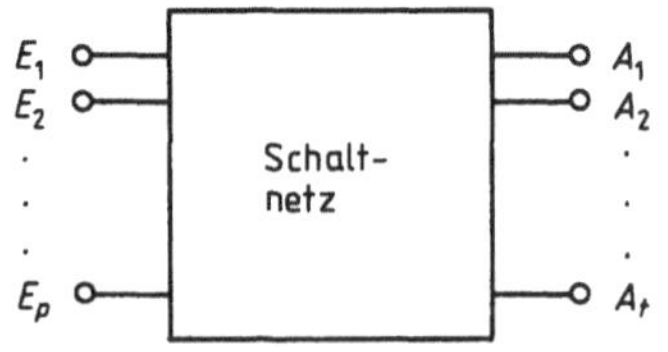

Bild 2.1 Schaltnetz

Aus dieser Darstellung folgt, daß nicht nur die unabhängigen Variablen E_1, E_2, ..., E_p, sondern auch die Funktionen f_1, f_2, ..., f_t jeweils nur einen der beiden Werte 0 und L

Tabelle 2.1 Funktionstabelle zur Beschreibung eines Schaltnetzes

Eingangsvariablen				Ausgangsvariablen			
E_1	E_2 ..... E_{p-1}		E_p	A_1	A_2 ..... A_{t-1}		A_t
0	0 0		0	L	0 L		L
0	0 0		L	0	0 0		L
0	0 L		0	L	L 0		0
0	0 L		L	0	L 0		L
.	. .	.	.	.	. .	.	.
.	. .	.	.	.	. .	.	.
.	. .	.	.	.	. .	.	.
.	. .	.	.	.	. .	.	.
L	L L		0	L	L 0		0
L	L L		L	L	0 L		0

Tabelle 2.2 Anzahl Z der möglichen
Schaltfunktionen bei p Eingangsvariablen

Anzahl p	Anzahl Z
1	4
2	16
3	256
4	65536
5	4294967296

annehmen. Um rechnerische Verknüpfungen zwischen den unabhängigen Variablen durchzuführen, braucht man also eine besondere Algebra. Geeignet ist die Schaltalgebra, die eine boolesche Algebra ist.

Die Anzahl der möglichen Schaltfunktionen bei p Eingangsvariablen ist

$$Z = 2^{2^p}.$$

Im Fall $p = 1$, d. h. bei nur einer Eingangsvariablen, gibt es vier verschiedene Schaltfunktionen

$$f_1 = 0, f_2 = E_1, f_3 = \overline{E}_1, f_4 = L.$$

Die Tabelle 2.2 gibt die Anzahl Z für kleine Werte von p an.

2.2 Die Grundverknüpfungen der Schaltalgebra

Gemäß Tabelle 2.2 gibt es 16 verschiedene Schaltfunktionen von jeweils zwei unabhängigen Schaltvariablen. Sechs dieser Schaltfunktionen haben keine besondere Bedeutung, nämlich $F = 0, F = L, F = E_1, F = E_2, F = \overline{E}_1, F = \overline{E}_2$ (vgl. unten Tabelle 2.3). Zwei der 16 Schaltfunktionen und die Negation **einer** Schaltvariablen zusammengenommen definieren die „Grundverknüpfungen der Schaltalgebra". Sie werden im folgenden zuerst behandelt.

NICHT-Verknüpfung

Ist E eine unabhängige binäre Schaltvariable und F eine von E abhängige binäre Schaltvariable, so wird eine NICHT-Verknüpfung (NEGATION, englisch NOT) durch die folgende Funktionstabelle definiert

E	F
0	L
L	0.

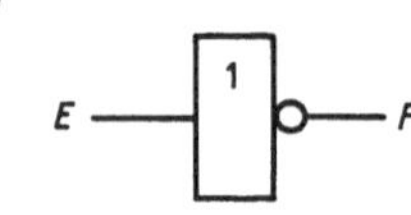

Den in dieser Funktionstabelle angegebenen Zusammenhang kann man gemäß DIN 66000 [2.3] durch folgende Verknüpfung wiedergeben

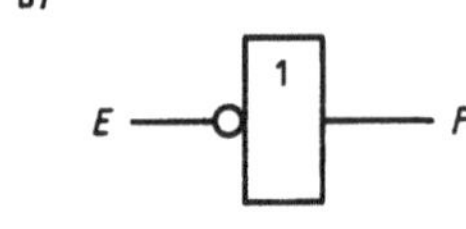

$$F = \overline{E} \tag{2.2a}$$

oder

$$F = \neg E. \tag{2.2b}$$

Bild 2.2 Schaltzeichen für die NICHT-Verknüpfung (DIN 40700, Teil 14)

Die angegebene Definition bedeutet in Worten:

Wenn die Eingangsvariable E den Wert 0 hat, so nimmt die Ausgangsvariable F den Wert L an, und umgekehrt.

Die nach DIN 40700, Teil 14 [2.2] genormten Schaltzeichen zur Darstellung der NICHT-Verknüpfung in Schaltplänen sind in Bild 2.2 angegeben.

UND-Verknüpfung

Sind E_1 und E_2 zwei unabhängige binäre Schaltvariable und ist F eine von E_1 und E_2 abhängige binäre Schaltvariable, so kann man eine UND-Verknüpfung mittels folgender Funktionstabelle definieren

E_1	E_2	F
0	0	0
0	L	0
L	0	0
L	L	L.

Den in dieser Funktionstabelle angegebenen Zusammenhang stellt man durch folgende Verknüpfung dar

$$F = E_1 \wedge E_2. \tag{2.3}$$

Diese Definition einer UND-Verknüpfung kann man verallgemeinern

$$F = E_1 \wedge E_2 \wedge \ldots \wedge E_p. \tag{2.4}$$

Gl. (2.4) sagt aus, daß die abhängige Variable (Ausgangsvariable) F nur dann den Wert L annimmt, wenn alle Eingangsvariablen gleichzeitig den Wert L haben.

Die UND-Verknüpfung wird durch Schaltzeichen gemäß Bild 2.3 dargestellt.

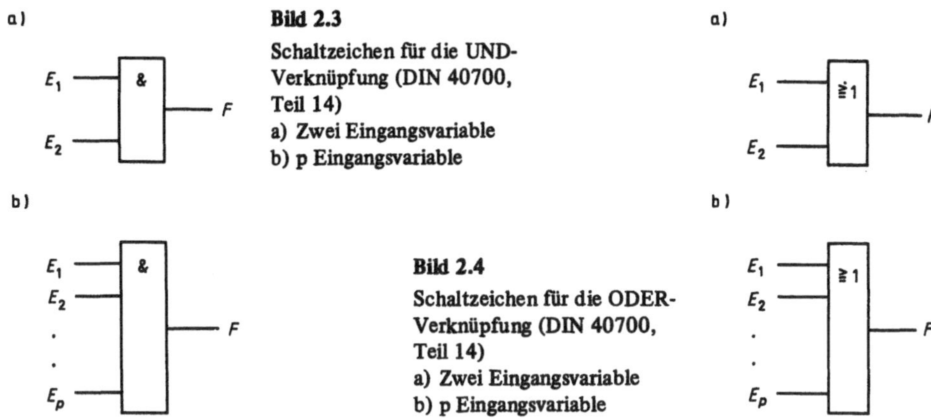

Bild 2.3

Schaltzeichen für die UND-Verknüpfung (DIN 40700, Teil 14)
a) Zwei Eingangsvariable
b) p Eingangsvariable

Bild 2.4

Schaltzeichen für die ODER-Verknüpfung (DIN 40700, Teil 14)
a) Zwei Eingangsvariable
b) p Eingangsvariable

ODER-Verknüpfung

Mittels folgender Funktionstabelle kann man eine ODER-Verknüpfung definieren

E_1	E_2	F
0	0	0
0	L	L
L	0	L
L	L	L.

Den in dieser Funktionstabelle angegebenen Zusammenhang stellt man durch folgende Verknüpfung dar

$$F = E_1 \vee E_2. \tag{2.5}$$

Diese Definition einer ODER-Verknüpfung kann man verallgemeinern

$$F = E_1 \vee E_2 \vee \dots \vee E_p. \tag{2.6}$$

Gl. (2.6) sagt aus, daß die Ausgangsvariable F dann und nur dann den Wert L annimmt, wenn mindestens eine der unabhängigen Variablen (Eingangsvariablen) E_1, E_2, ..., E_p den Wert L hat.

Die ODER-Verknüpfung wird durch Schaltzeichen gemäß Bild 2.4 dargestellt.

Die so definierten UND-, ODER- und NICHT-Verknüpfungen — die Grundverknüpfungen der Schaltalgebra — genügen, um jede determinierte Schaltfunktion von binären Schaltvariablen mittels Verknüpfungen zwischen den unabhängigen Variablen darzustellen, wobei NICHT-Verknüpfungen lediglich auf einzelne unabhängige Variable angewendet werden (vgl. Abschnitt 2.6).

Beispiel:

$$F = (A \wedge B) \vee [(\overline{A} \vee \overline{B}) \wedge C].$$

A, B, C sind unabhängige binäre Schaltvariable.

Negiert man in einer Schaltfunktion die UND- oder ODER-Verknüpfungen von mehreren unabhängigen Variablen, so kann man durch geschickte Ausführung schaltalgebraischer

Umformungen jede Schaltfunktion auch mit weniger als drei Arten unterschiedlicher Verknüpfungen darstellen (vgl. Abschnitt 2.3).

2.3 Zwei wichtige zusammengesetzte Verknüpfungen

Zu den zum Beispiel für zwei unabhängige binäre Schaltvariable definierbaren Verknüpfungen gehören auch die NAND- und die NOR-Verknüpfung. Beide sind von besonderem technischen Interesse. Sie lassen sich wie folgt aus den Grundverknüpfungen zusammensetzen.

NAND-Verknüpfung

Die Benennung NAND ist ein aus <u>N</u>OT <u>AND</u> zusammengezogenes Kunstwort. Eine NAND-Verknüpfung erhält man durch Negation einer UND-Verknüpfung. Somit ergibt sich für zwei Eingangsvariable die Funktionstabelle

E_1	E_2	F
0	0	L
0	L	L
L	0	L
L	L	0 .

Die entsprechende Verknüpfung schreibt man wie folgt

$$F = \overline{E_1 \wedge E_2}. \tag{2.7}$$

Für p Eingangsvariable kann man statt Gl. (2.7) allgemeiner definieren

$$F = \overline{E_1 \wedge E_2 \wedge \ldots \wedge E_p}. \tag{2.8}$$

Nach DIN 66000 sind für die Gln. (2.7), (2.8) auch die Schreibweisen

$$F = E_1 \,\overline{\wedge}\, E_2 \tag{2.7a}$$

und

$$F = \neg (E_1 \wedge E_2 \wedge \ldots \wedge E_p). \tag{2.8a}$$

möglich. Die NAND-Verknüpfung wird durch Schaltzeichen gemäß Bild 2.5 dargestellt.

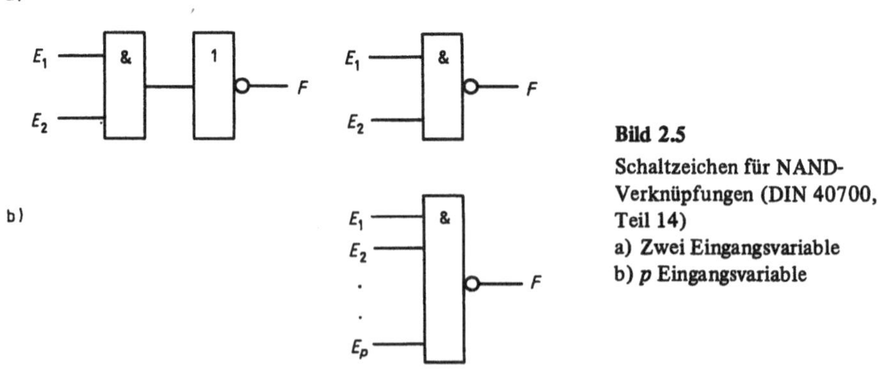

Bild 2.5

Schaltzeichen für NAND-Verknüpfungen (DIN 40700, Teil 14)
a) Zwei Eingangsvariable
b) p Eingangsvariable

NOR-Verknüpfung

Die Benennung NOR ist ein aus <u>N</u>OT <u>OR</u> zusammengezogenes Kunstwort. Eine NOR-Verknüpfung erhält man durch Negation einer ODER-Verknüpfung. Somit ergibt sich für zwei Eingangsvariable die Funktionstabelle

E_1	E_2	F
0	0	L
0	L	0
L	0	0
L	L	0

Die entsprechende Verknüpfung schreibt man wie folgt

$$F = \overline{E_1 \vee E_2}. \tag{2.9}$$

Für p Eingangsvariable kann man statt Gl. (2.9) allgemeiner definieren

$$F = \overline{E_1 \vee E_2 \vee \ldots \vee E_p}. \tag{2.10}$$

Nach DIN 66000 sind für die Gln. (2.9), (2.10) auch die Schreibweisen

$$F = E_1 \,\overline{\vee}\, E_2 \tag{2.9a}$$

und

$$F = \neg(E_1 \vee E_2 \vee \ldots \vee E_p) \tag{2.10a}$$

möglich. Die NOR-Verknüpfung wird durch Schaltzeichen gemäß Bild 2.6 dargestellt.

Jede Schaltfunktion kann man entweder ausschließlich durch NAND-Verknüpfungen oder ausschließlich durch NOR-Verknüpfungen darstellen.

Beispiel:

Die Schaltfunktion F in Gl. (2.11) enthält die drei Grundverknüpfungen

$$F = (A \wedge B) \vee [(\overline{A} \vee \overline{D}) \wedge C]. \tag{2.11}$$

a)

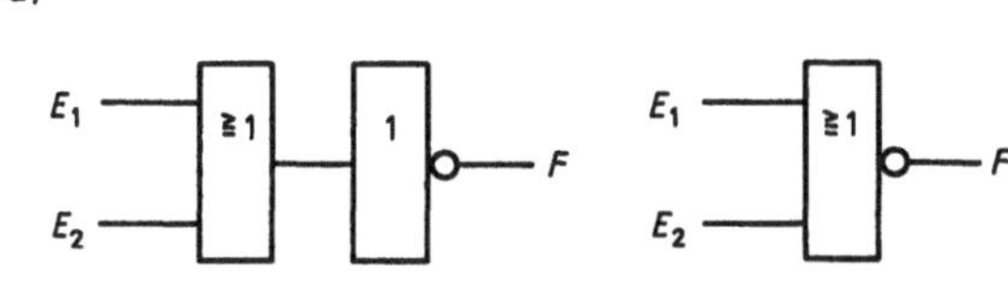

b)

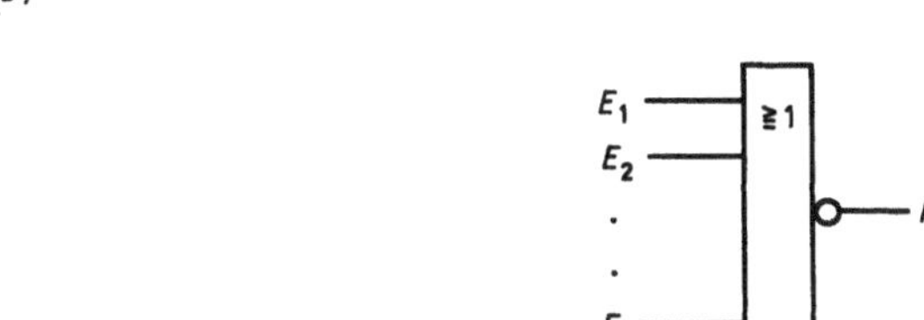

Bild 2.6

Schaltzeichen für NOR-Verknüpfungen (DIN 40700, Teil 14)
a) Zwei Eingangsvariable
b) p Eingangsvariable

Diese Schaltfunktion kann man entweder ausschließlich durch NAND-Verknüpfungen

$$F = \overline{\overline{A \wedge B} \wedge \overline{\overline{A \wedge D} \wedge C}} = \overline{(A \overline{\wedge} B) \overline{\wedge} [(A \overline{\wedge} D) \overline{\wedge} C]} \tag{2.11a}$$

oder ausschließlich durch NOR-Verknüpfungen darstellen

$$F = \overline{\overline{\overline{A} \vee C} \vee \overline{B \vee C} \vee \overline{\overline{A} \vee B \vee \overline{D}}}. \tag{2.11b}$$

Die in Gl. (2.11b) auftretenden NICHT-Verknüpfungen sind hierbei als NOR-Verknüpfungen mit nur einer Eingangsgröße aufzufassen. Die drei in den Gln. (2.11), (2.11a) und (2.11b) angegebenen Schaltfunktionen sind identisch. Man kann sie unter Anwendung der im Abschnitt 2.5 angegebenen Gesetze und Rechenregeln ineinander umformen.

2.4 Weitere Verknüpfungen

Wie schon im Abschnitt 2.2 erwähnt, kann man insgesamt 16 verschiedene Schaltfunktionen von zwei unabhängigen binären Schaltvariablen definieren. Diese sind einschließlich der schon in den Abschnitten 2.2 und 2.3 besprochenen Schaltfunktionen in Tabelle 2.3 wiedergegeben.

Auch die oben noch nicht behandelten, jedoch in Tabelle 2.3 angeführten Definitionen der Verknüpfungen ANTIVALENZ, ÄQUIVALENZ, INHIBITION und IMPLIKATION kann man verwenden, um umfangreichere Schaltfunktionen darzustellen, zum Beispiel

$$F = (E_1 \leftrightarrow E_2) \nleftrightarrow E_3.$$

Tabelle 2.3 Die Schaltfunktionen von zwei unabhängigen Schaltvariablen und hierdurch definierte boolesche Verknüpfungen

E_1 E_2	0 0 L L 0 L 0 L	Schaltfunktionen ausgedrückt durch die Grundverknüpfungen	Schreibweise der Verknüpfungen ohne Gebrauch der Grundverknüpfungen	Benennung der Verknüpfung
F	0 0 0 0	$F = 0$		
	0 0 0 L	$F = E_1 \wedge E_2$		UND
	0 0 L 0	$F = E_1 \wedge \overline{E_2}$		INHIBITION (a)
	0 0 L L	$F = E_1$		
	0 L 0 0	$F = \overline{E_1} \wedge E_2$		INHIBITION (b)
	0 L 0 L	$F = E_2$		
	0 L L 0	$F = (\overline{E_1} \wedge E_2) \vee (E_1 \wedge \overline{E_2})$	$F = E_1 \nleftrightarrow E_2$	ANTIVALENZ (exklusives ODER)
	0 L L L	$F = E_1 \vee E_2$		ODER
	L 0 0 0	$F = \overline{E_1} \wedge \overline{E_2}$	$F = E_1 \mathbin{\overline{\vee}} E_2$	NOR
	L 0 0 L	$F = (\overline{E_1} \wedge \overline{E_2}) \vee (E_1 \wedge E_2)$	$F = E_1 \leftrightarrow E_2$	ÄQUIVALENZ
	L 0 L 0	$F = \overline{E_2}$		
	L 0 L L	$F = E_1 \vee \overline{E_2}$	$F = E_2 \supset E_1$	IMPLIKATION (a)
	L L 0 0	$F = \overline{E_1}$		
	L L 0 L	$F = \overline{E_1} \vee E_2$	$F = E_1 \supset E_2$	IMPLIKATION (b)
	L L L 0	$F = \overline{E_1} \vee \overline{E_2}$	$F = E_1 \mathbin{\overline{\wedge}} E_2$	NAND
	L L L L	$F = L$		

Schreibt man diese Schaltfunktion in den Grundverknüpfungen, so erhält man den Ausdruck

$$F = \{[(E_1 \wedge E_2) \vee (\overline{E_1} \wedge \overline{E_2})] \wedge \overline{E_3}\} \vee \{[(E_1 \wedge \overline{E_2}) \vee (\overline{E_1} \wedge E_2)] \wedge E_3\}\,.$$

Wie weiter unten an Beispielen erläutert wird, kann man die verschiedenen Verknüpfungen, zum Beispiel eine UND-Verknüpfung, durch elektrische Bausteine realisieren. Man legt an einen solchen Baustein neben der Spannungsversorgung (zum Beispiel + 5 V und Erde) die Eingangsvariablen in den für die Werte „0" und „L" festgelegten elektrischen Pegeln an und erhält dann entsprechend der jeweiligen Funktion des Bausteins den jeweils zugehörigen Wert der Ausgangsvariablen gleichfalls durch einen entsprechenden elektrischen Pegel (vgl. auch Tabelle 1.1). Dementsprechend kann man auch ein komplizierteres Schaltnetz, das zum Beispiel durch umfangreichere Schaltfunktionen beschrieben wird, mittels einer geeigneten Anordnung der besprochenen Bausteine realisieren.

2.5 Rechenregeln für boolesche Verknüpfungen

Mittels der in den Abschnitten 2.2 bis 2.4 definierten Verknüpfungen kann man Schaltnetze durch Schaltfunktionen beschreiben. Es gibt verschiedene Gründe, solche Schaltfunktionen umzuformen. So versucht man häufig, Schaltfunktionen so zu vereinfachen, daß das durch sie beschriebene Schaltnetz durch eine kleinere Anzahl von Verknüpfungsgattern realisierbar wird. Die nachfolgend angeführten Rechenregeln dienen unmittelbar solchen Zwecken oder sind Grundlagen bestimmter Verfahren, mit denen sich solche Ziele vielfach einfacher erreichen lassen.

2.5.1 Allgemeine Gesetze

Aus den allgemeinen Definitionen einer booleschen Algebra folgen drei allgemeine Gesetze der Schaltalgebra, aus denen sich in Verbindung mit den Definitionen der schaltalgebraischen Verknüpfungen sämtliche unten angegebenen schaltalgebraischen Rechenregeln und Rechenverfahren ableiten lassen.

Kommutatives Gesetz

Das kommutative Gesetz gilt für UND- und ODER-Verknüpfungen. Es besagt, daß innerhalb einer Verknüpfungsart die Reihenfolge der Variablen beliebig vertauscht werden darf.

Beispiele:

$$A \wedge B \wedge C = C \wedge A \wedge B = \ldots \tag{2.12a}$$
$$A \vee B \vee C = B \vee A \vee C = \ldots. \tag{2.12b}$$

Assoziatives Gesetz

Entsprechend den Definitionen einer booleschen Algebra gilt das assoziative Gesetz grundsätzlich für UND- und ODER-Verknüpfungen. Es besagt, daß innerhalb einer Verknüpfungsart Klammern beliebig gesetzt und entfernt werden dürfen.

Beispiele:

$$A \wedge B \wedge C = (A \wedge B) \wedge C = A \wedge (B \wedge C), \tag{2.13a}$$
$$A \vee B \vee C = (A \vee B) \vee C = A \vee (B \vee C). \tag{2.13b}$$

Das assoziative Gesetz gilt auch für die ÄQUIVALENZ und die ANTIVALENZ, sofern man in der folgenden Weise Klammern setzt

$$(A \leftrightarrow B) \leftrightarrow C = A \leftrightarrow (B \leftrightarrow C) = B \leftrightarrow (A \leftrightarrow C). \tag{2.13c}$$

Man kann die Klammern auch weglassen, wenn man z. B. einen Ausdruck der Form

$$A \leftrightarrow B \leftrightarrow C$$

so interpretiert, daß die beiden ANTIVALENZ-Verknüpfungen gemäß Gl. (2.13c) gebildet werden.

Distributives Gesetz

In Ausdrücken mit UND- und ODER-Verknüpfungen können gleiche Variablen ausgeklammert werden, sofern sie in gleicher Weise verknüpft sind.

Beispiele: Ausklammern einer Schaltvariablen A.

a) Schaltvariable A mit einer ODER-Verknüpfung

$$(A \vee B) \wedge (A \vee C) = A \vee (B \wedge C). \tag{2.14a}$$

b) Schaltvariable A mit einer UND-Verknüpfung

$$(A \wedge B) \vee (A \wedge C) = A \wedge (B \vee C). \tag{2.14b}$$

Allgemeine Bemerkungen

Zur Klammersetzung in Schaltfunktionen sei weiterhin bemerkt: Die Klammersetzung ist erforderlich, um anzugeben, in welcher Reihenfolge die in einer Schaltfunktion vorkommenden Verknüpfungen auszuführen sind. Hierbei ersetzt der „Negationsstrich" über irgendeinen bestimmten Teil einer Schaltfunktion eine Klammer über diesen Teil. Zum Beispiel bedeutet

$$F = \overline{(A \wedge B) \vee \overline{C}},$$

daß zuerst der Wert des Ausdruckes $(A \wedge B) \vee \overline{C}$ bestimmt wird; durch Negation dieses Wertes erhält man dann den Wert von F.

In gemischten Ausdrücken, in denen verschiedene Verknüpfungen vorkommen, müssen also grundsätzlich Klammern gesetzt werden. Zum Beispiel ist der Ausdruck

$$A \wedge B \vee C$$

nicht definiert. Es kann sich entweder um $(A \wedge B) \vee C$ oder um $A \wedge (B \vee C)$ handeln. DIN 66000 [2.3] enthält entsprechende Vorschriften. Diese werden jedoch nicht immer beachtet. Zum Beispiel wird gelegentlich als stillschweigend vereinbart unterstellt, daß eine nicht eingeklammerte UND-Verknüpfung als eingeklammert anzusehen ist, und nicht selten wird dann auch das UND-Zeichen nicht geschrieben, zum Beispiel

$$\underbrace{(A \wedge \overline{B} \wedge C) \vee (B \wedge \overline{C}) \vee \overline{A}}_{\text{Schreibweise nach [2.3]}} = A\overline{B}C \vee B\overline{C} \vee \overline{A}.$$

Schreibweise nach [2.3]

Eine Folge von Binärzeichen, die in einem bestimmten Zusammenhang als Einheit aufzufassen ist, nennt man Binärwort (vgl. Kapitel 1). Ein solches Binärwort kann man unter Umständen auch als eine im Dualsystem dargestellte Zahl interpretieren und hierauf dann zum Beispiel die Grundrechnungsarten der gewöhnlichen Algebra anwenden.

Gelegentlich werden Ausdrücke mit binären Schaltvariablen, also nicht nur konstante Werte, in Übersetzung der booleschen Verknüpfungen in die Rechenvorschriften der gewöhnlichen Algebra umgeformt; man bezeichnet dann die UND-Verknüpfung mit „Multiplikation" und die ODER-Verknüpfung mit „Addition". Da im Fall $L \vee L = L$ die Analogie nicht zutrifft und die NEGATION kein einfaches Äquivalent in der gewöhnlichen Algebra hat, wird von einer Anwendung dieser Analogien abgeraten.

2.5.2 Rechnen mit Konstanten

Aus den Definitionen der UND-Verknüpfung und der ODER-Verknüpfung folgt für das Rechnen mit Konstanten unmittelbar

UND-Verknüpfung:	ODER-Verknüpfung:
$0 \wedge 0 = 0$,	$0 \vee 0 = 0$,
$0 \wedge L = 0$,	$0 \vee L = L$,
$L \wedge 0 = 0$,	$L \vee 0 = L$,
$L \wedge L = L$.	$L \vee L = L$.

Entsprechende Beziehungen kann man für die übrigen in den Abschnitten 2.2 bis 2.4 definierten Verknüpfungen angeben.

2.5.3 Rechnen mit einer Variablen

Auch die Regeln für das schaltalgebraische Rechnen mit einer Variablen folgen aus den oben behandelten Definitionen der entsprechenden Verknüpfungen. So erhält man für die UND- und für die ODER-Verknüpfung

UND-Verknüpfung:	ODER-Verknüpfung:
$0 \wedge A = 0$,	$0 \vee A = A$,
$L \wedge A = A$,	$L \vee A = L$,
$A \wedge A = A$,	$A \vee A = A$,
$A \wedge \overline{A} = 0$.	$A \vee \overline{A} = L$.

2.5.4 Allgemeine Expansions- und Reduktionssätze

Die folgenden allgemeinen Expansions- und Reduktionssätze gelten für Schaltfunktionen, in denen eine zwar endliche, im übrigen aber beliebig große Anzahl binärer Schaltvariabler $X_1, X_2, \ldots, X_n$ vorkommt. Die Art des Aufbaus dieser Schaltfunktionen ist für die Gültigkeit der folgenden Sätze völlig belanglos. In diesen allgemeinen Sätzen ist eine Reihe speziellerer Formeln der Schaltalgebra direkt oder indirekt enthalten.

Allgemeine Expansionssätze

Gegeben sei irgendeine Schaltfunktion $F(X_1, X_2, ..., X_n)$ der unabhängigen Schaltvariablen $X_1, X_2, ..., X_n$. Dann kann man zunächst schreiben

$$F(X_1, X_2, ..., X_n) = [X_1 \wedge F(X_1, X_2, ..., X_n)] \\ \vee [\overline{X_1} \wedge F(X_1, X_2, ..., X_n)].$$

Diese Beziehung muß sowohl für $X_1 = 0$ wie auch für $X_1 = L$ erfüllt sein. Für $X_1 = 0$ darf im Term $X_1 \wedge F$, für $X_1 = L$ im Term $\overline{X_1} \wedge F$ für F jeder beliebige Ausdruck stehen. Daher folgt aus der vorstehenden Beziehung

$$F(X_1, X_2, ..., X_n) = [X_1 \wedge F(L, X_2, ..., X_n)] \\ \vee [\overline{X_1} \wedge F(0, X_2, ..., X_n)]. \tag{2.15}$$

In ähnlicher Weise wie Gl. (2.15) kann man auch ableiten

$$F(X_1, X_2, ..., X_n) = [X_1 \vee F(0, X_2, ..., X_n)] \\ \wedge [\overline{X_1} \vee F(L, X_2, ..., X_n)]. \tag{2.16}$$

Als Beispiel für die Anwendung des Expansionssatzes (2.15) sei angeführt

Gegeben sei die Schaltfunktion ($n = 3$)

$$F(X_1, X_2, X_3) = \overline{\overline{X_1 \wedge \overline{X_2}} \vee \overline{X_2 \wedge \overline{X_3}}} \vee (X_1 \wedge X_3).$$

Diese Schaltfunktion soll ausschließlich unter Anwendung von Gl. (2.15) in die Form gebracht werden

$$F = [X_2 \wedge F_1(X_1, X_3)] \vee [\overline{X_2} \wedge F_2(X_1, X_3)].$$

Zu bestimmen sind also F_1 und F_2. Aus Gl. (2.15) folgt durch Vertauschen der Indices der unabhängigen Schaltvariablen

$$F = [X_2 \wedge F(X_1, L, X_3)] \vee [\overline{X_2} \wedge F(X_1, 0, X_3)].$$

Demnach ist

$$F_1 = F(X_1, L, X_3) = \overline{\overline{X_1 \wedge \overline{L}} \vee \overline{L \wedge \overline{X_3}}} \vee (X_1 \wedge X_3) = \overline{\overline{L} \vee \overline{X_3}} \vee (X_1 \wedge X_3) = \\ = \overline{X_1 \wedge X_3}$$

und

$$F_2 = F(X_1, 0, X_3) = \overline{\overline{X_1 \wedge \overline{0}} \vee \overline{0 \wedge \overline{X_3}}} \vee (X_1 \wedge X_3) = \overline{\overline{X_1} \vee L} \vee (X_1 \wedge X_3) = \\ = \overline{X_1 \wedge X_3}.$$

Allgemeine Reduktionssätze

Bildet man unter Verwendung von Gl. (2.15) den Ausdruck $X_1 \wedge F(X_1, X_2, ..., X_n)$ und benutzt man Beziehungen aus dem Abschnitt 2.5.3, so erhält man

$$X_1 \wedge F(X_1, X_2, ..., X_n) = X_1 \wedge F(L, X_2, ..., X_n). \tag{2.17}$$

In entsprechender Weise kann man aus den Gln. (2.15) und (2.16) auch noch die drei folgenden allgemeinen Reduktionssätze ableiten

$$\overline{X_1} \wedge F(X_1, X_2, ..., X_n) = \overline{X_1} \wedge F(0, X_2, ..., X_n), \tag{2.18}$$

$$X_1 \vee F(X_1, X_2, ..., X_n) = X_1 \vee F(0, X_2, ..., X_n), \tag{2.19}$$

$$\overline{X_1} \vee F(X_1, X_2, ..., X_n) = \overline{X_1} \vee F(L, X_2, ..., X_n). \tag{2.20}$$

In diesen Reduktionssätzen sind zum Beispiel einfachere Reduktionsformeln enthalten. So erhält man mit Gl. (2.17) für den Ausdruck $A \wedge (A \vee B)$ mit

$$X_1 = A, \; X_2 = B, \; F(X_1, X_2) = A \vee B \text{ zufolge } X_1 \wedge F(X_1, X_2) = X_1 \wedge F(\mathrm{L}, X_2):$$

$$A \wedge (A \vee B) = A \wedge (\mathrm{L} \vee B) = A.$$

2.5.5 Umrechnung von Negierungen gemischter Ausdrücke

Aus den allgemeinen Expansionssätzen folgt unter anderem der Satz von *de Morgan*

$$\overline{A \wedge B \wedge C \wedge \ldots} = \overline{A} \vee \overline{B} \vee \overline{C} \vee \ldots, \tag{2.21a}$$

$$A \wedge B \wedge C \wedge \ldots = \overline{\overline{A} \vee \overline{B} \vee \overline{C} \vee \ldots}, \tag{2.21b}$$

$$\overline{A \vee B \vee C \vee \ldots} = \overline{A} \wedge \overline{B} \wedge \overline{C} \wedge \ldots, \tag{2.22a}$$

$$A \vee B \vee C \vee \ldots = \overline{\overline{A} \wedge \overline{B} \wedge \overline{C} \wedge \ldots}. \tag{2.22b}$$

Ferner kann man hieraus den Satz von *Shannon* ableiten

$$\overline{F(A, B, \ldots, \overline{A}, \overline{B}, \ldots, \wedge, \vee, \neg)} = F(\overline{A}, \overline{B}, \ldots, A, B, \ldots, \vee, \wedge, \neg). \tag{2.23}$$

Gl. (2.23) besagt in Worten: Man kann die Negierung einer ganzen Schaltfunktion weglassen, wenn man die Operationen $\wedge$ und $\vee$ austauscht, alle nicht negierten einzelnen Variablen negiert, alle Negierungen einzelner Variabler wegläßt und die übrigen Negierungen beläßt. Ein Beispiel für die Anwendung des Satzes von *Shannon* ist

$$F = \overline{\overline{\overline{A \wedge B \wedge \overline{C}}} \vee \overline{(\overline{A} \vee B) \wedge \overline{C}}} = \overline{A} \vee \overline{B} \vee C \wedge \overline{(A \wedge \overline{B}) \vee C}.$$

In den Sätzen von *de Morgan* und von *Shannon* kommt der Dualismus einer booleschen Algebra und damit der Schaltalgebra bezüglich der Operationen $\wedge$ und $\vee$ zum Ausdruck.

2.6 Normalformen von Schaltfunktionen

Die im folgenden näher besprochenen Normalformen und Vollformen von Schaltfunktionen sind unter anderem dadurch gekennzeichnet, daß in ihnen ausschließlich die Operationen $\wedge$, $\vee$, $\neg$, d.h. also ausschließlich die Grundverknüpfungen der Schaltalgebra auftreten. In diesen Formen werden gemeinsame Variable nicht ausgeklammert und ausschließlich einzelne Variable negiert. Vollformen von Schaltfunktionen können unmittelbar aus den Beschreibungen von Schaltnetzen durch Funktionstabellen abgelesen werden.

Disjunktive Normalform

Eine disjunktive Normalform ist eine Disjunktion (ODER-Verknüpfung) von Konjunktionen (UND-Verknüpfungen), zum Beispiel:

$$F = (A \wedge B) \vee (\overline{B} \wedge C).$$

Disjunktive Vollform (kanonische disjunktive Normalform)

Die disjunktive Vollform ist eine disjunktive Normalform, bei der in jeder Konjunktion jede in der Schaltfunktion enthaltene unabhängige Variable auftritt und zwar entweder nicht negiert oder negiert. Die einzelnen Konjunktionen (UND-Verknüpfungen) einer disjunktiven Vollform werden **Minterme** genannt. Aus einer Funktionstabelle erhält man die disjunktive Vollform der Schaltfunktion, indem man diejenigen Minterme disjunktiv verknüpft, die bei den Wertekombinationen der unabhängigen Schaltvariablen den Wert L annehmen, bei denen die Schaltfunktion einen ihrer Werte L besitzt.

Beispiel: Aus einer Darstellung einer Schaltfunktion F in der Funktionstabelle

A	B	C	F	Minterm		A	B	C	F	Minterm
0	0	0	0			L	0	0	0	
0	0	L	L	$A \wedge \overline{B} \wedge C$		L	0	L	L	$A \wedge \overline{B} \wedge C$
0	L	0	0			L	L	0	L	$A \wedge B \wedge \overline{C}$
0	L	L	0			L	L	L	L	$A \wedge B \wedge C$

folgt die disjunktive Vollform

$$F = (A \wedge B \wedge C) \vee (A \wedge B \wedge \overline{C}) \vee (A \wedge \overline{B} \wedge C) \vee (\overline{A} \wedge \overline{B} \wedge C).$$

Konjunktive Normalform

Eine konjunktive Normalform ist eine Konjunktion (UND-Verknüpfung) von Disjunktionen (ODER-Verknüpfungen), zum Beispiel:

$$G = (A \vee B) \wedge (\overline{B} \vee C).$$

Konjunktive Vollform (kanonische konjunktive Normalform)

Die konjunktive Vollform ist eine konjunktive Normalform, bei der in jeder Disjunktion jede in der Schaltfunktion enthaltene unabhängige Variable auftritt und zwar entweder nicht negiert oder negiert. Die einzelnen Disjunktionen (ODER-Verknüpfungen) einer konjunktiven Vollform werden **Maxterme** genannt. Aus einer Funktionstabelle erhält man die konjunktive Vollform der Schaltfunktion, indem man diejenigen Maxterme konjunktiv verknüpft, die bei den Wertekombinationen der unabhängigen Schaltvariablen den Wert 0 annehmen, bei denen die Schaltfunktion einen ihrer Werte 0 besitzt.

Beispiel: Aus einer Darstellung einer Schaltfunktion G in der Funktionstabelle

A	B	C	G	Maxterme
0	0	0	0	$A \vee B \vee C$
0	0	L	0	$A \vee B \vee \overline{C}$
0	L	0	0	$A \vee \overline{B} \vee C$
0	L	L	L	
L	0	0	L	
L	0	L	L	
L	L	0	0	$\overline{A} \vee \overline{B} \vee C$
L	L	L	L	

folgt die konjunktive Vollform

$$G = (A \vee B \vee C) \wedge (A \vee B \vee \overline{C}) \wedge (A \vee \overline{B} \vee C) \wedge (\overline{A} \vee \overline{B} \vee C).$$

2.7 Schaltalgebraische Minimierung

Die zur Lösung irgendeines technischen Problems gefundenen Schaltfunktionen liegen zunächst meistens nicht in einer Form vor, die die zweckmäßigste für die vorgesehene Realisierung ist, bei der man also zum Beispiel möglichst wenige Bausteine (UND-Gatter, ODER-

Gatter usw.) benötigt. Um die angestrebte zweckmäßigere Form zu erhalten, muß man die Schaltfunktionen vielmehr häufig umformen. Ein Weg dazu ist die „schaltalgebraische Minimierung", bei der man gemeinhin die einfachste disjunktive oder auch die einfachste konjunktive Normalform ableitet. Für die Realisierung bedeutet das, daß man zum Beispiel bei Verwendung der einfachsten disjunktiven Normalform das Schaltnetz mit UND-Gattern und **einem** ODER-Gatter, alle Gatter mit nicht negierten und negierten Eingängen, ausführen möchte und hierbei annimmt, daß die Gatter mit der jeweils benötigten Anzahl von Eingängen zur Verfügung stehen.

Dieses Vorgehen reicht für die Anwendungen nicht oder nur teilweise aus und zwar aus folgenden Gründen

— Durch Ausklammern von Schaltvariablen unter Anwendung des distributiven Gesetzes erhält man aus Normalformen unter Umständen Schreibweisen der Schaltfunktionen, die noch einfachere Realisierungen ermöglichen. Zum Beispiel laute die einfachste konjunktive Normalform einer Schaltfunktion F:

$$F = (A \vee \overline{B} \vee C \vee D) \wedge (A \vee \overline{B} \vee \overline{C} \vee \overline{D}) \wedge (A \vee \overline{B} \vee E). \qquad (2.24)$$

Diese Form der Schaltfunktion führt auf ein Schaltnetz mit drei NICHT-Gattern, einem ODER-Gatter mit drei Eingängen, zwei ODER-Gattern mit je vier Eingängen und einem UND-Gatter mit drei Eingängen. Durch Anwendung des distributiven Gesetzes kann man F in der Form schreiben

$$F = A \vee \overline{B} \vee [(C \vee D) \wedge (\overline{C} \vee \overline{D}) \wedge E]. \qquad (2.24a)$$

Für die Realisierung der Form (2.24a) benötigt man zwar die gleiche Anzahl von Gattern wie bei der Form (2.24), doch kommt man jetzt mit zwei ODER-Gattern mit je zwei Eingängen statt der beiden ODER-Gatter mit je vier Eingängen aus. Das ist eine Vereinfachung.

— In der Regel stehen keine Gatter mit jeder bei der unmittelbaren Realisierung einer Normalform benötigten Anzahl von Eingängen zur Verfügung. Man muß also Normalformen auch deshalb umformen, um sie mit den jeweils vorhandenen Arten von Gattern realisieren zu können. Stehen zum Beispiel für eine Realisierung des durch die Gl. (2.24) oder (2.24a) beschriebenen Schaltnetzes ausschließlich UND- und ODER-Gatter mit je zwei Eingängen sowie NICHT-Gatter zur Verfügung, so muß man Gl. (2.24a) weiter umformen in

$$F = A \vee \{\overline{B} \vee [\{(C \vee D) \wedge (\overline{C} \vee \overline{D})\} \wedge E]\}$$

und die jweils eingeklammerten Ausdrücke schrittweise durch entsprechende Gatter realisieren.

— Man will ein Schaltnetz gar nicht mit UND- und ODER-Gattern realisieren, sondern zum Beispiel nur mit NAND- oder nur mit NOR-Gattern. Als Beispiel für die dann erforderlichen Umformungen soll die Gl. (2.11) in die Gl. (2.11a) umgewandelt werden. Durch einmalige Anwendung des Satzes von *de Morgan* erhält man aus Gl. (2.11)

$$F = (A \wedge B) \vee [\overline{\overline{A} \wedge D \wedge C}].$$

Dafür kann man auch schreiben

$$F = \overline{\overline{(A \wedge B) \vee [\overline{\overline{A} \wedge D \wedge C}]}}.$$

Wendet man hierauf nochmals den Satz von *de Morgan* an, so erhält man Gl. (2.11a).

Trotz dieser verschiedenen, gegebenenfalls erforderlichen Umformungen ist es in der Regel angebracht, zunächst auf jeden Fall die jeweils einfachste Normalform einer Schaltfunktion abzuleiten. Hierbei bedient man sich eines der drei im folgenden ausführlicher erläuterten Verfahren:

— Vereinfachung durch schaltalgebraische Umformungen unter Anwendung der Rechenregeln nach Abschnitt 2.5.
— Vereinfachung mittels Diagrammen nach *M. Karnaugh* und *E. W. Veitch* (KV-Diagramme).
— Vereinfachung nach *W. V. Quine* und *E. J. McCluskey* durch schrittweise Entwicklung von Listen und Tabellen (QMC-Verfahren).

2.7.1 Vereinfachung durch schaltalgebraische Umformungen

Man kann versuchen, eine Schaltfunktion durch Anwendung der im Abschnitt 2.5 angegebenen Rechenregeln zu vereinfachen. Ob eine Vereinfachung möglich ist, kann man bei komplizierten Schaltfunktionen selten mit Sicherheit voraussagen. Man kann aber damit rechnen, daß eine Schaltfunktion zu vereinfachen ist, wenn in Ausdrücken mit mehrfachen Negierungen gleiche Variable wiederholt vorkommen. Es ist zu empfehlen, solche komplizierteren, mehrfach negierten Schaltfunktionen in Normalformen umzuwandeln.

Bestimmte Möglichkeiten der Vereinfachung kann man allerdings in gewissem Umfang nur durch Intuition finden. Es handelt sich hierbei aber um eine beschränkte Anzahl regelmäßig auftretender Umformungen, die aus den im Abschnitt 2.5 angegebenen Rechenregeln folgen. Beispiele für einfache, häufig wiederkehrende Umformungen dieser Art sind die folgenden

$$A \wedge (A \vee B) = (A \wedge A) \vee (A \wedge B) = (A \wedge L) \vee (A \wedge B) = A \wedge (L \vee B) = A;$$
$$A \vee (A \wedge B) = (A \vee A) \wedge (A \vee B) = (A \vee 0) \wedge (A \vee B) = A \vee (0 \wedge B) = A;$$
$$A \wedge (\overline{A} \vee B) = (A \wedge \overline{A}) \vee (A \wedge B) = A \wedge B;$$
$$A \vee (\overline{A} \wedge B) = (A \vee \overline{A}) \wedge (A \vee B) = A \vee B.$$

In Worten ausgedrückt, kann man solche Möglichkeiten einer Vereinfachung von Schaltfunktionen, die bereits in einer Normalform vorliegen, wie folgt gliedern

— Wiederholte Anwendungen des distributiven Gesetzes (wie in den vorstehenden Beispielen).
— Ergänzung von Disjunktionen durch Ausdrücke der Form $A \wedge \overline{A}$ und Ausklammern gemeinsamer Variabler.
— Ergänzung von Konjunktionen durch Ausdrücke der Form $A \vee \overline{A}$ und Ausklammern gemeinsamer Variabler.
— Entwicklung einer disjunktiven Normalform in eine disjunktive Vollform, Streichen mehrfach auftretender Minterme bis auf jeweils einen und Zusammenfassen der verbleibenden Minterme.
— Entwicklung einer konjunktiven Normalform in eine konjunktive Vollform, Streichen mehrfach auftretender Maxterme bis auf jeweils einen und Zusammenfassen der verbleibenden Maxterme.

Bedingt durch die erforderliche umfangreiche Schreibarbeit treten bei schaltalgebraischen Umformungen leicht Fehler auf, so daß das rechnerische Vorgehen große Sorgfalt erfordert und, soweit möglich, durch andere Verfahren ersetzt werden sollte.

Eine nicht sehr bekannte Möglichkeit der Vereinfachung komplizierterer schaltalgebraischer Ausdrücke besteht in der wiederholten Anwendung der allgemeinen Expansionssätze (2.15) und (2.16), die allerdings nicht unbedingt zur einfachsten Normalform führt. Ein Beispiel hierzu findet man im Abschnitt 2.5.4 im Anschluß an Gl. (2.16). Setzt man die dort berechneten Ausdrücke für F_1 und F_2 in F ein, so folgt

$$F = [X_2 \wedge \overline{X_1 \wedge X_3}] \vee [\overline{X_2} \wedge \overline{X_1 \wedge X_3}] = (X_2 \vee \overline{X_2}) \wedge \overline{X_1 \wedge X_3} = \overline{X_1} \vee \overline{X_3},$$

also eine nicht weiter zu vereinfachende Form der Schaltfunktion F.

2.7.2 Vereinfachung mit KV-Diagrammen

Das Minimierungsverfahren mittels KV-Diagrammen eignet sich besonders für die Vereinfachung von Schaltfunktionen von etwa drei bis acht unabhängigen Schaltvariablen, d. h. für viele in der Praxis vorkommende Aufgaben der Digitaltechnik.

Grundlagen der Vereinfachung mit KV-Diagrammen

Zwei Minterme einer Schaltfunktion, die sich nur dadurch unterscheiden, daß in ihnen genau eine der Schaltvariablen unterschiedlich negiert ist, kann man, sofern sie disjunktiv verknüpft sind, zu einer Konjunktion zusammenfassen, in der die in den beiden Mintermen unterschiedlich negierte Variable nicht mehr auftritt.

Beispiel:

$$F = (\overline{A} \wedge B \wedge C) \vee (\overline{A} \wedge \overline{B} \wedge C) = \overline{A} \wedge C.$$

Man kann nämlich nach dem distributiven Gesetz (Abschnitt 2.5.1) $\overline{A} \wedge C$ aus den beiden Mintermen ausklammern und danach nacheinander zwei unter Abschnitt 2.5.3 angegebene Beziehungen anwenden

$$F = \overline{A} \wedge C \wedge (B \vee \overline{B}) = \overline{A} \wedge C \wedge L = \overline{A} \wedge C.$$

Diese Art der Zusammenfassung kann man, wenn hierfür geeignete Minterme vorliegen, auch mehrmals nacheinander anwenden, zum

Beispiel:

$$G = \underbrace{(\overline{A} \wedge B \wedge C \wedge D) \vee (\overline{A} \wedge B \wedge C \wedge \overline{D})} \vee \underbrace{(\overline{A} \wedge \overline{B} \wedge C \wedge D) \vee (\overline{A} \wedge \overline{B} \wedge C \wedge \overline{D})} \quad (2.25)$$

$$G = \underbrace{(\overline{A} \wedge B \wedge C) \qquad\qquad \vee \qquad\qquad (\overline{A} \wedge \overline{B} \wedge C)} \quad (2.25a)$$

$$G = \overline{A} \wedge C \quad (2.25b)$$

Aufbau von KV-Diagrammen

Ein KV-Diagramm enthält so viele Felder, wie eine Funktionstabelle Zeilen besitzt, durch die die auch im KV-Diagramm darzustellende Schaltfunktion vollständig beschrieben wird, d. h. bei p unabhängigen binären Schaltvariablen insgesamt 2^p Felder. Die Anordnung der Felder im KV-Diagramm wird so gewählt, daß zwei waagerecht oder senkrecht benachbarte Felder Mintermen zugeordnet werden, in denen nur eine der Variablen unterschiedlich negiert ist.

Der Zusammenhang zwischen einer Funktionstabelle und einem KV-Diagramm wird für eine Schaltfunktion von zwei unabhängigen Variablen in Bild 2.7 gezeigt. Sowohl die Funk-

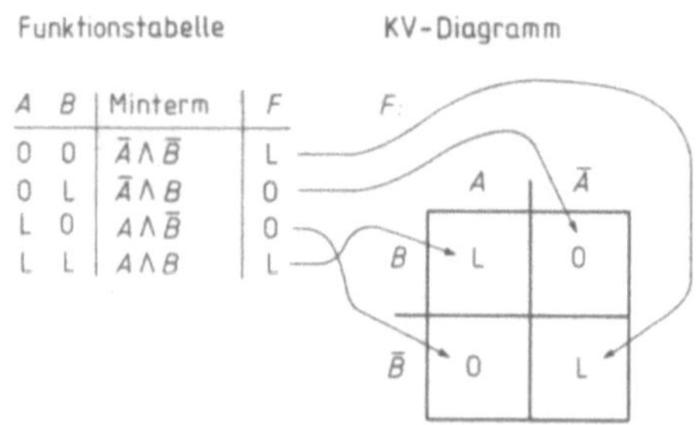

Bild 2.7 Zusammenhang zwischen der Darstellung einer Schaltfunktion von zwei unabhängigen Schaltvariablen in einer Funktionstabelle und einem KV-Diagramm

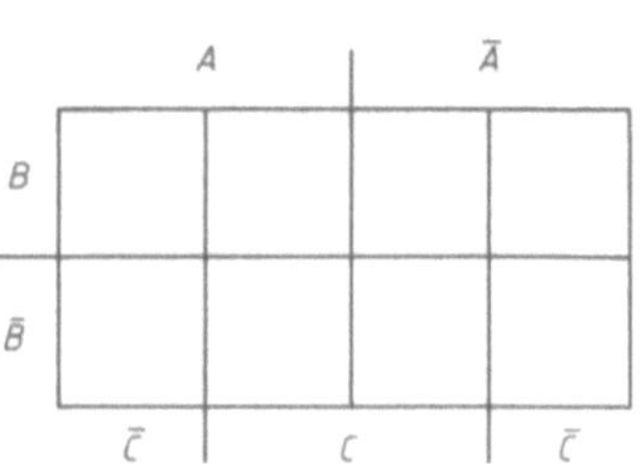

Bild 2.8 KV-Diagramm zur Darstellung von Schaltfunktionen von drei unabhängigen binären Schaltvariablen A, B und C

tionstabelle wie auch das KV-Diagramm sagen in diesem Beispiel aus: Die Schaltfunktion besteht aus einer disjunktiven Verknüpfung der beiden Minterme $\overline{A} \wedge \overline{B}$ und $A \wedge B$, d. h.

$$F = (\overline{A} \wedge \overline{B}) \vee (A \wedge B).$$

Zur Darstellung von Schaltfunktionen von drei unabhängigen Variablen kann man den in Bild 2.8 angegebenen Aufbau eines KV-Diagramms verwenden. Zur Vereinfachung kann man beim Zeichnen von KV-Diagrammen auch die Beschriftung mit negierten Variablen am Rand weglassen.

In dem in Bild 2.9 dargestellten KV-Diagramm für Schaltfunktionen von vier unabhängigen Variablen ist die durch Gl. (2.25) angegebene Schaltfunktion G eingetragen. Die in diesem KV-Diagramm gestrichelt angegebenen Zusammenfassungen stellen die beiden Konjunktionen gemäß Gl. (2.25a) dar. Die durchgezogene Zusammenfassung entspricht der Gl. (2.25b).

In den nicht ausgefüllten Feldern des KV-Diagramms nach Bild 2.9 müßten nach obigem eigentlich Nullen eingetragen werden. Es erhöht jedoch die Übersicht, wenn man die Nullen wie in Bild 2.9 wegläßt.

Bei den vorstehend eingeführten Anordnungen der Felder in KV-Diagrammen kann man alle in waagerecht und senkrecht benachbarten Feldern dargestellten Minterme zusammenfassen. Gleiches gilt für alle Minterme, die in Feldern dargestellt werden, die sich am Rand gegenüber liegen. Man könnte auch sagen, diese KV-Diagramme hängen an den gegenüberliegenden Rändern zusammen.

Für mehr als vier unabhängige Variable kann man jedoch keine KV-Diagramme mit diesen Eigenschaften angeben, wenn man versucht, das bisher dargelegte Aufbauprinzip beizube-

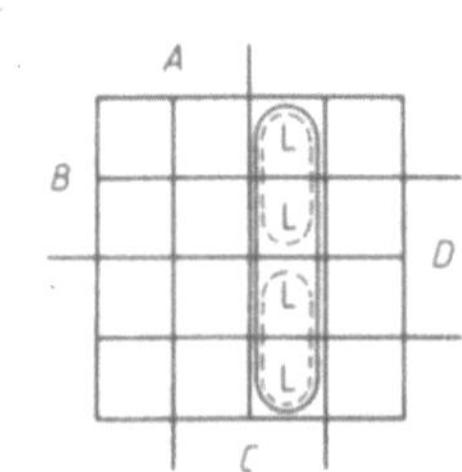

Bild 2.9

KV-Diagramm zur Darstellung von Schaltfunktionen von vier unabhängigen binären Schaltvariablen A, B, C und D; wiedergegeben ist eine Schaltfunktion G

halten. Man findet in der Literatur zwar Vorschläge, wie Schaltfunktionen von mehr als vier Variablen in einem KV-Diagramm dargestellt werden können. In solchen KV-Diagrammen sind jedoch nicht alle Minterme, die zusammengefaßt werden können, so angeordnet, daß die Möglichkeit des Zusammenfassens einfach zu erkennen und darzustellen ist.

Daher ist es viel besser, Schaltfunktionen von mehr als vier Schaltvariablen in KV-Diagrammen darzustellen, die sich in der in Bild 2.10 und 2.11 beschriebenen Weise aus KV-Diagrammen für Schaltfunktionen von vier unabhängigen binären Schaltvariablen zusammensetzen. Die in den Bildern 2.10 und 2.11 nebeneinander gezeichneten Teil-KV-Diagramme mit jeweils 16 Feldern kann man sich übereinander gelegt denken. Dann sind alle übereinander liegenden Felder im oben dargelegten Sinn benachbart, d. h. man kann die entsprechenden Minterme zusammenfassen, wenn man beim Übereinanderlegen eine bestimmte Reihenfolge einhält. So muß man die Teil-KV-Diagramme nach Bild 2.11 in der Reihenfolge $E \wedge F$, $\bar{E} \wedge F$, $\bar{E} \wedge \bar{F}$, $E \wedge \bar{F}$ „übereinanderlegen". Auch die übereinanderliegenden Felder des obersten und des untersten Teil-KV-Diagramms sind dann benachbart.

Entsprechend der oben z. B. anhand Gl. (2.25) durchgeführten Entwicklung kann man jeweils 2, 4, 8, 16, ... benachbarte Felder bzw. entsprechend viele Minterme, die die Voraussetzungen hierfür erfüllen, zusammenfassen.

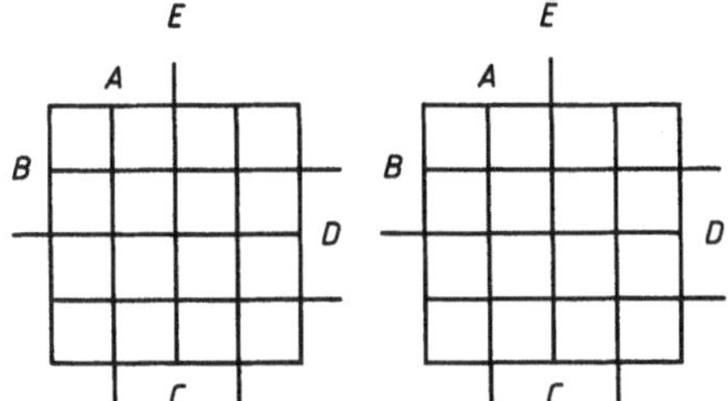

Bild 2.10
KV-Diagramm zur Darstellung von
Schaltfunktionen von fünf binären
Schaltvariablen A, B, C, D und E

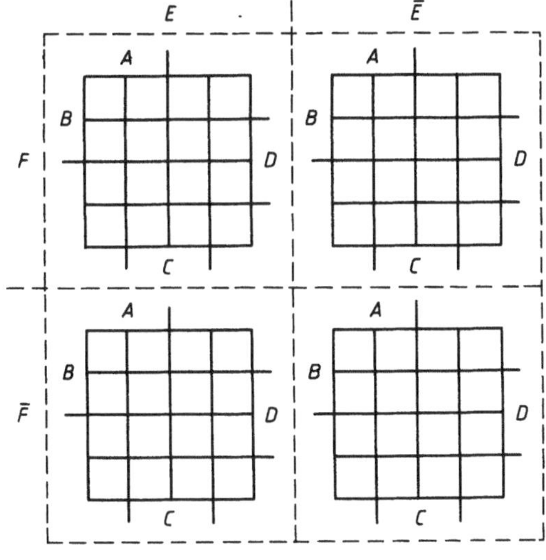

Bild 2.11
KV-Diagramm zur Darstellung von
Schaltfunktionen von sechs binären
Schaltvariablen A, B, C, D, E und F

Grundsätzlich gilt für das Entwickeln möglichst einfacher Darstellungen von Schaltfunktionen aus KV-Diagrammen:

— Jeder Minterm, d. h. jedes „L", muß berücksichtigt werden; kann man einen Minterm nicht mit einem anderen zusammenfassen, so tritt er unverändert in der Schaltfunktion auf.
— Man sollte jeweils möglichst viele Minterme — d. h. möglichst viele „L" — zusammenfassen.
— Ist der Wert einer Schaltfunktion bei einer bestimmten Wertekombination der unabhängigen Variablen beliebig, so kann man nach eigenem Ermessen festlegen, ob man beim Zusammenfassen im KV-Diagramm der Schaltfunktion dort den Wert 0 oder L zuweist. Diese Zuweisung soll so erfolgen, daß der Aufbau der Schaltfunktion möglichst einfach wird (vgl. Abschn. 2.8.2).
— Alle größtmöglichen Zusammenfassungen von Minternen sind Primterme. Die Schaltfunktion ergibt sich als ODER-Verknüpfung von Primtermen. Man kann dem KV-Diagramm entnehmen, welche der Primterme unbedingt erforderlich sind, um die Schaltfunktion vollständig darzustellen.
— Hat man bei einer Schaltfunktion von n unabhängigen binären Schaltvariablen 2^m Minterme zusammengefaßt, so enthält die sich als Zusammenfassung ergebende Konjunktion (UND-Verknüpfung) noch $n-m$ Schaltvariable.

Beispiele für Zusammenfassungen in KV-Diagrammen (Bild 2.12 a bis d; die Felder, denen Werte 0 der Schaltfunktionen zugeordnet sind, wurden leer gelassen):

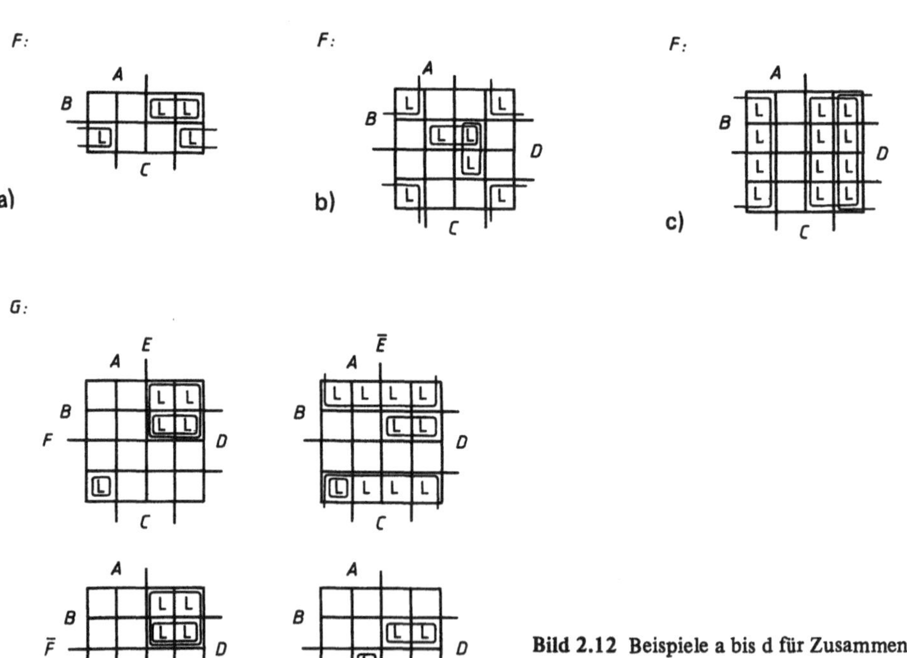

Bild 2.12 Beispiele a bis d für Zusammenfassungen in KV-Diagrammen

Beispiel nach Bild 2.12a:

Die Schaltfunktion hat die Primterme $\overline{A} \wedge B$, $\overline{B} \wedge \overline{C}$, $\overline{A} \wedge \overline{C}$. Gemäß Bild 2.12a sind jedoch nur die Primterme $\overline{A} \wedge B$ und $\overline{B} \wedge \overline{C}$ erforderlich, um die Schaltfunktion darzustellen:

$$F = (\overline{A} \wedge B) \vee (\overline{B} \wedge \overline{C}).$$

Beispiel nach Bild 2.12b:

Zur Darstellung der Schaltfunktion sind alle Primterme nach Bild 2.12b erforderlich:

$$F = (B \wedge C \wedge D) \vee (\overline{A} \wedge C \wedge D) \vee (\overline{C} \wedge \overline{D}).$$

Beispiel nach Bild 2.12c:

Mit den Primtermen $\overline{A}$ und $\overline{C}$ ergibt sich die Schaltfunktion:

$$F = \overline{A} \vee \overline{C}.$$

Beispiel nach Bild 2.12d:

Die Schaltfunktion enthält die Primterme $\overline{E} \wedge F \wedge \overline{D}$, $E \wedge \overline{A} \wedge B$, $\overline{A} \wedge B \wedge D$, $A \wedge \overline{B} \wedge \overline{C} \wedge \overline{D}$, $\overline{E} \wedge \overline{F} \wedge A \wedge \overline{B} \wedge C \wedge D$ und $F \wedge \overline{A} \wedge B$, von denen der letzte nicht zur Darstellung der Schaltfunktion benötigt wird. Somit ist

$$G = (\overline{A} \wedge B \wedge E) \vee (\overline{A} \wedge B \wedge D) \vee (\overline{E} \wedge F \wedge \overline{D}) \vee (A \wedge \overline{B} \wedge \overline{C} \wedge \overline{D})$$
$$\vee (\overline{E} \wedge \overline{F} \wedge A \wedge \overline{B} \wedge C \wedge D).$$

2.7.3 QMC-Verfahren

Beim QMC-Verfahren werden zunächst Listen von Mintermen und von Konjunktionen erstellt, die durch schrittweise Zusammenfassung von je zwei Mintermen, von je zwei Konjunktionen, die jeweils aus zwei Mintermen entstanden, usw. entwickelt werden. Diese Listen dienen zur Ermittlung sämtlicher Primterme einer Schaltfunktion. Danach wird mittels verschiedener Primterm-Minterm-Tabellen untersucht, welche dieser Primterme zur Darstellung der betrachteten Schaltfunktion erforderlich sind.

Dieses Vorgehen sei an einfachen Beispielen erläutert. Eine Schaltfunktion F sei durch folgende Funktionstabelle gegeben

A	B	C	D	F		A	B	C	D	F
0	0	0	0	0		L	0	0	0	L
0	0	0	L	L		L	0	0	L	0
0	0	L	0	0		L	0	L	0	0
0	0	L	L	L		L	0	L	L	0
0	L	0	0	L		L	L	0	0	0
0	L	0	L	L		L	L	0	L	L
0	L	L	0	0		L	L	L	0	L
0	L	L	L	L		L	L	L	L	0

Zunächst wird eine geordnete Liste aller Minterme der Schaltfunktion aufgestellt. Die Minterme werden wie Zahlen im Dualsystem geschrieben, jeweils durch das Dezimaläquivalent dieser Zahl gekennzeichnet und nach der Anzahl der in den Mintermen auftretenden nicht negierten Variablen in Gruppen sortiert. Im obigen Beispiel erhält man folgende Liste der Minterme

Erste Liste (Liste der Minterme)

Dezimaläquivalent	Minterme (A, B, C, D)	Gruppe
1	0001	1
4	0100	
8	1000*	
3	0011	2
5	0101	
7	0111	3
13	1101	
14	1110*	

Gemäß Abschnitt 2.7.2, erster Teil, kann man zwei Minterme nur dann disjunktiv zu einer Konjunktion zusammenfassen, wenn in diesen beiden Mintermen genau eine Variable unterschiedlich negiert ist. Wendet man dies auf die erste Liste an, so stellt man fest, daß man — allenfalls — jeweils zwei Minterme zusammenfassen kann, die immer aus in der obigen Liste benachbarten Gruppen entnommen werden müssen. Minterme der gleichen Gruppe oder nicht benachbarter Gruppen kann man nicht zusammenfassen. Zum Beispiel lassen sich demnach in der ersten Liste der Minterm 1 (Gruppe 1) und der Minterm 3 (Gruppe 2) zusammenfassen; hierdurch fällt die in den beiden Mintermen unterschiedlich negierte Variable C weg.

Wegen der in der ersten Liste eingeführten Schreibweise für die Minterme muß man kennzeichnen, welche Variable aufgrund dieser Zusammenfassung weggefallen ist. Zu diesem Zweck führt man an den Platz einer jeweils weggefallenen Variablen eine 2 ein. Zur Darstellung der sich durch die Zusammenfassungen ergebenden Konjunktionen benutzt man also Zahlen im Ternärsystem. In dieser Schreibweise lautet also die Zusammenfassung der beiden Minterme 1 und 3

$$1, 3 \quad 0001 \lor 0011 = 0021.$$

In üblicher schaltalgebraischer Schreibweise lautet die resultierende Konjunktion $\overline{A} \land \overline{B} \land D$. Führt man in der erläuterten Weise alle möglichen Zusammenfassungen der Minterme der ersten Liste aus, so erhält man die folgende zweite Liste

Zweite Liste (Liste einmaliger Zusammenfassungen von Mintermen)

Zusammengefaßte Minterme (Dezimaläquivalente)	Konjunktionen	Gruppe
1,3	0021	1
1,5	0201	
4,5	0102*	
3,7	0211	2
5,7	0121	
5,13	2101*	

Beim Aufstellen der zweiten Liste stellt man fest, daß die Minterme 8 und 14 der ersten Liste sich nicht mit anderen Mintermen zusammenfassen lassen. Diese beiden Minterme sind also Primterme. Sie sind in der ersten Liste durch einen * gekennzeichnet.

Im nächsten Schritt kann man versuchen, die Konjunktionen der zweiten Liste nochmals zusammenzufassen. Im Beispiel erhält man die folgende dritte Liste

Dritte Liste (Liste von Zusammenfassungen von jeweils vier Mintermen)

Zusammengefaßte Minterme (Dezimaläquivalente)	Konjunktionen	Gruppe
1, 3, 5, 7	0221	1
1, 5, 3, 7	0221	

Danach sind die Konjunktionen 0102 und 2101 der zweiten Liste Primterme. Da die dritte Liste nur noch eine Konjunktion enthält, ist diese zwangsläufig ein Primterm.

Wie schon erwähnt, diente die vorstehende schrittweise Suche nach möglichen Zusammenfassungen allein dem Zweck, sämtliche Primterme der Schaltfunktion zu finden. Im Beispiel wurden als Primterme ermittelt

$$
\begin{array}{ll}
1000 & A \wedge \overline{B} \wedge \overline{C} \wedge \overline{D}, \\
1110 & A \wedge B \wedge C \wedge \overline{D}, \\
0102 & \overline{A} \wedge B \wedge \overline{C}, \\
2101 & B \wedge \overline{C} \wedge D, \\
0221 & \overline{A} \wedge D.
\end{array}
$$

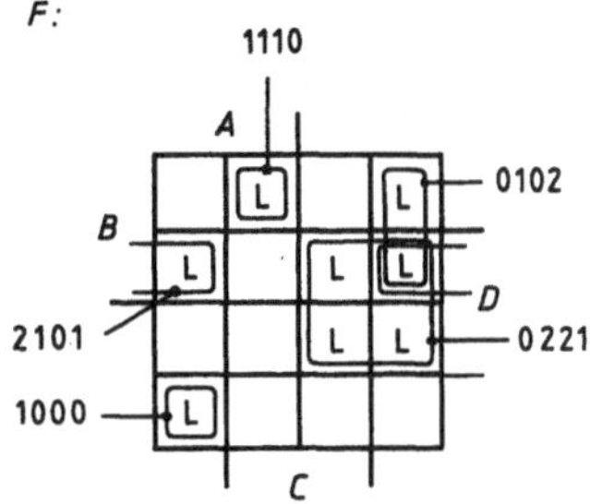

Bild 2.13
KV-Diagramm einer Schaltfunktion F mit deren Primtermen (erstes Beispiel zum QMC-Verfahren)

Diese Primterme sind im KV-Diagramm der Schaltfunktion F (Bild 2.13) dargestellt. Selbstverständlich hätte man im vorliegenden Beispiel anhand des KV-Diagramms sehr viel schneller als durch das schrittweise Aufstellen von Listen die gleichen Primterme ermitteln können. Erst bei einer größeren Anzahl von unabhängigen Schaltvariablen beginnt der eigentliche Anwendungsbereich des QMC-Verfahrens; dann werden nämlich die KV-Diagramme zu umfangreich und zu unübersichtlich und es ist nicht mehr möglich, alle Zusammenhänge visuell zu erfassen.

Im bislang behandelten Beispiel sind, wie Bild 2.13 zeigt, sämtliche Primterme erforderlich, um die Schaltfunktion darzustellen, d. h. die minimale disjunktive Normalform lautet hier

$$
F = (\overline{A} \wedge D) \vee (B \wedge \overline{C} \wedge D) \vee (\overline{A} \wedge B \wedge \overline{C}) \vee (A \wedge B \wedge C \wedge \overline{D}) \vee (A \wedge \overline{B} \wedge \overline{C} \wedge \overline{D}).
$$

In jedem Primterm ist hier mindestens ein Minterm enthalten, der allein durch diesen Primterm dargestellt werden kann. Man sagt, jeder dieser Primterme ist ein **Hauptterm**.

Aus einem KV-Diagramm kann man dies — bei nicht zu vielen unabhängigen Variablen — unmittelbar erkennen, aus den in einer Liste angeführten Primtermen hingegen nicht ohne weiteres. Alle weiteren Schritte des QMC-Verfahrens nach der Ermittlung aller Primterme dienen deshalb dazu, aus der Gesamtheit der Primterme diejenigen Primterme zu ermitteln, die unbedingt in der Schaltfunktion enthalten sein müssen. Um das im einzelnen zu erörtern, ist das bisher benutzte Beispiel zu einfach. Als weiteres Beispiel wird daher im folgenden eine Schaltfunktion G betrachtet, hierbei allerdings die Ermittlung der Primterme, die genauso, wie oben gezeigt, durchzuführen ist, übergangen. Die Primterme von G und die darin enthaltenen Minterme seien

Primterme (A, B, C, D, E)	Minterme (Dezimaläquivalente)
00211	3, 7
20011	3, 19
00121	5, 7
10021	17, 19
10201	17, 21
21200	8, 12, 24, 28
22101	5, 13, 21, 29
21102	12, 13, 28, 29
11220	24, 26, 28, 30

Es muß nun also herausgefunden werden, welche der angegebenen Minterme von G zur Darstellung dieser Schaltfunktion erforderlich sind. Dazu stellt man zunächst die erste Primterm-Minterm-Tabelle auf, wie in Tabelle 2.4 oben angegeben. Ein x gibt jeweils an, ob der betreffende Minterm in dem in dieser Zeile angeführten Primterm enthalten ist. So sind die Minterme 3 und 7 im Primterm 00211 enthalten.

Die erste Primterm-Minterm-Tabelle ermöglicht die Ermittlung der Hauptterme (in Tabelle 2.4 mit H. T. abgekürzt). Da der Minterm 8 ausschließlich im Primterm 21200 und die Minterme 26 und 30 ausschließlich im Primterm 11220 enthalten sind, müssen diese beiden Primterme Hauptterme sein. Sie sind auf jeden Fall Bestandteile der Schaltfunktion G.

Die zweite Primterm-Minterm-Tabelle erhält man, indem man in der ersten Primterm-Minterm-Tabelle die Hauptterme und sämtliche durch die Hauptterme dargestellten Minterme streicht. In der zweiten Primterm-Minterm-Tabelle kann man unter Umständen, wie im Beispiel, manche Minterme streichen. Minterm 13 und Minterm 29 sind in den gleichen Primtermen (22101, 21102) enthalten. Das bedeutet, daß zum Beispiel der Minterm 29 auf jeden Fall mit dargestellt wird, wenn man den Minterm 13 erfaßt. Man kann also einen der beiden Minterme, zum Beispiel den Minterm 29, bei den weiteren Untersuchungen außer Betracht lassen, d.h. in der Tabelle streichen. Würde der Minterm 29 noch in einem weiteren Primterm oder auch in mehreren weiteren Primtermen enthalten sein, so könnte man ausschließlich den Primterm 29 streichen, da man in diesem Zeitpunkt noch nicht weiß, durch welchen Primterm man den Minterm 13 erfassen wird.

Durch derartige Streichungen erhält man schließlich die dritte Primterm-Minterm-Tabelle. Anhand dieser Tabelle versucht man nun die verbliebenen Minterme durch möglichst wenige bzw. möglichst einfache Primterme darzustellen. Im Beispiel (vgl. Tabelle 2.4 unten) besteht die einfachste Lösung in der Wahl der Primterme 00211, 10021 und 22101. Als einfachste disjunktive Normalform der Schaltfunktion G erhält man somit

$$G = (B \wedge \overline{D} \wedge \overline{E}) \vee (A \wedge B \wedge \overline{E}) \vee (\overline{A} \wedge \overline{B} \wedge D \wedge E) \vee (A \wedge \overline{B} \wedge \overline{C} \wedge E) \vee (C \wedge \overline{D} \wedge E).$$

Tabelle 2.4 Primterm-Minterm-Tabellen zum Auffinden der zur Darstellung der Schaltfunktion G erforderlichen Primterme (zweites Beispiel im Text)

Erste Primterm-Minterm-Tabelle:

Primterme	Minterme														
	3	5	7	8	12	13	17	19	21	24	26	28	29	30	
00211	x		x												
20011	x							x							
00121		x	x												
10021							x	x							
10201							x		x						
21200				x	x					x		x			H.T.
22101		x				x			x				x		
21102					x	x						x	x		
11220										x	x	x		x	H.T.

Zweite Primterm-Minterm-Tabelle:

Primterme	Minterme							
	3	5	7	13	17	19	21	29
00211	x		x					
20011	x					x		
00121		x	x					
10021					x	x		
10201					x		x	
22101		x		x			x	x
21102				x				x

Dritte Primterm-Minterm-Tabelle:

Primterme	Minterme						
	3	5	7	13	17	19	21
00211	x		x				
20011	x					x	
00121		x	x				
10021					x	x	
10201					x		x
22101		x		x			x
21102				x			

Als kleine Übung möge der Leser ein KV-Diagramm für G aufstellen, anhand des KV-Diagramms die einfachste Form der Schaltfunktion G suchen und mit der vorstehend angegebenen Schaltfunktion für G vergleichen.

Die manuelle Durchführung des QMC-Verfahrens ist sehr zeitraubend, da die erforderlichen Listen und Tabellen mit zunehmender Anzahl der unabhängigen Variablen rasch sehr umfangreich werden. Das QMC-Verfahren eignet sich jedoch dazu, die einfachsten disjunktiven Normalformen von Schaltfunktionen oder — in Analogie zum hier dargestellten

Vorgehen — die einfachsten konjunktiven Normalformen mittels digitaler Datenverarbeitungsanlagen zu suchen. Sämtliche Schritte bis hin zur dritten Primterm-Minterm-Tabelle lassen sich unmittelbar in ein Programm für einen Digitalrechner übersetzen. Um aus der dritten Primterm-Minterm-Tabelle die geeigneten Primterme zu finden, muß man schließlich ein passendes Suchverfahren anwenden.

Beliebige Werte einer Schaltfunktion berücksichtigt man beim QMC-Verfahren wie folgt: In der Liste der Minterme führt man sämtliche Minterme auf, die den beliebigen Werten der Schaltfunktion entsprechen, nimmt also an dieser Stelle an, daß der Wert der Schaltfunktion jeweils „L" ist. In der ersten Primterm-Minterm-Tabelle läßt man diese Minterme aber alle weg. Die resultierende Zuweisung von Werten „L" oder „0" an Stelle beliebiger Werte ergibt die einfachst mögliche Form der Schaltfunktion.

2.8 Entwicklung von Schaltnetzen

2.8.1 Vorgehen bei der Entwicklung eines Schaltnetzes

Kann eine technische Aufgabe mittels eines Schaltnetzes gelöst werden, so geht man bei der Entwicklung dieses Schaltnetzes im allgemeinen schrittweise in folgender Reihenfolge vor:

1. Man analysiert die Aufgabenstellung, erkennt hierbei unter anderem, daß eine Lösung mittels eines Schaltnetzes möglich ist, und definiert die unabhängigen und abhängigen binären Schaltvariablen, durch deren Werte die Aufgabenstellung sich vollständig beschreiben läßt.
2. Zur Beschreibung des Schaltnetzes entwickelt man eine Funktionstabelle, in der die Beziehungen zwischen den unabhängigen und den abhängigen Schaltvariablen dargestellt sind.
3. Man leitet aus der Funktionstabelle schaltalgebraisch minimale disjunktive oder konjunktive Normalformen der das zu entwickelnde Schaltnetz beschreibenden Schaltfunktionen ab.
4. Unter Berücksichtigung der verfügbaren Bauelemente für die benötigten booleschen Verknüpfungen entwirft man das Schaltbild des gerätetechnischen Aufbaus des Schaltnetzes.
5. Man übersetzt das Schaltbild in eine technische Realisierung, indem man Bausteine in der notwendigen Weise verbindet und mit Energie versorgt. Das aufgebaute Schaltnetz muß statisch und dynamisch überprüft werden.

2.8.2 Ein einfaches Anwendungsbeispiel

Im folgenden wird das Vorgehen bei der Entwicklung eines Schaltnetzes anhand folgender Aufgabe erläutert:

> Ein Motor mit Rechts- und Linkslauf soll mit einer Warnanzeige ausgerüstet werden. Der Motor erhält einen Funktionsschalter, damit er für unterschiedlich geartete Anwendungen eingesetzt werden kann. Der Funktionsschalter hat zwei Stellungen. In der einen Stellung soll die Warnanzeige bei Rechts- und Linkslauf leuchten, in der anderen Stellung nur dann, wenn der Motor nicht rechts herum läuft.

1. Analyse der Aufgabenstellung

Als Eingänge des Schaltnetzes wirken

a) eine mit dem Funktionsschalter erzeugte binäre Schaltvariable F mit den Werten
   $F = 0$: Warnanzeige leuchtet bei Rechts- und Linkslauf,
   $F = L$: Warnanzeige leuchtet, wenn nicht Rechtslauf;
b) eine durch einen Geber für Rechtslauf erzeugte binäre Schaltvariable G_r mit den Werten
   $G_r = 0$: nicht Rechtslauf,
   $G_r = L$: Rechtslauf;
c) eine durch einen Geber für Linkslauf erzeugte binäre Schaltvariable G_l mit den Werten
   $G_l = 0$: nicht Linkslauf,
   $G_l = L$: Linkslauf.

Das Schaltnetz hat nur einen Ausgang, der bewirkt, daß die Warnanzeige betätigt wird oder nicht. Zu diesem Zweck erzeugt das Schaltnetz eine Schaltvariable W mit den Werten

$W = 0$: Warnlampe aus,
$W = L$: Warnlampe an.

2. Beschreibung des Schaltnetzes durch eine Funktionstabelle

Das Schaltnetz hat gemäß Ziffer 1 die drei Eingangsvariablen F, G_r und G_l, d.h. bei der Entwicklung der Funktionstabelle ist der jeweilige Wert der Ausgangsvariablen W für acht unterschiedliche Wertekombinationen der Eingangsvariablen zu ermitteln. Zwei dieser Wertekombinationen sind physikalisch unmöglich: Der Geber für Rechtslauf und der Geber für Linkslauf können nämlich nicht gleichzeitig den Wert L erzeugen. Bei derartigen physikalisch unmöglichen Kombinationen der Werte von Eingangsvariablen kann man beim Entwurf des Schaltnetzes den Ausgangsvariablen nach Belieben einen Wert 0 oder L zuweisen. Das nutzt man beim Entwurf in der Weise aus, daß man dort Werte 0 oder L der Ausgangsvariablen so festlegt, daß man eine möglichst günstige, d. h. in der Regel eine möglichst einfache Form der Schaltfunktionen erhält.

Im vorliegenden Beispiel ergibt sich folgende Funktionstabelle, wenn man bei beliebigen Werten von W „X" schreibt

F	G_r	G_l	W	Bemerkungen
0	0	0.	0	Motor steht still
0	0	L	L	Rechts- oder Linkslauf
0	L	0	L	Rechts- oder Linkslauf
0	L	L	X	physikalisch unmöglich
L	0	0	L	nicht Rechtslauf
L	0	L	L	nicht Rechtslauf
L	L	0	0	Rechtslauf
L	L	L	X	physikalisch unmöglich

3. Ableiten einer schaltalgebraischen minimalen Form der Schaltfunktion

Die Werte von W entsprechend der Funktionstabelle unter Ziffer 2 trägt man in ein KV-Diagramm (Bild 2.14) ein. Anhand dieses KV-Diagramms ermittelt man die größtmöglichen Zusammenfassungen der Minterme, die für die vollständige Darstellung der Schaltfunktion

erforderlich sind. Würde man im vorliegenden Fall in beiden physikalisch unmöglichen
Fällen $X = 0$ setzen, so erhielte man als Schaltfunktion

$$W_{(1)} = (F \wedge \overline{G_r}) \vee (G_1 \wedge \overline{G_r}) \vee (F \wedge G_r \wedge \overline{G_1}).$$

Die einfachste Lösung erhält man im vorliegenden Fall jedoch, wenn man in beiden Fällen
$X = L$ setzt. Die durchgezogenen Zusammenfassungen in Bild 2.14 ergeben dann

$$W_{(2)} = G_1 \vee (F \wedge \overline{G_r}) \vee (\overline{F} \wedge G_r). \qquad (2.26)$$

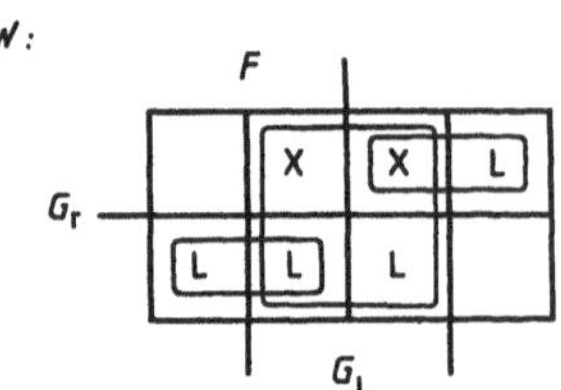

Bild 2.14
KV-Diagramm für die Ausgangsvariable
W des zu entwerfenden Schaltnetzes

4. Entwurf des Schaltbilds des gerätetechnischen Aufbaus

Wenn man annimmt, daß man UND- und ODER-Bausteine mit jeder gewünschten Anzahl
von Eingängen zur Verfügung hat und daß Bausteinausgänge beliebig belastbar sind, so
kann man die vorliegenden Schaltfunktionen unmittelbar in ein Schaltbild des zu entwickelnden Schaltnetzes übersetzen. Für die oben abgeleitete Schaltfunktion $W = W_{(2)}$ würde sich dann das Schaltbild nach Bild 2.15 ergeben.

Jedoch kann man selbst diese einfache Schaltung nicht mit Bausteinen aus gängigen Bau-
steinreihen aufbauen. Die für die elektronische Realisierung derartiger Schaltungen wohl
am häufigsten verwendete TTL-Bausteinreihe (entsprechend HL-TTL nach [2.4]) mit den
Firmen-Serien-Bezeichnungen SN 74 [2.5] oder FL 100 [2.6] enthält keine ODER-Bausteine mit drei Eingängen. Man muß also die Schaltfunktion so umformen, daß sie mit den
verfügbaren Bausteinen realisiert werden kann.

Noch komplizierter ist die Suche nach einer möglichen und gleichzeitig möglichst einfachen
Realisierung, wenn ein Schaltnetz mit mehreren Ausgängen vorliegt und das Schaltnetz so
in Teilschaltnetze umgeformt werden kann, daß sich durch zweckmäßiges Zusammenfügen
dieser Teilschaltnetze zur Erzeugung der verschiedenen Ausgangsvariablen insgesamt ein
möglichst einfacher gerätetechnischer Aufbau des Schaltnetzes ergibt. Diese und ähnliche
Beispiele zeigen, daß die Suche nach einer einfachen gerätetechnischen Realisierung mit
der schaltalgebraischen Minimierung noch nicht abgeschlossen ist.

Im folgenden werden zwei unterschiedliche Realisierungen des durch Gl. (2.26) beschriebenen Schaltnetzes mit verfügbaren Bausteintypen betrachtet.

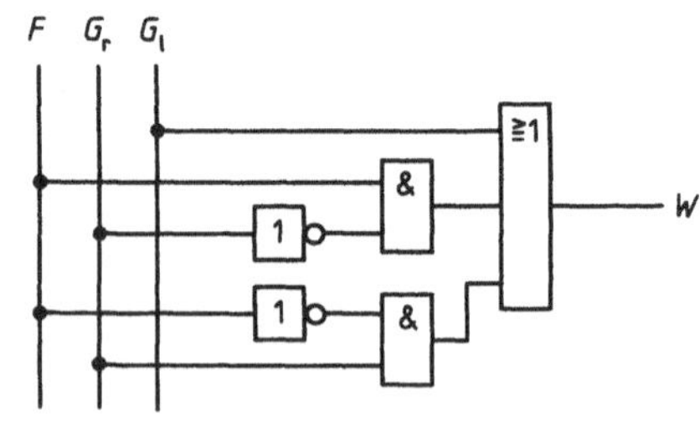

Bild 2.15
Schaltbild des zu entwerfenden Schaltnetzes bei Verfügbarkeit von Bausteinen
mit jeder gewünschten Anzahl von
Eingängen

Verwendung von NAND-Bausteinen

Um eine Realisierung mit NAND-Bausteinen zu entwickeln, wird die rechte Seite von Gl.
(2.26) zweifach negiert und daraufhin der Satz von *de Morgan* (vgl. Abschnitt 2.5.5) einmal angewendet. Man erhält auf diese Weise

$$W = \overline{\overline{\overline{G_{\mathrm{l}} \wedge \overline{F} \wedge \overline{G_{\mathrm{r}}}}} \wedge \overline{\overline{\overline{F} \wedge G_{\mathrm{r}}}}}. \tag{2.27}$$

Die zur Realisierung dieser Schaltfunktion benötigten NAND-Bausteine sind unter den
Typenbezeichnungen SN 7400, SN 7410 und SN 7404 ([2.5] und Tabelle 2.5) verfügbar.
Für die Realisierung von Gl. (2.27) benötigt man

— 3 Negierungen, d.h. 3/6 eines Bausteins SN 7404,
— 2 NAND mit je 2 Eingängen, d.h. 2/4 eines Bausteins SN 7400,
— 1 NAND mit 3 Eingängen, d.h. 1/3 eines Bausteins SN 7410.

Damit ergibt sich die Schaltung nach Bild 2.16. In diesem Bild sind der Aufbau der Schaltung und der Aufbau der verwendeten NAND-Gatter dargestellt. Allerdings sind die Num-
mern der Anschlüsse an den Bausteinen nicht genau entsprechend ihrer tatsächlichen
räumlichen Zuordnung angegeben.

Bild 2.16 zeigt, daß die Bausteine schlecht ausgenutzt sind, falls ausschließlich die Schaltfunktion nach Gl. (2.27) realisiert werden soll. In diesem Fall wird man den Baustein

Tabelle 2.5 Einige TTL-Bausteine der Serie SN 74 zur Realisierung boolescher
Verknüpfungen

Bausteintyp	Verknüpfung	Anzahl der Eingänge der Verknüpfungen	Verknüpfungen je Baustein
SN 7400	NAND	2	4
SN 7404	NEGATION	1	6
SN 7408	UND	2	4
SN 7410	NAND	3	3
SN 7432	ODER	2	4
SN 7486	ANTIVALENZ	2	4

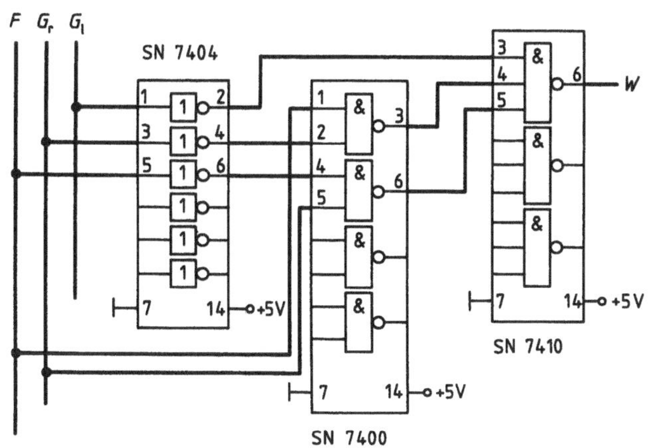

Bild 2.16

Schaltbild des zu
entwerfenden Schaltnetzes
bei Realisierung mit NAND-
Bausteinen

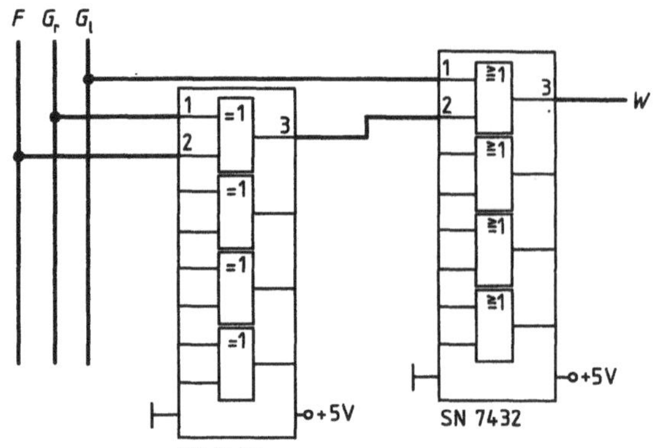

Bild 2.17

Schaltbild des zu entwerfenden
Schaltnetzes bei Verwendung
einer ANTIVALENZ-Verknüpfung

SN 7400 weglassen und statt dessen alle drei NAND-Verknüpfungen des Bausteins SN
7410 benutzen. Man kann nämlich Gl. (2.27) auch wie folgt schreiben

$$W = \overline{\overline{G_1 \wedge F \wedge \overline{G_r} \wedge L} \wedge \overline{\overline{F} \wedge G_r \wedge L}}. \tag{2.27a}$$

Demnach ist jeweils an den dritten Eingang der zur Realisierung von NAND-Verknüpfungen mit zwei Eingängen benutzten NAND-Verknüpfungen mit drei Eingängen des Bausteins
SN 7410 eine dem Wert L entsprechende Spannung anzulegen (vgl. Tabelle 1.1, eventuell
ist auch ein offener Eingang möglich).

Verwendung eines ANTIVALENZ-Bausteins

Unter Verwendung der ANTIVALENZ-Verknüpfung (exklusives ODER) (vgl. Tabelle 2.3)
kann man Gl. (2.26) auch wie folgt schreiben

$$W_{(2)} = W = G_1 \vee (F \leftrightarrow G_r). \tag{2.28}$$

ANTIVALENZ-Verknüpfungen sind auf dem Baustein SN 7486 enthalten. Außerdem benötigt man eine mittels des Bausteins SN 7432 (Tabelle 2.5) realisierbare ODER-Verknüpfung mit zwei Eingängen. Man erhält nunmehr das in Bild 2.17 dargestellte Schaltbild.

2.9 Implizit gegebene Schaltfunktionen

2.9.1 Problemstellung und Lösungsweg

Damit man eine schaltalgebraische Beschreibung eines Schaltnetzes in den Entwurf einer
gerätetechnischen Realisierung umformen kann, müssen die abhängigen Schaltvariablen
(die Ausgangsvariablen des Schaltnetzes) als Schaltfunktionen der unabhängigen Schaltvariablen (der Eingangsvariablen des Schaltnetzes) explizit gegeben sein. Diese Voraussetzung kommt in den Gleichungen (2.1) zum Ausdruck. Sie war auch Grundlage der Ausführungen über die Realisierungen von Schaltnetzen in den bisherigen Abschnitten dieses
Buches.

Es gibt jedoch auch Aufgabenstellungen von praktischer Bedeutung, bei deren Lösung zunächst schaltalgebraische Gleichungen entstehen, durch die die abhängigen Schaltvariablen

implizit als Funktionen der unabhängigen Schaltvariablen gegeben sind. Solche Beziehungen können formal wie folgt angesetzt werden

$$f_{11}(E_1, E_2, ..., E_p; A_1, A_2, ..., A_t) = f_{21}(E_1, E_2, ..., E_p),$$
$$f_{12}(E_1, E_2, ..., E_p; A_1, A_2, ..., A_t) = f_{22}(E_1, E_2, ..., E_p),$$
$$..........$$
$$f_{1t}(E_1, E_2, ..., E_p; A_1, A_2 ..., A_t) = f_{2t}(E_1, E_2, ..., E_p). \tag{2.29}$$

Aus diesen Gleichungen müssen dann bei der weiteren Lösung für die abhängigen Schaltvariablen explizite Schaltfunktionen in Form der Gln. (2.1) entwickelt werden. Allerdings lassen sich im allgemeinen aus Beziehungen der Form der Gln. (2.29) keine Beziehungen der Form der Gln. (2.1) bestimmen, die für sämtliche Wertekombinationen der unabhängigen Variablen $E_1, E_2, ..., E_p$ gültig sind. Mit anderen Worten, die gefundene Lösung ist unter Umständen für manche Wertekombinationen der unabhängigen Variablen nicht gültig. Diese unzulässigen Wertekombinationen der unabhängigen Schaltvariablen sind durch eine Nebenbedingung auszuschließen. Aus den Gln. (2.29) folgt somit eine explizite Lösung, die aus Beziehungen der Form der Gln. (2.1) und aus einer Nebenbedingung der Form besteht

$$h(E_1, E_2, ..., E_p) = 0. \tag{2.30}$$

Dies damit zunächst allgemein umrissene Vorgehen sei an einem einfachen Beispiel beschrieben. Die abhängigen Schaltvariablen A_1, A_2 seien durch die beiden folgenden Gleichungen implizit gegeben

$$(E_1 \wedge \overline{E_2} \wedge A_1) \vee [(E_1 \vee \overline{E_2}) \wedge \overline{A_2}] \qquad = \overline{E_1} \vee E_2, \tag{2.31a}$$
$$(\overline{E_1} \wedge E_2 \wedge A_1) \vee (E_1 \wedge E_2 \wedge \overline{A_1}) \vee (E_1 \wedge \overline{E_2} \wedge \overline{A_2}) = (E_1 \wedge \overline{E_2}) \vee (\overline{E_1} \wedge E_2). \tag{2.31b}$$

Um die expliziten Formen der Schaltfunktionen für A_1 und A_2

$$A_1 = f_1(E_1, E_2), \tag{2.32a}$$
$$A_2 = f_2(E_1, E_2), \tag{2.32b}$$

zu finden, muß man zunächst in die Gln. (2.31a, b) Schritt für Schritt eine der Wertekombinationen der unabhängigen Variablen nach der anderen einsetzen. Im Beispiel bleiben für jede der Wertekombinationen der unabhängigen Variablen zwei Gleichungen übrig, in denen nur noch A_1 und A_2 als Variable enthalten sind. Ein solches Gleichungspaar läßt sich entweder durch.eine bestimmte Wertekombination der Variablen A_1, A_2 erfüllen. Dieses Wertepaar gibt dann die zur betreffenden Wertekombination der unabhängigen Schaltvariablen E_1, E_2 gehörenden Werte der abhängigen Schaltvariablen an. Oder aber es gibt keine Wertekombination von A_1, A_2, durch die sich beide Gleichungen des jeweils zu betrachtenden Gleichungspaares erfüllen lassen. Dann gibt es also für die betreffende Wertekombination der unabhängigen Schaltvariablen keine Lösung; diese Wertekombination ist bei der Darstellung der Lösung mittels einer Nebenbedingung auszuschließen.

Dieses Vorgehen ist in der Tabelle 2.6 im einzelnen dargestellt. Für die Wertekombination $E_1 = 0, E_2 = L$ wird der Wert von A_1 durch Gl. (2.31b) festgelegt, während die Gl. (2.31a) durch keinen Wert von A_2 zu erfüllen ist bzw. überhaupt nicht zu erfüllen ist. Für diese Wertekombination der unabhängigen Variablen existiert also keine Lösung der Gln. (2.31a, b). Sofern die aus den Werte der A_1, A_2 nach den beiden rechten Spalten der

Tabelle 2.6 Bestimmung der Werte von zwei durch die Gln. (2.31a, b) implizit gegebenen abhängigen Schaltvariablen A_1, A_2

E_1	E_2	Gl. (2.31a)		Gl. (2.31b)	A_1	A_2
0	0	$\overline{A_2}$	$= L$	$0 = 0$	X	0
0	L	0	$= L$	$A_1 = L$	L	?
L	0	$A_1 \vee \overline{A_2}$	$= 0$	$A_2 = L$	0	L
L	L	$\overline{A_2}$	$= L$	$\overline{A_1} = 0$	L	0

Tabelle 2.6 bestimmten Schaltfunktionen brauchbar sein sollen, muß also diese Wertekombination von E_1, E_2 ausgeschlossen werden.

Als explizite Schaltfunktionen für A_1, A_2 erhält man somit aus der Tabelle 2.6

$$A_1 = E_2, \tag{2.33a}$$
$$A_2 = E_1 \wedge \overline{E_2} \tag{2.33b}$$

mit der Nebenbedingung

$$h(E_1, E_2) = \overline{E_1} \wedge E_2 = 0. \tag{2.33c}$$

Man kann leicht nachprüfen, daß die Nebenbedingung (2.33c) für sämtliche Wertekombinationen von E_1, E_2 mit Ausnahme der auszuschließenden Wertekombination $E_1 = 0$, $E_2 = L$ erfüllt ist. Setzt man umgekehrt die Beziehungen (2.33a) und (2.33b) in die Gln. (2.31a, b) ein, so findet man, daß Gl. (2.31a) nur dann zu erfüllen ist, wenn man zusätzlich die Nebenbedingung (2.33c) benutzt.

Die Beantwortung der Frage, wie unzulässige Wertekombinationen der unabhängigen Schaltvariablen ausgeschlossen werden, liegt außerhalb der hier bislang betrachteten Aufgabenstellung. Bei den verschiedenen Anwendungen gibt es folgende Möglichkeiten:

— Aufgrund der gewählten Definitionen der unabhängigen Schaltvariablen und den diesen Definitionen zugrunde liegenden physikalischen Zusammenhängen können bestimmte Wertekombinationen dieser Variablen überhaupt nicht auftreten; beim Entwurf wäre dann darauf zu achten, ob alle unzulässigen Wertekombinationen der unabhängigen Schaltvariablen tatsächlich nicht vorkommende Wertekombinationen sind.

— Die E_1, E_2, ... sind selbst abhängige Variable, d. h. Ausgangsvariable eines anderen Schaltnetzes. Durch passenden Entwurf dieses anderen Schaltnetzes kann dann sichergestellt werden, daß unzulässige Wertekombinationen der E_1, E_2, ... gar nicht vorkommen.

2.9.2 Anwendungsbeispiel

Auf eine der im Abschnitt 2.9.1 allgemein dargestellten Aufgaben stößt man, wenn man versucht, ein bestimmtes Schaltnetz durch Ergänzung eines vorgegebenen Schaltnetzes zu realisieren. Ein Sonderfall dieser Aufgabenstellung ist im Bild 2.18 dargestellt. Das zu entwerfende Schaltnetz soll gemäß diesem Bild die Eingangsvariablen E_1, E_2, E_3, E_4, ... und die Ausgangsvariable A_{g1} besitzen. Aufgrund einer Aufgabenstellung, die hier nicht weiter von Interesse ist, soll hierfür bereits die Schaltfunktion

$$A_{g1} = f_{g1}(E_1, E_2, E_3, E_4, \ldots) \tag{2.34}$$

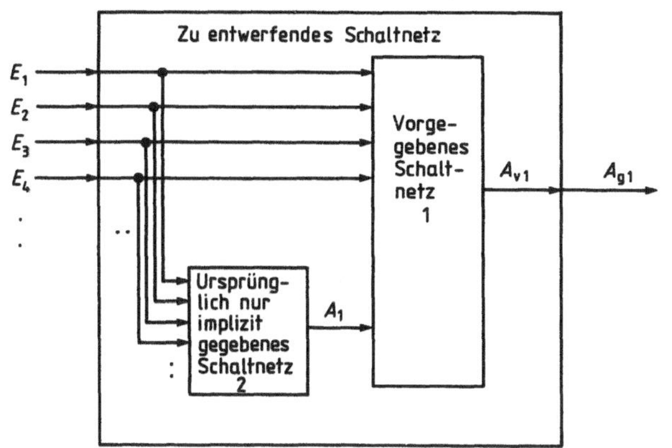

Bild 2.18
Entwurf eines Schaltnetzes durch
Ergänzung eines vorgegebenen
Schaltnetzes 1 um ein Schaltnetz 2

bestimmt worden sein. Dieses Schaltnetz soll unter Verwendung eines vorgegebenen Schaltnetzes 1 mit den Eingangsvariablen E_1, E_2, E_3, E_4, ..., A_1 und der Ausgangsvariablen A_{v1} realisiert werden, dessen Verhalten durch die Schaltfunktion

$$A_{v1} = f_{v1}(E_1, E_2, E_3, E_4, ..., A_1) \tag{2.35}$$

beschrieben werde. Dieses Schaltnetz könnte zum Beispiel in Form einer bestimmten höher integrierten elektronischen Schaltung fest konfiguriert vorliegen.

Bild 2.18 zeigt gleichzeitig einen Lösungsansatz. Das vorgegebene Schaltnetz 1 wird in der gezeichneten Weise durch ein noch zu bestimmendes Schaltnetz 2 so ergänzt, daß das zu entwerfende Schaltnetz insgesamt durch die Schaltfunktion nach Gl. (2.34) beschrieben wird. Aus Bild 2.18 liest man ab

$$A_{v1} = A_{g1},$$

also

$$f_{v1}(E_1, E_2, E_3, E_4, ..., A_1) = f_{g1}(E_1, E_2, E_3, E_4, ...). \tag{2.36}$$

Dies ist eine Beziehung in der Form der Gl. (2.29), in der aber nur eine einzige abhängige Schaltvariable vorkommt, nämlich A_1. Bezüglich des Lösungsweges und der Form der expliziten Darstellung der Schaltfunktion für A_1 gilt das bereits im Abschnitt 2.9.1 Gesagte. Würde das vorgegebene Schaltnetz 1 außer E_1, E_2, E_3, E_4, ... und A_1 noch weitere Eingangsvariable A_2, A_3, ... besitzen, so tritt an die Stelle der Gl. (2.36) eine Beziehung der Form

$$f_{v1}^{*}(E_1, E_2, E_3, E_4, ..., A_1, A_2, A_3, ...) = f_{g1}(E_1, E_2, E_3, E_4, ...). \tag{2.36a}$$

Die implizit gegebenen Schaltfunktionen für A_1, A_2, A_3, ... sind dann durch Gl. (2.36a) nur teilweise bestimmt. Dies ist für den Entwurf keineswegs ein Nachteil, da Lösungen ohne Nebenbedingungen bei Gl. (2.36a) wahrscheinlicher sind als bei Gl. (2.36).

Folgendes Beispiel einer durch Bild 2.18 umrissenen Aufgabe sei betrachtet

$$A_{g1} = (\overline{E_1} \wedge E_3) \vee (\overline{E_1} \wedge E_2 \wedge E_4) \vee (\overline{E_2} \wedge E_3 \wedge E_4) \vee (E_1 \wedge \overline{E_2} \wedge \overline{E_3} \wedge \overline{E_4}), \tag{3.27a}$$

$$A_{v1} = \left\{ A_1 \wedge \left[(\overline{E_1} \wedge E_3 \wedge \overline{E_4}) \vee [E_1 \wedge \overline{E_2} \wedge (E_3 \leftrightarrow E_4)] \right] \right\} \vee [\overline{A_1} \wedge \overline{E_1} \wedge E_4 \wedge (E_2 \vee E_3)]. \tag{2.37b}$$

Tabelle 2.7 Bestimmung der Werte der durch die Gleichsetzung der rechten Seiten der Gln. (2.37a) und (2.37b) implizit gegebenen abhängigen Schaltvariablen A_1

E_1	E_2	E_3	E_4	A_{v1}	=	A_{g1}	A_1
0	0	0	0	0	=	0	X
0	0	0	L	0	=	0	X
0	0	L	0	A_1	=	L	L
0	0	L	L	$\overline{A_1}$	=	L	0
0	L	0	0	0	=	0	X
0	L	0	L	$\overline{A_1}$	=	L	0
0	L	L	0	A_1	=	L	L
0	L	L	L	$\overline{A_1}$	=	L	0
L	0	0	0	A_1	=	L	L
L	0	0	L	0	=	0	X
L	0	L	0	0	=	0	X
L	0	L	L	A_1	=	L	L
L	L	0	0	0	=	0	X
L	L	0	L	0	=	0	X
L	L	L	0	0	=	0	X
L	L	L	L	0	=	0	X

Durch Gleichsetzen von Gl. (2.37a) und Gl. (2.37b) erhält man eine implizite Beziehung für A_1 in Form der Gl. (2.36). Hieraus gewinnt man in entsprechender Weise wie im Beispiel im Abschnitt 2.9.1 die Werte von A_1, die dieser Beziehung genügen (vgl. Tabelle 2.7).

Wie sich aus Tabelle 2.7 ablesen läßt, kann man im behandelten Beispiel die Beziehung $A_{v1} = A_{g1}$ für alle Wertekombinationen der unabhängigen Schaltvariablen $E_1, ..., E_4$ durch passende Wahl des jeweiligen Wertes von A_1 erfüllen, sofern diese Beziehung nicht sogar unabhängig vom Wert von A_1 erfüllt ist. In diesem Beispiel existiert also eine Lösung ohne Nebenbedingung. Die explizite Form der Schaltfunktion für A_1 erhält man zum Beispiel durch Aufstellen eines KV-Diagramms für die abhängige Schaltvariable A_1 und mit den unabhängigen Schaltvariablen $E_1, ..., E_4$. Führt man dies aus, so erhält man schließlich

$$A_1 = E_1 \vee \overline{E_4}. \tag{2.38}$$

2.9.3 Auftreten einer Nebenbedingung

Nun soll noch untersucht werden, wann sich eine implizit gegebene Schaltfunktion in eine explizite Form ohne Nebenbedingung umwandeln läßt und wann nicht. Die folgenden Ausführungen beschränken sich auf Aufgaben mit einer einzigen implizit gegebenen Schaltfunktion, doch läßt sich das angegebene Verfahren auch auf Aufgaben mit mehreren implizit gegebenen Schaltfunktionen übertragen.

Zunächst soll das Beispiel vom Abschnitt 2.9.2 näher untersucht werden, in dem sich eine Lösung ohne Nebenbedingung ergeben hat. Zu diesem Zweck sind die Schaltfunktionen A_{g1} und A_{v1} nach den Gln. (2.37a, b) in KV-Diagrammen dargestellt (Bild 2.19a und b). Durch Vergleich der KV-Diagramme für A_{g1} und A_{v1} erkennt man, daß zu jedem Minterm $M_{g\nu}$ der Schaltfunktion für A_{g1} ein Minterm $M_{v\nu}$ der Schaltfunktion für A_{v1} existiert, wobei

$$M_{v\nu} = M_{g\nu} \wedge [(A_1 \wedge B_\nu) \vee (\overline{A_1} \wedge \overline{B_\nu})], \tag{2.39}$$

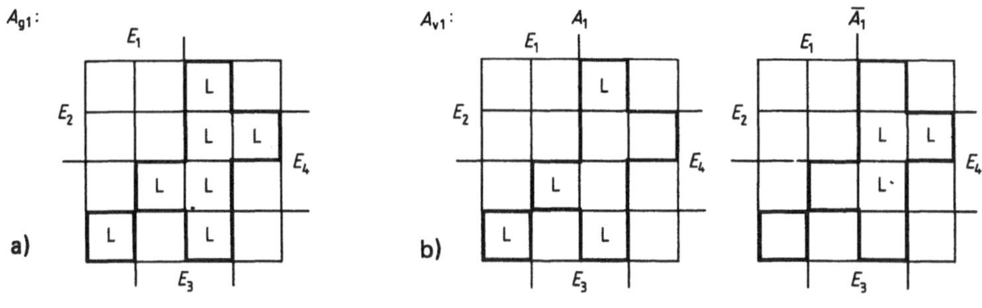

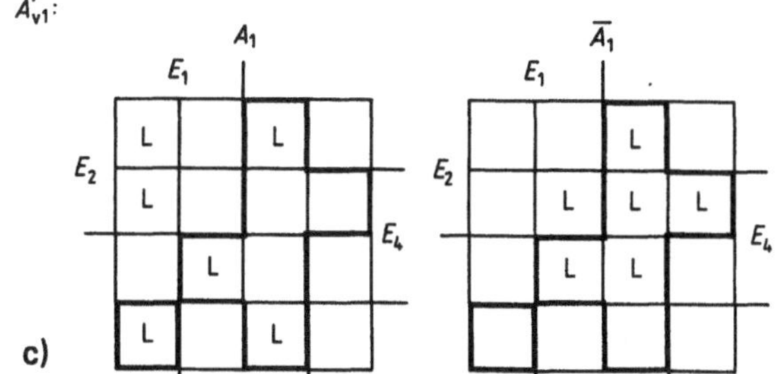

Bild 2.19
KV-Diagramme für die Schaltfunktion
a) für A_{g1} nach Gl. (2.37a),
b) für A_{v1} nach Gl. (2.37b),
c) für A'_{v1}, für die aus $A_{g1} = A'_{v1}$ gleichfalls eine explizite Form der Schaltfunktion für A_1 ohne Nebenbedingung folgt

$\nu = 1, 2, \ldots, \nu_1$, gilt, wenn ν_1 die Anzahl der Minterme von A_{g1} ist. Die B_ν haben jeweils die Werte 0 oder L, die sich aus der speziellen Schaltfunktion für A_{v1} ergeben.

Man erkennt leicht, daß allgemein gilt: Sofern die Schaltfunktionen für A_{g1} und A_{v1} die gleiche Anzahl von Mintermen besitzen und die Gln. (2.39) erfüllt sind, existiert für jede Schaltfunktion für A_{v1}, deren Minterme sich nach Gl. (2.39) aus den Mintermen $M_{g\nu}$ unter Annahme irgendeiner Folge von Werten B_ν ergeben, eine Lösung ohne Nebenbedingungen. Dieses Ergebnis gilt im Rahmen der vorstehend genannten Voraussetzungen für alle möglichen Formen der Schaltfunktionen für A_{g1} und A_{v1} und auch für eine beliebige andere Anzahl von Eingangsvariablen $E_1, E_2, E_3, \ldots$. Diese Aussagen gelten im übrigen auch dann, wenn in der Schaltfunktion für A_{v1} in Abweichung vom vorstehend betrachteten Beispiel für irgendwelche ν jeweils sowohl der Minterm $M_{g\nu} \wedge A_1$ als auch der Minterm $M_{g\nu} \wedge \overline{A_1}$ vorhanden ist.

Lösungen ohne Nebenbedingungen existieren ferner auch dann, wenn die Schaltfunktion für A_{v1} „überzählige" Minterme $M_{v\mu}$ besitzt, falls für alle diese Minterme gilt

$$M_{v\mu} = M_\mu (E_1, E_2, E_3, \ldots) \wedge [(A_1 \wedge B_\mu) \vee (\overline{A_1} \wedge \overline{B_\mu})], \qquad (2.40)$$

$\mu = \nu_1 + 1, \nu_1 + 2, \ldots$, wobei hier die M_μ keine Minterme der Schaltfunktion für A_{g1} sind. (Die B_μ sind wieder Werte 0 oder L; Gl. (2.40) ist dann so zu lesen, daß zum Beispiel $B_\mu = $ L das Auftreten eines Minterms $M_\mu \wedge \overline{A_1}$ in der Schaltfunktion für A_{v1} ausschließt.) Die Begründung für diese Feststellung ergibt sich aus folgendem: Man denke sich die Wertekombinationen der unabhängigen Variablen $E_1, E_2, \ldots$, für die die Minterme M_μ jeweils den Wert L annehmen, in die Beziehung $A_{g1} = A_{v1}$ eingesetzt. Dann ergibt sich

$$0 = L \wedge (A_1 \text{ oder } \overline{A_1}).$$

Diese Beziehungen lassen sich jedenfalls durch passende Wahl der Werte von A_1 erfüllen.

Die vorstehenden Angaben über die Existenz von Lösungen ohne Nebenbedingungen werden durch das KV-Diagramm einer Schaltfunktion A'_{v1} im Bild 2.19c, für die die Beziehung $A_{g1} = A'_{v1}$ in entsprechender Weise wie oben die Beziehung $A_{g1} = A_{v1}$ eine explizite Schaltfunktion für A_1 ohne Nebenbedingung liefert, weiter erläutert. Zum einfacheren Vergleich wurden die Bereiche der Minterme $M_{g\nu}$ in Bild 2.19a und der Minterme $M_{g\nu} \wedge A_1$, $M_{g\nu} \wedge \overline{A_1}$ in Bild 2.19b und c dick umrandet gezeichnet.

Hingegen muß die explizite Form der zunächst implizit gegebenen Schaltfunktion immer dann durch eine geeignete Nebenbedingung ergänzt werden, wenn

— die Schaltfunktion für A_{v1} Paare von „überzähligen" Mintermen enthält, die sich durch eine ODER-Verknüpfung so zusammenfassen lassen, daß jeweils die Variable A_1 herausfällt, d.h. wenn die Schaltfunktion für A_{v1} zum Beispiel die beiden Minterme $M_\mu (E_1, E_2, \ldots) \wedge A_1$ und $M_\mu (E_1, E_2, \ldots) \wedge A_1$ besitzt, jedoch M_μ kein Minterm der Schaltfunktion für A_{g1} ist;
— wenn die Schaltfunktion für A_{g1} Minterme $M_{g\nu}$ enthält, zu denen es weder Minterme $M_{g\nu} \wedge A_1$ noch $M_{g\nu} \wedge \overline{A_1}$ noch sowohl $M_{g\nu} \wedge A_1$ als auch $M_{g\nu} \wedge \overline{A_1}$ in der Schaltfunktion für A_{v1} gibt; bei denjenigen Wertekombinationen der unabhängigen Schaltvariablen, bei denen die Minterme $M_{g\nu}$ jeweils den Wert L annehmen, ergibt sich dann nämlich aus der Beziehung $A_{g1} = A_{v1}$ die nicht zu erfüllende Gleichsetzung L = 0.

2.10 Prüfen von Schaltnetzen

2.10.1 Statische Prüfung

Eine elektronische Schaltung muß nach ihrem Entwurf und Aufbau hinsichtlich ihrer richtigen Funktion überprüft werden. Die statische Prüfung eines Schaltnetzes wird folgendermaßen durchgeführt: Man simuliert die Eingangssignale mittels einfacher Schalter und ermittelt die sich aufgrund der jeweils eingestellten Wertekombination der Eingangsvariablen ergebenden Werte der Ausgangsvariablen, indem man zum Beispiel die elektrischen Spannungen an den Ausgängen mißt. Die so bestimmten Werte vergleicht man mit den Werten der Ausgangsvariablen, die sich gemäß Aufgabenstellung, Funktionstabelle oder Schaltfunktionen einstellen sollen. Bei dieser Prüfung sind sämtliche Wertekombinationen der Eingangsvariablen, die für die Funktion der Schaltung von Bedeutung sind, einmal einzustellen.

Stellt man bei der statischen Prüfung Fehler fest, so können deren Ursachen sowohl im Entwurf als auch in der Ausführung der Schaltung liegen. Bei einem Fehler prüft man zuerst, ob die realisierte Schaltung die entwickelten Schaltfunktionen tatsächlich richtig wiedergibt. Meistens ist es zweckmäßig, das aufgebaute Schaltnetz von den Ausgängen her zu prüfen. Man stellt eine der Wertekombinationen der Eingangsvariablen ein, bei der ein oder mehrere Ausgänge falsche Werte annehmen. Letzteres bedeutet, daß zum Beispiel an einem der Ausgänge eine "0" statt eines "L" (oder umgekehrt) auftritt. Man prüft dann schrittweise von Gatterebene zu Gatterebene, welcher der Eingänge der verschiedenen Gatter jeweils einen falschen Wert hat. Man findet auf diese Weise zum Beispiel vergessene oder falsche Verbindungen und fehlende Spannungsversorgungen der Bausteine. Ist der Fehler für eine Wertekombination der Eingangsvariablen beseitigt, dann sind die Fehler meistens auch für eine ganze Reihe weiterer Wertekombinationen der Eingangsvariablen behoben.

Stimmt das aufgebaute Schaltnetz mit den Schaltfunktionen überein, so können trotzdem noch Fehler vorhanden sein, die bei einer der vorangegangenen Stufen des Entwurfs entstanden sind. Dann müssen auch diese Stufen des Entwurfs nochmals überdacht werden. Nach der Beseitigung der im Entwurf und Aufbau des Schaltnetzes gefundenen Fehler ist die statische Prüfung vollständig zu wiederholen.

2.10.2 Dynamische Prüfung

Auch wenn die statische Prüfung gezeigt hat, daß das entwickelte Schaltnetz einwandfrei funktioniert, braucht dieses nicht für alle Anwendungsfälle geeignet zu sein. Der bisherige Entwurf und die statische Prüfung setzen nämlich voraus, daß sich die Werte der Ausgangsvariablen eines Schaltnetzes sofort dann einstellen, wenn die entsprechenden Wertekombinationen der Eingangsvariablen vorliegen. Dies entspricht jedoch nicht den tatsächlichen physikalischen Verhältnissen. Es vergeht jeweils eine gewisse Zeit, ehe Werteänderungen der Eingangsvariablen am Ausgang voll wirksam werden.

Gibt es von einem bestimmten Eingang eines Schaltnetzes zu einem bestimmten Ausgang zwei oder mehrere Wege, auf denen die Eingangsvariable auf den betreffenden Ausgang wirkt, so werden sich die Signallaufzeiten auf diesen Wegen — je nachdem wie viele Gatter die Signale zu durchlaufen haben — im allgemeinen unterscheiden. Das kann dazu führen, daß zum Beispiel der Wert einer Ausgangsvariablen nach einer Änderung des Wertes einer Eingangsvariablen während einer kurzen Zeitdauer auf Null absinkt, obwohl nach dem statischen Entwurf die betreffende Ausgangsvariable für beide Werte der Eingangsvariablen den Wert "L" besitzt. Derartige dynamische Fehler bei Schaltnetzen nennt man kombinatorische Übergangseinbrüche (englisch: *combinational hazards*). Die Dauer eines kombinatorischen Übergangseinbruchs liegt in der Größenordnung der Signallaufzeiten durch ein oder mehrere Gatter des Schaltnetzes.

In welchem Maß kombinatorische Übergangseinbrüche bei einer Anwendung störend wirken, hängt vom jeweiligen Verwendungszweck des Schaltnetzes ab. Ist ein Schaltnetz Bestandteil eines synchronen oder asynchronen Schaltwerks, so können aufgrund kombinatorischer Übergangseinbrüche leicht falsche Zustandsfolgen des Schaltwerks erzeugt werden.

Kombinatorische Übergangseinbrüche kann man beheben, indem man jeweils die genaue Ursache eines Übergangseinbruchs ermittelt und geeignete zusätzliche „redundante" Verknüpfungen im Schaltnetz einführt. Dieses Vorgehen sei an einem einfachen Beispiel erläutert.

Die Schaltfunktion

$$F = (A \wedge B) \vee (\overline{B} \wedge C) \tag{2.41}$$

wird durch die in Bild 2.20 angegebene Schaltung realisiert. In dieser Schaltung gibt es vom Eingang B zum Ausgang F zwei Wege,

— einen über ein UND- und ein ODER-Gatter,
— den anderen über ein NICHT-, ein UND- und ein ODER-Gatter.

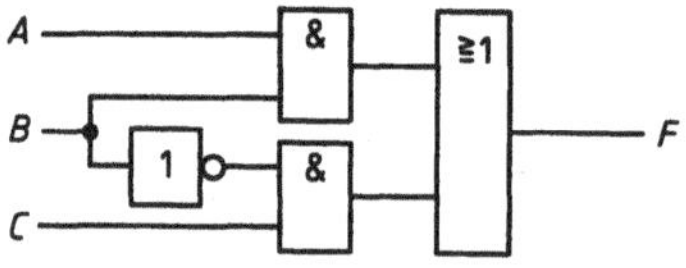

Bild 2.20 Schaltnetz mit kombinatorischem
Übergangseinbruch

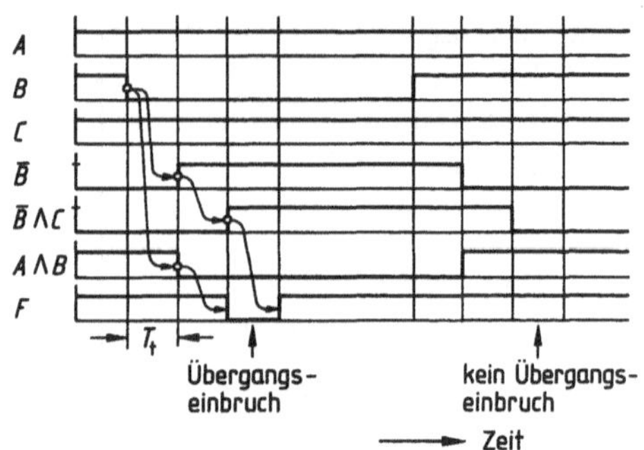

Bild 2.21 Signal-Zeit-Diagramm für das Schaltnetz
nach Bild 2.20, Änderungen des Wertes der
Eingangsvariablen B

Die Funktionstabelle für die Schaltfunktion F nach Gl. (2.41) lautet auszugsweise

A	B	C	F
L	0	L	L
L	L	L	L

Wenn der Wert von B von L auf 0 geändert wird, dürfte sich nach dieser Funktionstabelle
der Wert von F nicht ändern. Im Signal-Zeit-Diagramm in Bild 2.21 sind nun die zeitlichen
Verläufe der verschiedenen Signale im Schaltnetz unter der Annahme dargestellt, daß sich
jedes Gatter wie ein Totzeitglied verhält und daß alle diese Totzeiten gleich groß sind. Man
sieht, daß ein kombinatorischer Übergangseinbruch auftritt, wenn der Wert von B von L
auf 0 geändert wird, hingegen keiner bei der umgekehrten Änderung des Wertes von B.

Reale Verknüpfungsgatter haben im Gegensatz zur Annahme im Signal-Zeit-Diagramm
nach Bild 2.21 nicht das Verhalten reiner Totzeitglieder. Auch kann man keine sprung-
haften, d. h. plötzlichen Änderungen der Werte von Eingangsvariablen erzeugen. Das bedeutet, daß die Änderungen der Werte der Signale innerhalb gewisser Zeitspannen von-
statten gehen. Hierdurch werden Übergangseinbrüche verschliffen und verkürzt.

Die in Bild 2.20 angegebene Schaltung kann man — zum Beispiel mit TTL-Bausteinen der
Serie SN 74 — realisieren und den Übergangseinbruch mit Hilfe eines Oszillographen sicht-
bar machen. Man kann den Übergangseinbruch durch ein Filter weitgehend beseitigen.
Im vorliegenden Beispiel genügen ein oder zwei TTL-Gatter zu diesem Zweck, indem man
F durch diese Gatter leitet.

Man kann kombinatorische Übergangseinbrüche aber auch, wie schon oben erwähnt, durch
einen geeigneten Entwurf vermeiden. Das KV-Diagramm der Schaltfunktion F nach Gl.
(2.41) ist in Bild 2.22 dargestellt. Dieses KV-Diagramm zeigt, daß man die Schaltfunktion
F um den Primterm $A \wedge C$ erweitern kann

$$F = (A \wedge B) \vee (\overline{B} \wedge C) \vee (A \wedge C). \qquad (2.41\text{a})$$

Bild 2.22
KV-Diagramm für die Schaltfunktion F
nach Gl. 2.41 bzw. (2.41a)

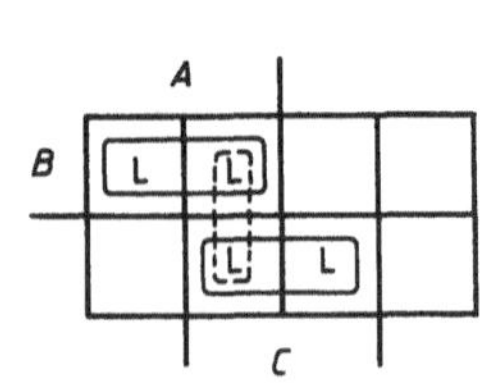

Realisiert man das Schaltnetz aufgrund der Schaltfunktion nach Gl. (2.41a), so kann ein kombinatorischer Übergangseinbruch nicht mehr auftreten. Gemäß der Darstellung nach Bild 2.21 behalten A und C beide den Wert L, wenn der Wert von B geändert wird. Es spielt also keine Rolle, daß die beiden ersten Primterme in Gl. (2.41a) bei der Änderung des Wertes von B von "L" auf "0" einen Übergangseinbruch zeigen. Der Wert des „redundanten" Terms $A \wedge C$ bleibt L und damit wirkt sich der Übergangseinbruch auch nicht auf F aus.

Literatur zu Kapitel 2

[2.1]   DIN 44300. Informationsverarbeitung. Begriffe. März 1972.
[2.2]   DIN 40700, Teil 14. Schaltzeichen. Digitale Informationsverarbeitung. Juli 1976.
[2.3]   DIN 66000. Mathematische Zeichen der Schaltalgebra. Juni 1975.
[2.4]   *Reiß, K.* u. a.: Integrierte Digitalbausteine. Ein kleines Praktikum. Siemens AG. München 1970 und 1974.
[2.5]   The TTL Data Book for Design Engineers. Texas Instruments. (Neueste Ausgabe).
[2.6]   Integrierte Halbleiterschaltungen. Datenbuch. Siemens AG. (Neueste Ausgabe).

Bücher mit Ergänzungen zum Text:

[2.7]   *Weyh, U.:* Elemente der Schaltungsalgebra. R. Oldenbourg-Verlag, München, Wien 1971.
[2.8]   *Dworatschek, S.:* Schaltalgebra und digitale Grundschaltungen. de Gruyter, Berlin, New York 1970.
[2.9]   *Tafel, H. J.:* Datentechnik. Carl Hanser Verlag, München, Wien 1978.
[2.10]   *Görke, W.:* Fehlerdiagnose digitaler Schaltungen. B. G. Teubner, Stuttgart 1973.
[2.11]   *Unger, St. H.:* Asynchronous Sequential Switching Circuits. Wiley-Interscience, New York, London, Sydney, Toronto 1969.
[2.12]   *Gebhardt, A.:* Störungen in Anlagen mit integrierten Digitalschaltungen. In: Digitaltechnik mit integrierten Schaltungen. VALVO, Hamburg 1971.

3 Schaltwerke

3.1 Beschreibung von Schaltwerken

Sind in einem Schaltnetz alle Vorgänge, die nach dem Einstellen neuer Werte von Eingangsvariablen auftreten, beendet, so sind die Werte der Ausgangsvariablen des Schaltnetzes eindeutig und ausschließlich durch die Werte der Eingangsvariablen im gleichen Zeitpunkt vorgegeben. Alle früheren Werte der Eingangsvariablen hat das Schaltnetz „vergessen".

Nun gibt es in der Technik zahlreiche Anwendungen, bei denen die Werte der Ausgangsvariablen eines digitalen Systems, das sich in einem bestimmten Zeitpunkt in einem stabilen Zustand befindet, auch von den Werten der Eingangsvariablen in endlich vielen früheren Zeitpunkten abhängen müssen. Es interessieren also digitale Systeme der in Bild 3.1 dargestellten Art.

Die Eingangsvariablen sind in Bild 3.1 mit hochgestellten Zeichen n, $n-1$, $n-2$, ..., die Ausgangsvariablen sind mit hochgestellten Zeichen n versehen. Diese Zeichen geben diskrete Zeitpunkte an, die aus den stetig ablaufenden Werten der Zeit herausgegriffen werden. Der diskrete Zeitpunkt $n-1$ geht dem diskreten Zeitpunkt n unmittelbar voran. Weiter unten wird sich allerdings zeigen, daß die abstrakte Vorstellung diskreter Zeitpunkte zur Beschreibung der technischen Realisierungen nicht ausreicht.

Um ein digitales System gemäß Bild 3.1 zu realisieren, benötigt man außer den im Kapitel 2 behandelten Verknüpfungsgliedern wie UND, ODER und NICHT auch Speicherelemente. Es sind nämlich, wie Bild 3.1 verdeutlicht, frühere Werte der Eingangsvariablen zu speichern. Ein derartiges digitales System, das Speicherelemente und in der Regel auch Glieder zur Realisierung boolescher Verknüpfungen enthält, nennt man Schaltwerk.

Um ein Schaltwerk zu realisieren, könnte man nach Bild 3.1 so vorgehen: Man speichert die notwendige Anzahl früherer Werte der Eingangsvariablen und bestimmt die derzeitigen Werte der Ausgangsvariablen durch ein Schaltnetz, das die derzeitigen und die gespeicherten früheren Werte der Eingangsvariablen als Eingänge hat. Ein solches Vorgehen ist jedoch im allgemeinen nicht zweckmäßig. Üblich ist vielmehr folgendes Vorgehen. Man führt neue Variablen Q_1, Q_2, ..., Q_r ein, die innere Zustandsvariablen des Schaltwerks genannt werden. Diese inneren Zustandsvariablen sind als Ausgänge von elementaren Speichergliedern, die jeweils die Speicherung des Wertes einer binären Schaltvariablen ermöglichen, zu realisieren. Gemäß Bild 3.2 ergeben sich nunmehr die Werte der Ausgangsvariablen des

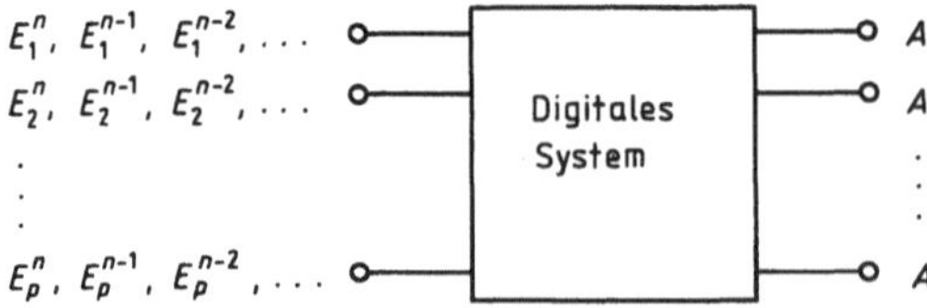

Bild 3.1
Zur Beschreibung eines Schaltwerks

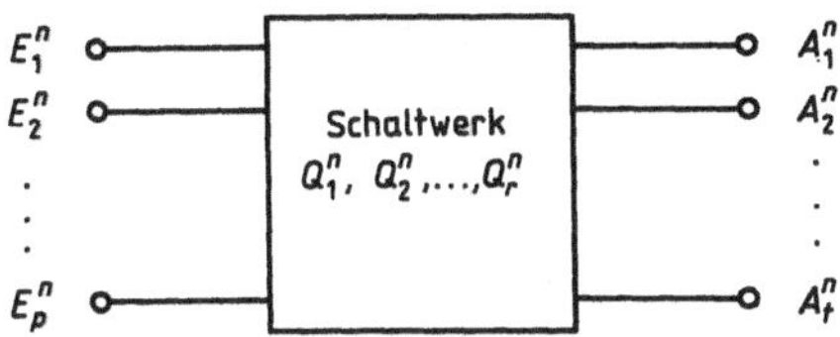

Bild 3.2
Schaltwerk mit den Werten der
Eingangsvariablen, der inneren
Zustandsvariablen und der Ausgangs-
variablen im Zeitpunkt n

Schaltwerks im Zeitpunkt n aus den Werten der Eingangsvariablen und der inneren Zustandsvariablen im gleichen Zeitpunkt nach Beziehungen der Form

$$A_1^n = f_1 (E_1^n, E_2^n, ..., E_p^n; Q_1^n, Q_2^n, ..., Q_r^n),$$
$$A_2^n = f_2 (E_1^n, E_2^n, ..., E_p^n; Q_1^n, Q_2^n, ..., Q_r^n),$$
$$\vdots \tag{3.1}$$
$$A_t^n = f_t (E_1^n, E_2^n, ..., E_p^n; Q_1^n, Q_2^n, ..., Q_r^n).$$

Die $f_1, f_2, ..., f_t$ sind Schaltfunktionen.

Ergänzend zu den Gln. (3.1) muß aber noch gesagt werden, wie sich die Werte der inneren Zustandsvariablen in einem neuen Zeitpunkt ergeben. Das bedeutet, daß man festzulegen hat, wie sich die Werte der inneren Zustandsvariablen in einem bestimmten Zeitpunkt, zum Beispiel dem Zeitpunkt $n + 1$, aus den Werten der inneren Zustandsvariablen und der Eingangsvariablen im vorangegangenen Zeitpunkt, d. h. dem Zeitpunkt n, bestimmen lassen. Bei wichtigen Ausführungsformen „synchroner Schaltwerke" kann man in der hierfür üblichen Darstellungsweise schreiben

$$Q_1^{n+1} = g_1 (E_1^n, E_2^n, ..., E_p^n; Q_1^n, Q_2^n, ..., Q_r^n),$$
$$Q_2^{n+1} = g_2 (E_1^n, E_2^n, ..., E_p^n; Q_1^n, Q_2^n, ..., Q_r^n),$$
$$\vdots \tag{3.2}$$
$$Q_r^{n+1} = g_r (E_1^n, E_2^n, ..., E_p^n; Q_1^n, Q_2^n, ..., Q_r^n).$$

Die $g_1, g_2, ..., g_r$ sind Schaltfunktionen. Die jeweiligen Werte $Q_1^n, Q_2^n, ..., Q_r^n$ der inneren Zustandsvariablen im Zeitpunkt n stellen den „inneren Zustand" des Schaltwerks in diesem Zeitpunkt dar. Die Gln. (3.2) besagen, daß sich der neue innere Zustand eines Schaltwerks durch Schaltfunktionen angeben läßt, die von den gegenwärtigen Werten der Eingangsvariablen und der inneren Zustandsvariablen abhängen. Der Übergang dieses synchronen Schaltwerks vom inneren Zustand im Zeitpunkt n zum inneren Zustand im Zeitpunkt $n + 1$ wird durch eine besondere Variable, die Taktvariable (den Takt), bewirkt (vgl. unten).

Ein Schaltwerk mit r Speichergliedern – d. h. mit r inneren Zustandsvariablen – besitzt 2^r verschiedene innere Zustände. Es ist aber nicht notwendig, daß bei einer speziell betrachteten Realisierung ein Schaltwerk bei normalen Funktionsabläufen sämtliche 2^r inneren Zustände annimmt.

Die Gln. (3.2) nennt man „Übergangsgleichungen", mitunter auch „Anwendungsgleichungen" [3.1]. Bei der Entwicklung eines speziellen Schaltwerks muß man sowohl die durch die Gln. (3.1) angegebenen „Ausgangsgleichungen" als auch die Übergangsgleichungen entwickeln. Man stellt hierbei zunächst entsprechende Funktionstabellen auf. Die Funktionstabelle, aus der sich die Übergangsgleichungen ergeben, nennt man „Übergangstabelle".

Man beachte, daß in einer Übergangstabelle die Werte der gleichen inneren Zustandsvariablen, zum Beispiel von Q_1, zu aufeinanderfolgenden Zeitpunkten, also zum Beispiel Q_1^n und Q_1^{n+1}, wie unterschiedliche binäre Schaltvariable auftreten.

Bei der hier nur andeutungsweise besprochenen und unten näher behandelten Ausführungsart eines synchronen Schaltwerks kann man erreichen, daß sich die Werte der inneren Zustandsvariablen, die durch die Werte der Ausgangsvariablen der Speicherelemente gegeben sind, alle jeweils nahezu im gleichen Zeitpunkt auf die durch die Werte der Eingangsvariablen der Speicherelemente vorgeschriebenen neuen Werte einstellen. Es gibt keine Aufgabe, die sich prinzipiell nicht durch diese Ausführungsform lösen ließe, falls sie überhaupt durch den Entwurf eines synchronen Schaltwerks gelöst werden kann.

Aus verschiedenen physikalischen und technischen Gründen, zum Beispiel wegen der unterschiedlichen Signallaufzeiten des die Taktvariable darstellenden Signals zu den einzelnen Speichergliedern, können solche Zustandsänderungen eines Schaltwerks allerdings nicht in einem **Zeitpunkt** stattfinden, sondern die Zustandsänderungen gehen in gewissen kleinen Zeitintervallen vor sich.

Die Eingangsvariablen eines synchronen Schaltwerks müssen bestimmte Bedingungen hinsichtlich ihrer „Synchronisation" erfüllen. Der Grund für eine solche Synchronisation liegt darin, daß die Eingangsvariablen eines synchronen Schaltwerks ihre Werte in bestimmten Zeitintervallen nicht ändern dürfen. Die Lage dieser Zeitintervalle ergibt sich aus dem zeitlichen Verlauf der Werte der Taktvariablen in Verbindung mit den Eigenschaften der verwendeten Speicherglieder (vgl. unten, insbesondere Abschnitt 3.2).

In der Praxis findet man neben echten synchronen Schaltwerken häufig auch Realisierungen von Schaltwerken, bei denen Zustandsübergänge der Speicherglieder nur innerhalb abgegrenzter Baueinheiten des Schaltwerks gleichzeitig, von Baueinheit zu Baueinheit jedoch zu unterschiedlichen Zeitpunkten erfolgen. In den einzelnen Baueinheiten werden zum Beispiel verschiedene Taktvariablen benutzt. Die Aufgabe der Synchronisation der Eingangsvariablen ist nicht immer sauber von den Aufgaben des eigentlichen Schaltwerks getrennt.

In Einzelfällen mag der Aufwand für derartige gerätetechnische Realisierungen geringer als beim systematischen Vorgehen mit gleichzeitigem Takten aller Speicherglieder sein. Vor allem beim komplizierteren Systemen sollte man solche Wege jedoch vermeiden, da sie häufig zu Schaltungen führen, deren Funktionsweise nur mühsam zu durchschauen ist.

3.2 Speicherglieder

Nach Abschnitt 3.1 sind zur Realisierung von Schaltwerken Speicherglieder erforderlich. In synchronen Schaltwerken werden als solche im allgemeinen geeignete Ausführungsformen „bistabiler" Kippglieder [3.2] bzw. „Flipflops" benutzt. Nach obigem ist die Ausgangsvariable eines solchen bistabilen Kippgliedes eine binäre Schaltvariable. Sie stellt eine innere Zustandsvariable dar, wenn man das Kippglied als Speicherglied in einem Schaltwerk verwendet.

3.2.1 Allgemeine Eigenschaften von bistabilen Kippgliedern

Wenn man alle für die Anwendungen wichtigen Eigenschaften von bistabilen Kippgliedern oder Flipflops betrachtet, so kann man viele Ausführungsformen unterscheiden. Die Abschnitte 3.2.2 bis 3.2.4 geben einen Überblick über einige besonders wichtige Ausführungsformen.

Für den Entwurf synchroner Schaltwerke muß man folgende Eigenschaften eines Flipflops kennen

— Man muß wissen, wie sich der neue innere Zustand des Flipflops, d. h. der neue Wert der Ausgangsvariablen, in Abhängigkeit vom gegenwärtigen Wert und von den Werten der Eingangsvariablen ergibt. Schaltalgebraisch wird dieser Zusammenhang durch eine Übergangsgleichung ausgedrückt, die man die „charakteristische Gleichung" des Flipflops nennt. Die Taktvariable berücksichtigt man in dieser Beziehung nicht.

— Man muß wissen, wie sich das Flipflop bezüglich der Taktvariablen verhält. Hierfür sind verschiedene Beschreibungen üblich. Am übersichtlichsten erscheint die folgende: Man denke sich sämtliche Eingangsvariablen eines Flipflops mit Ausnahme der Taktvariablen zu einem Vektor V zusammengefaßt. Das Zeitintervall, in dem der jeweilige Wert von V in Verbindung mit dem gegenwärtigen Wert des Zustandes des Flipflops den nächstfolgenden Zustand vorschreibt, nennt man „Entscheidungsintervall". Das Zeitintervall, in dem sich dann ein solcher neuer Zustand einstellt, nennt man „Übergangsintervall".

In einem Entscheidungsintervall dürfen sich die Werte der Komponenten von V nicht ändern, damit der neue Zustand des Flipflops eindeutig bestimmt ist. Andernfalls müßte man Zeitpunkte und zeitliche Reihenfolge zulässiger Änderungen der Werte von Eingangsvariablen von Flipflops genau vorschreiben, was technisch nicht sinnvoll ist.

Bei Verwendung eines Flipflops im Rückkopplungszweig eines synchronen Schaltwerks, wie unten näher behandelt, müssen das Entscheidungsintervall und das Übergangsintervall zeitlich getrennt sein, d. h. das Entscheidungsintervall muß beendet sein, ehe das Übergangsintervall beginnt.

Bistabile Kippglieder oder Flipflops sind, da sie unterschiedliche innere Zustände besitzen können, selbst Schaltwerke. Da sie im Rückkopplungszweig synchroner Schaltwerke benutzt werden, können sie selbst keine synchronen Schaltwerke sein. Denn man könnte sie dann nur mittels eines Flipflops im Rückkopplungszweig realisieren und dieses wäre wiederum ein synchrones Schaltwerk. Man muß sich also ein anderes Konzept zur Entwicklung von Flipflops ausdenken: Sie lassen sich als asynchrone Schaltwerke auf den im Abschnitt 3.6 besprochenen Grundlagen verwirklichen.

3.2.2 SR-Flipflops (RS-Kippglieder)

Das Verhalten eines SR-Flipflops gemäß Abschnitt 3.2.1, 1. Teil des 2. Absatzes, wird durch die Übergangstabelle in Tabelle 3.1 definiert. Die üblichen Ausführungen von SR-Flipflops haben zwei Ausgänge, nämlich neben dem Ausgang Q einen negierten Ausgang $\neg Q$. Gemäß der Angabe in Tabelle 3.1 ist es beim SR-Flipflop nicht zulässig, gleichzeitig $S^n = L$ und $R^n = L$ einzustellen. Der Grund hierfür ist, daß Q bei den verschiedenen Realisierungen des SR-Flipflops nicht definiert oder daß der Wert des zweiten Flipflop-Ausganges bei dieser Wertekombination eben nicht gleich $\neg Q$ ist. Noch genauer als durch diese Übergangstabelle kann man das Verhalten eines SR-Flipflops wie das jedes anderen Flipflops angeben, wenn man es als asynchrones Schaltwerk behandelt (vgl. Abschnitt 3.6).

Tabelle 3.1 Übergangstabelle eines SR-Flipflops

Eingangsvariable (Werte im Zeitpunkt n)		Ausgangsvariable (Wert im Zeitpunkt $n+1$) Q^{n+1}	Erläuterungen
S^n	R^n		
0	0	Q^n	Der ursprüngliche Wert Q^n der Ausgangsvariablen Q bleibt erhalten
0	L	0	Unabhängig vom alten Wert von Q ist dessen neuer Wert „0"
L	0	L	Unabhängig vom alten Wert von Q ist dessen neuer Wert „L"
L	L	X	Es ist nicht zulässig, gleichzeitig $S^n = $ L und $R^n = $ L einzustellen. Daher ist es ohne Belang, welchen neuen Wert man für Q annimmt.

Die in Tabelle 3.1 angegebene Übergangstabelle kann auch ausführlicher geschrieben werden

S^n	R^n	Q^n	Q^{n+1}
0	0	0	0
0	0	L	L
0	L	0	0
0	L	L	0
L	0	0	L
L	0	L	L
L	L	0	X
L	L	L	X

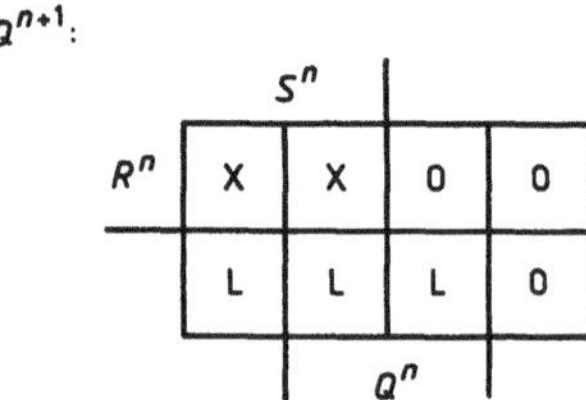

Bild 3.3 KV-Diagramm für ein SR-Flipflop

Zur Bestimmung der charakteristischen Gleichung eines SR-Flipflops überträgt man die Übergangstabelle in ein KV-Diagramm (Bild 3.3). Hieraus erhält man in der in Kapitel 2 behandelten Weise die Schaltfunktion, die Q^{n+1} darstellt

$$Q^{n+1} = S^n \vee (\overline{R^n} \wedge Q^n). \tag{3.3a}$$

Dies ist der erste Teil der charakteristischen Gleichung. Gemäß obiger Bemerkung ist dieser durch die Nebenbedingung zu ergänzen

$$S^n \wedge R^n = 0. \tag{3.3b}$$

Diese Nebenbedingung schließt, wenn sie erfüllt wird, aus, daß S^n und R^n gleichzeitig den Wert L annehmen. Die charakteristische Gleichung besteht also aus den beiden Teilen nach Gl. (3.3a, b), beide Beziehungen müssen beim Entwurf eines Schaltwerks mit SR-Flipflops berücksichtigt werden. Um sicherzustellen, daß die Nebenbedingung für alle Flipflops er-

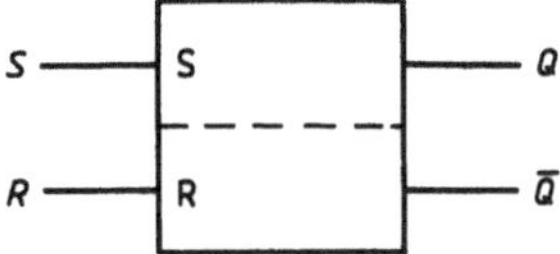

Bild 3.4 Schaltbild eines SR-
Flipflops ohne Takteingang

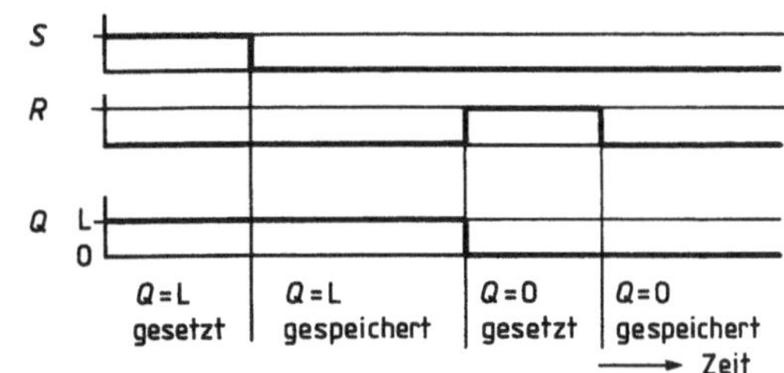

Bild 3.5 Signal-Zeit-Diagramm eines SR-Flipflops ohne
Takteingang

füllt ist, führt man den Entwurf am einfachsten mit Übergangstabellen zur Beschreibung
des zu entwickelnden Schaltwerks durch, in denen auch die Werte der S- und R-Eingänge
der Flipflops angeführt werden.

Hat ein SR-Flipflop keinen Takteingang, so zeichnet man sein Schaltbild gemäß Bild 3.4
[3.2]. Das Verhalten des einfachen SR-Flipflops nach Bild 3.4 ist dem Signal-Zeit-Diagramm in Bild 3.5 zu entnehmen.

Die auf ein Flipflop oder bistabiles Kippglied wirkende Taktvariable soll es ermöglichen,
daß durch den zeitlichen Verlauf der Taktvariablen vorgegeben werden kann, wann sich
der neue Wert der Ausgangsvariablen Q des Flipflops in Abhängigkeit von den anliegenden
Werten der Eingangsvariablen einstellt. Am einfachsten erreicht man dies, indem man das
Flipflop nach Bild 3.4 durch zwei UND-Gatter ergänzt, auf die neben dem S- bzw. R-Ein-
gang auch die Taktvariable T wirkt (Bild 3.6). Für $T = 0$ ergeben sich an den Ausgängen
der beiden UND-Gatter die Werte 0, d. h. der Zustand des Flipflops ändert sich nicht, ganz
gleich welche Werte S und R annehmen. Bei $T = L$ wirken die jeweiligen Werte von S und
R sich auf den Ausgang Q des Flipflops aus.

Für dieses Flipflop nach Bild 3.6 erhält man in Abhängigkeit vom Takt T bei geschätzter
Laufzeit der Signale durch das Flipflop und geschätzter Dauer der Einschwingvorgänge die
in Bild 3.7 angegebenen Lagen von Entscheidungsintervall und Übergangsintervall. Bei
dieser Ausführung eines taktgesteuerten SR-Flipflops sind also Entscheidungs- und Übergangsintervall zeitlich nicht getrennt. Im Rückkopplungszweig eines synchronen Schaltwerks kann ein solches Flipflop nicht verwendet werden. Eine Änderung des Wertes des
Flipflopausganges würde sich nämlich zu den Flipflopeingängen fortpflanzen, für die das
Entscheidungsintervall, in dem sich voraussetzungsgemäß die Werte der Eingänge des Flipflops nicht ändern dürfen, noch nicht beendet ist.

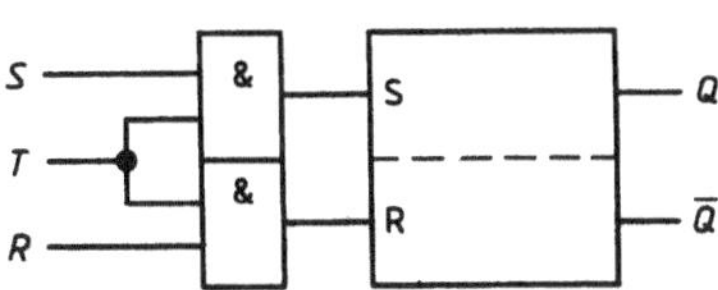

Bild 3.6 Einfaches taktpegelgesteuertes
SR-Flipflop

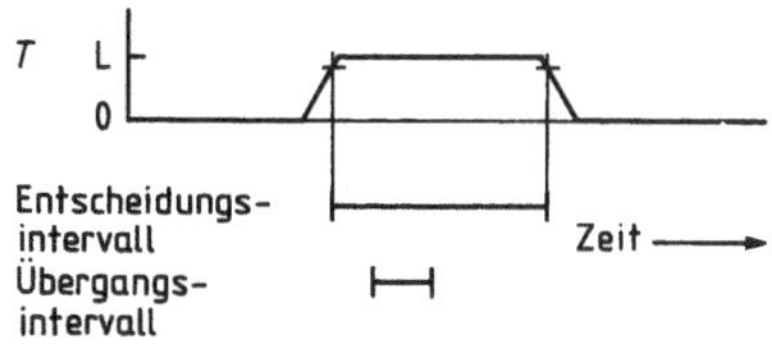

Bild 3.7 Entscheidungsintervall und Übergangsintervall beim einfachen taktpegelgesteuerten SR-Flipflop

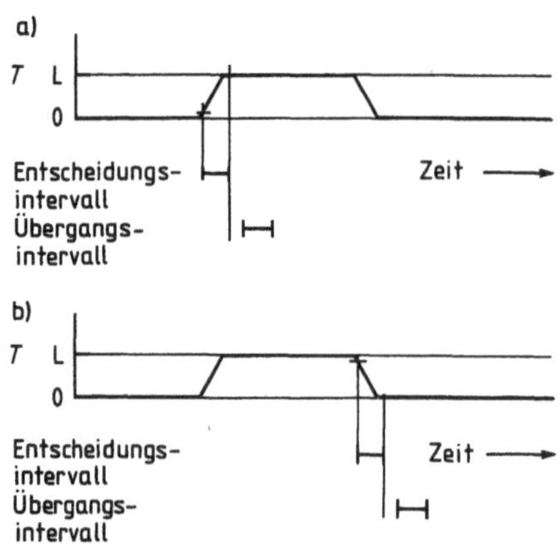

Bild 3.8 Taktflankengesteuerte Flipflops
mit zeitlicher Trennung von Entscheidungs-
und Übergangsintervall.
a) Steuerung durch vordere Taktflanke
b) Steuerung durch hintere Taktflanke

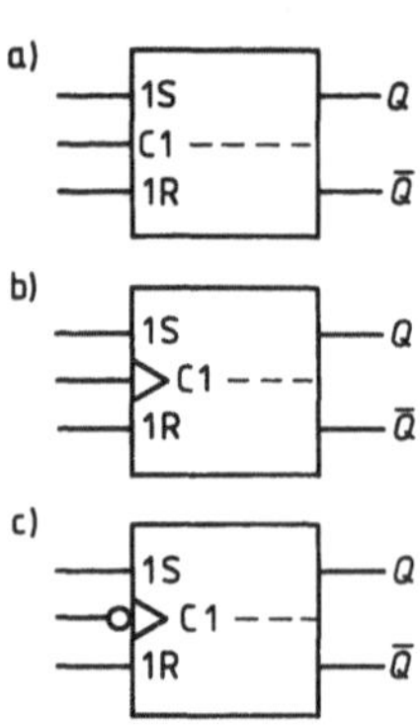

Bild 3.9 Schaltbilder für taktgesteuerte SR-Flipflops (RS-
Kippglieder; die Ziffer 1 gibt an,
daß die Übernahme der Information an den Eingängen 1S und
1R durch den Takteingang C1
beeinflußt wird [3.2])

Es ist also eine weitere Ergänzung des Flipflops erforderlich, durch die erreicht wird, daß
das Entscheidungsintervall und das Übergangsintervall zeitlich getrennt sind. Ein solches
Flipflop kann man zum Beispiel nach dem Master-Slave-Prinzip aufbauen, indem man zwei
SR-Flipflops des Aufbaus nach Bild 3.6 hintereinander schaltet, von denen das zweite den
Takt——$\neg T$ erhält. Das Entscheidungsintervall eines Flipflops dieser Ausführung ist nach wie
vor durch den Taktpegel, im Beispiel durch T = L, bestimmt.

Eine andere Modifizierung von Flipflops, zum Beispiel also des SR-Flipflops, besteht darin,
das Entscheidungsintervall so zu verkürzen, daß es entweder mit der vorderen oder mit der
hinteren Taktflanke ungefähr zusammenfällt. Man spricht dann von taktflankengesteuerten
Flipflops. Für den Fall einer zeitlichen Trennung von Entscheidungs- und Übergangsintervall ergibt sich die Darstellung nach Bild 3.8.

Für taktgesteuerte SR-Flipflops (RS-Kippglieder) sind nach DIN 40700 Teil 14 [3.2] die
Schaltbilder gemäß Bild 3.9 zu verwenden. Eine Aussage über eine zeitliche Trennung von
Entscheidungs- und Übergangsintervall wird in den Schaltbildern nach Bild 3.9 nicht ge-
macht.

Liegt eine solche Trennung vor, so kann man das SR-Flipflop für alle Aufgaben, d. h. auch
zur Realisierung synchroner Schaltwerke, verwenden. Der Entwurf kann wegen der Form
der charakteristischen Gleichung (3.3a, b) etwas mehr Mühe machen als bei Verwendung
anderer Flipflop-Typen.

3.2.3 JK-Flipflops (JK-Kippglieder)

Ein JK-Flipflop wird durch die als Tabelle 3.2 angegebene Übergangstabelle definiert. Hierbei wurde wie in Tabelle 3.1 eine abgekürzte Schreibweise der Übergangstabelle benutzt.
Gemäß dieser Definition sind im Gegensatz zum SR-Flipflop sämtliche Wertekombinationen der beiden Eingangsvariablen J und K eines JK-Flipflops erlaubt.

Tabelle 3.2 Übergangstabelle eines JK-Flipflops (eines JK-Kippgliedes)

J^n	K^n	Q^{n+1}
0	0	Q^n
0	L	0
L	0	L
L	L	$\overline{Q^n}$

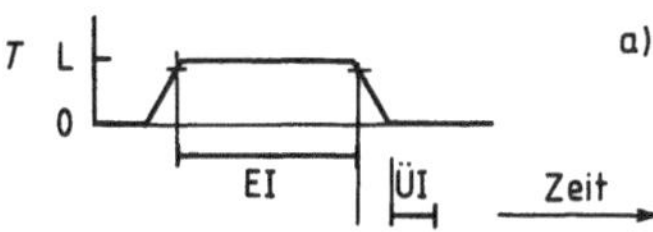

Bild 3.10 Schaltbild eines mit der vorderen Taktflanke gesteuerten JK-Flipflops (JK-Kippglied; die Übernahme der Information am J- und K-Eingang erfolgt mit dem Übergang der Taktvariablen am C-Eingang vom Wert 0 zum Wert L [3.2])

Aus der Übergangstabelle erhält man die charakteristische Gleichung des JK-Flipflops, zum Beispiel wieder unter Benutzung eines KV-Diagramms

$$Q^{n+1} = (J^n \wedge \overline{Q}^n) \vee (\overline{K}^n \wedge Q^n). \tag{3.4}$$

Im Gegensatz zu SR-Flipflops sind die in den Typenreihen der Bauelemente-Hersteller verfügbaren JK-Flipflops alle taktgesteuert; Entscheidungs- und Übergangsintervall sind zeitlich getrennt. Freilich könnte man auch, zum Bespiel durch ein Signal-Zeit-Diagramm in Analogie zu Bild 3.5, ein nicht taktgesteuertes JK-Flipflop definieren. Ein solches ließe sich dann nach den im Abschnitt 3.7 angegebenen Methoden ohne weiteres als asynchrones Schaltwerk entwerfen.

Bild 3.10 zeigt das Schaltbild eines mit der vorderen Taktflanke gesteuerten JK-Flipflops, wie dies durch DIN 40700 Teil 14 [3.2] festgelegt ist.

In den marktgängigen Bausteinserien stehen auch JK-Flipflops mit zusätzlichen negierten, vom Takt unabhängigen S- und R-Eingängen sowie mit mehreren, konjunktiv verknüpften Eingängen statt einzelner J- und K-Eingänge zur Verfügung. Zwei Beispiele aus der TTL-Serie SN 74 sind in Bild 3.11 angegeben. Die $\overline{S}$- und $\overline{R}$-Eingänge entsprechen der Wirkung der Eingänge beim SR-Flipflop unter Beachtung der Negierung. Zum Beispiel wird bei $\overline{S} = \overline{R} = L$ der Ausgang des Flipflops durch diese beiden Eingänge nicht beeinflußt.

In Bild 3.12 ist die zeitliche Lage der Entscheidungsintervalle EI und Übergangsintervalle ÜI dieser beiden Flipflops SN 7476 und SN 7470 bezüglich des zeitlichen Verlaufs des Taktes T angegeben.

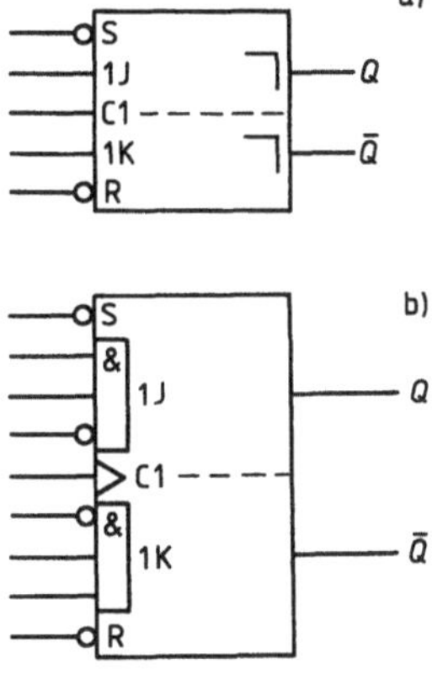

Bild 3.11

Schaltbilder von JK-Flipflops der TTL-Serie SN 74.
a) SN 7476
b) SN 7470

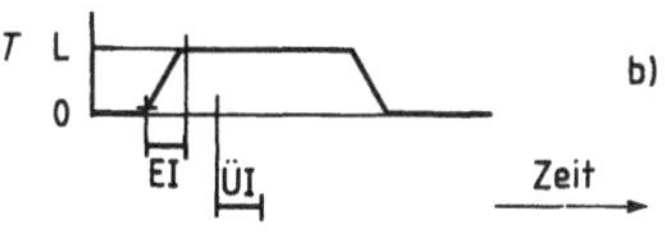

Bild 3.12 Entscheidungs- und Übergangsintervalle bei JK-Flipflops.
a) SN 7476
b) SN 7470

3.2.4 D-Flipflops (D-Kippglieder)

Das D-Flipflop besitzt nur einen Eingang mit der D genannten Eingangsvariablen und daneben bei den üblichen Ausführungen einen Takteingang. Es wird durch die folgende Übergangstabelle definiert

D^n	Q^{n+1}
0	0
L	L

Seine charakteristische Gleichung lautet also

$$Q^{n+1} = D^n. \qquad (3.5)$$

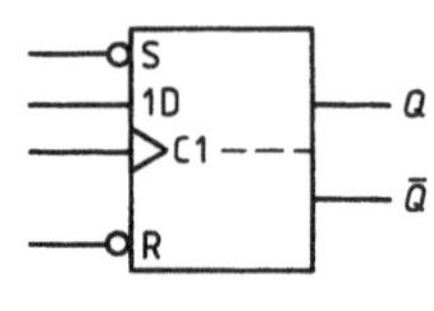

Bild 3.13

Schaltbilder von zwei D-Flipflops
(D-Kippgliedern) der TTL-Serie SN 74.
a) SN 7475
b) SN 7474

Verfügbar sind taktpegel- und taktflankengesteuerte D-Flipflops. D-Flipflops mit zeitlicher Trennung von Entscheidungs- und Übergangsintervall sind als Speicherglieder im Rückkopplungszweig eines synchronen Schaltwerks völlig ausreichend. In taktpegelgesteuerten Ausführungen werden D-Flipflops häufig in der Rechner- und Mikrorechnertechnik unter der englischen Benennung *"Latch"* verwendet.

Bild 3.13 zeigt die beiden D-Flipflops SN 7475 und SN 7474 aus der TTL-Serie SN 74 in der Darstellung nach DIN 40700 Teil 14 [3.2]. Die Entscheidungs- und Übergangsintervalle dieser beiden Flipflop-Typen sind in Bild 3.14 angegeben.

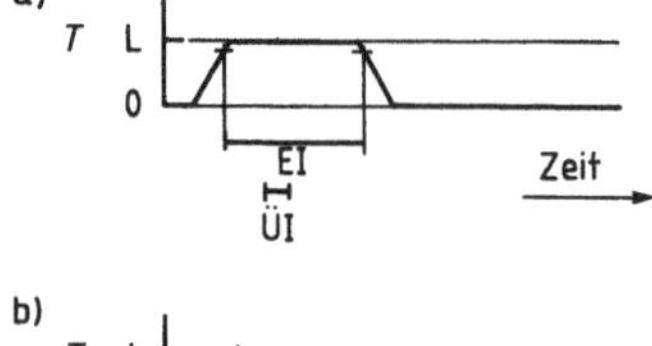
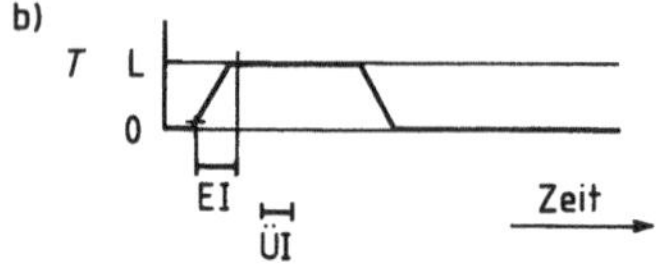

Bild 3.14

Entscheidungs- und Übergangsintervall bei
den D-Flipflops SN 7475 und SN 7474
a) SN 7475
b) SN 7474

3.3 Entwurf synchroner Schaltwerke als Ein-Register-Automaten

3.3.1 Ein-Register-Automaten

Der Aufbau von Schaltwerken wird häufig intuitiv in Abschnitten entwickelt, d. h. man löst Teilaufgaben und setzt das gesamte Schaltwerk aus den gefundenen Teillösungen zusammen. Dieses Vorgehen hat bei komplizierten Schaltwerken seine Berechtigung, wenn man zur Entwicklung des Schaltwerks systematische Methoden anwendet. Möglichkeiten dieser Art sind im Abschnitt 3.7 dargestellt.

Beim Entwurf einfacherer Schaltwerke geht man jedoch in der Regel am besten von den im folgenden dargelegten Grundkonzepten aus. Man legt dem Entwurf ein bestimmtes „Schaltwerksmodell" oder „Automatenmodell" zugrunde. Grundsätzlich kann man jedes Schaltwerk, das als synchrones Schaltwerk realisierbar ist, als Ein-Register-Automat realisieren. Bei einem solchen Modell faßt man alle Speicherglieder in Gedanken zu einer Einheit, zu einem „Register", zusammen. Alle Speicherglieder eines solchen Registers erhalten den Takt synchron, d. h. die Taktvariable an sämtlichen Takteingängen der Speicherglieder (Flipflops) wird in ihren Werten in quasi identischer Weise geändert. Das heißt mit anderen Worten, daß sämtliche Flipflops des Schaltwerks in den gleichen Entscheidungs- und Übergangsintervallen durch die gleiche Taktvariable gesteuert werden, sofern man z. B. nur Flipflops eines Typs verwendet.

Ein solches Schaltwerk wird durch die im Abschnitt 3.1 angegebenen Gln. (3.1) und (3.2) beschrieben. Man nennt das zugrunde liegende Schaltwerksmodell einen „Mealy-Automaten" (nach *G. H. Mealy*). Die durch die Gln. (3.1) und (3.2) beschriebenen Systeme kann man durch das in Bild 3.15 wiedergegebene Schema eines Mealy-Automaten darstellen. Dieses Schema folgt aus einer abgekürzten Schreibweise der Gln. (3.1) und (3.2)

$$A^n = f(E^n; Q^n), \tag{3.1a}$$
$$Q^{n+1} = g(E^n; Q^n). \tag{3.2a}$$

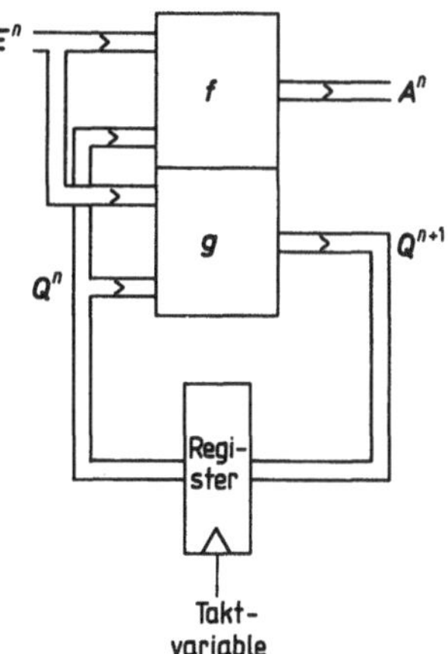

Bild 3.15
Schema eines Mealy-Automaten

In diesen Beziehungen sind E, A und Q Zusammenfassungen für die in den Gln. (3.1) und (3.2) vorkommenden binären Schaltvariablen. Diese Zusammenfassungen seien hier „Vektoren" (oder Vektorfunktionen) genannt und

die Eingangsvariablen E_1, E_2, ..., E_p als Komponenten des Eingangsvektors E,
die Ausgangsvariablen A_1, A_2, ..., A_t als Komponenten des Ausgangsvektors A,
die inneren Zustandsvariablen Q_1, Q_2, ..., Q_r als Komponenten des inneren Zustandsvektors Q bezeichnet.

Mit f ist die Gesamtheit der Schaltfunktionen f_1, f_2, ..., f_t in den Ausgangsgleichungen, mit g ist die Gesamtheit der Schaltfunktionen g_1, g_2, ..., g_r in den Übergangsgleichungen bezeichnet.

Beim Entwurf eines Schaltwerks auf der Grundlage des Modells eines Ein-Register-Automaten geht man so vor, daß man nach der Analyse der Aufgabenstellung und der Definition der benötigten Variablen einschließlich der inneren Zustandsvariablen gemäß den Angaben in Abschnitt 3.1 die Funktionstabelle für die Ausgangsvariablen sowie die Übergangstabelle aufstellt. Aus der Übergangstabelle kann man die Übergangsgleichungen des Schaltwerks ableiten. Aus diesen lassen sich bei einer Realisierung des Registers mit D-Flipflops unmittelbar die Schaltfunktionen für die D-Eingänge der Flipflops bestimmen.

Verwendet man andere Flipflops, so muß man die den Flipflop-Eingängen zuzuordnenden Schaltfunktionen auf geeignete Weise aus den Übergangsgleichungen ableiten. An die Stelle des Wertes des inneren Zustandsvektors im Zeitpunkt $n + 1$, also Q^{n+1}, ausgedrückt durch die entsprechenden Werte von dessen Komponenten, tritt der entsprechende Wert des Vektors V im Zeitpunkt n, also V^n, ausgedrückt durch die entsprechenden Werte der Vektoren $V_1, V_2, \ldots, V_r$ im Zeitpunkt n. Die $V_1, V_2, \ldots, V_r$ sind die Vektoren aller Eingangsvariablen der Flipflops, soweit die Übernahme von deren Werten in die Flipflops durch die Taktvariable gesteuert wird, mit Ausnahme der Taktvariablen selbst. Zum Beispiel besteht im Fall der Verwendung von JK-Flipflops V_1 aus den Komponenten J_1 und K_1 usw. Das Modell eines Mealy-Automaten gemäß Bild 3.15 wird durch das Modell eines Ein-Register-Automaten mit allgemeinem Registeransteuervektor V ersetzt (Bild 3.16).

Das Schaltwerk wird nunmehr durch die Beziehungen beschrieben

$$A^n = f(E^n; Q^n), \qquad\qquad (3.1a)$$
$$V^n = g_v(E^n; Q^n). \qquad\qquad (3.6)$$

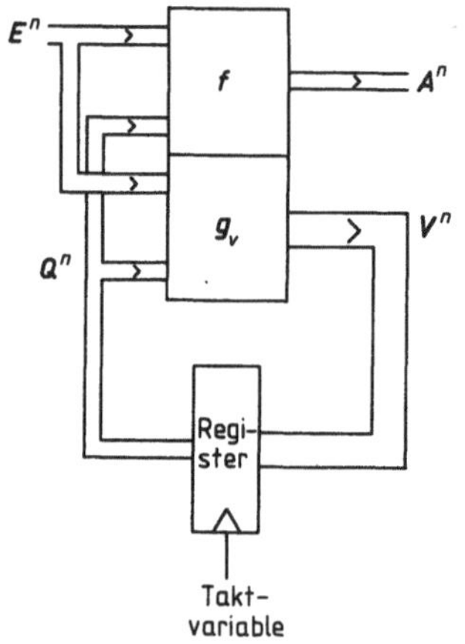

Bild 3.16
Schema eines Ein-Register-Automaten mit
allgemeinem Registeransteuervektor

Hat zum Beispiel jeder Vektor V_ρ, $\rho = 1, 2, \ldots, r$, zwei Komponenten, so sind mit g_v insgesamt $2r$ Schaltfunktionen zusammengefaßt.

3.3.2 Beispiel für den Entwurf eines einfachen synchronen Schaltwerks

Aufgabe

Ein zweistelliger Binärzähler mit „Übertragsausgang" soll als synchrones Schaltwerk entwickelt werden. Der Zähler soll einen „Betriebsarteneingang" erhalten. Liegt an diesem ein Signal L an, so soll der Zähler synchron mit dem Takt in einen frei wählbaren Anfangszustand gebracht werden können. Liegt am Betriebarteneingang ein Signal 0 an, so soll der Zähler in jedem Übergangsintervall in der Zählfolge ..., 00, 0L, L0, LL, 00, .. um 1 weiterzählen. Bei dieser Betriebsart soll der Übertragsausgang des Zählers während des Zustandes LL für die Dauer einer Taktperiode den Wert L ausgeben. Entscheidungs- und Übergangsintervalle der Flipflops liegen bei den hinteren Flanken des Taktes.

Festlegung der Variablen

Eingangsvariablen

Dem Betriebsarteneingang wird eine binäre Schaltvariable B_A („Betriebsart") zugeordnet, Werte entsprechend Aufgabe. Der Binärzähler soll durch Einstellen der Werte folgender Variablen gesetzt werden:

P_A Setzeingang erste Stelle (niederwertige Stelle),
P_B Setzeingang zweite Stelle.

Innere Zustandsvariablen

B entsprechend der höherwertigen Stelle des Binärzählers,
A entsprechend der niederwertigen Stelle des Binärzählers.

Ausgangsvariable

Übertrag $Ü$ mit Wert L im Zustand LL, wenn $B_A = 0$, sonst Wert 0.

Übergangstabelle

Als wesentlicher Teil der Lösung ergibt sich aufgrund der Aufgabenstellung und der Definition der Variablen die Übergangstabelle und die Funktionstabelle für die Ausgangsgröße $Ü$ gemäß Tabelle 3.3. Die in dieser Tabelle bei den **unabhängigen** Variablen eingetragenen Werte X bedeuten hier, daß die betreffende Zeile der Tabelle für beide Werte gilt, die die jeweilige unabhängige Variable, für die der Wert X eingetragen ist, annehmen kann.

Ausgangsgleichung und Schaltfunktionen für die Flipflopeingänge

Die Schaltfunktion für die Ausgangsvariable $Ü$ kann man unmittelbar aus der Funktionstabelle (Tabelle 3.3) ablesen

$$Ü = \overline{B_A} \wedge A \wedge B. \tag{3.7}$$

In dieser Gleichung kann die Angabe des Zeitpunktes weggelassen werden, da hier nur Werte der Variablen im gleichen Zeitpunkt zu betrachten sind.

Das Vorgehen bei der Bestimmung der Schaltfunktionen für die Flipflop-Eingänge hängt von der Art der verwendeten Flipflops ab. Im folgenden wird die Verwendung von D-Flipflops, von JK-Flipflops und von SR-Flipflops behandelt.

Tabelle 3.3 Übergangstabelle und Funktionstabelle für ein einfaches synchrones Schaltwerk (Beispiel laut Text)

B_A^n	P_B^n	P_A^n	B^n	A^n	B^{n+1}	A^{n+1}	$Ü^n$	Bemerkungen
0	X	X	0	0	0	L	0	Normale Zählreihenfolge, bei
0	X	X	0	L	L	0	0	der es auf die Werte von P_A
0	X	X	L	0	L	L	0	und P_B nicht ankommt, da
0	X	X	L	L	0	0	L	$B_A = 0$.
L	0	0	X	X	0	0	0	Der durch die Werte an den
L	0	L	X	X	0	L	0	Setzeingängen P_B, P_A vorge-
L	L	0	X	X	L	0	0	gebene Zustand wird eingestellt;
L	L	L	X	X	L	L	0	auf den gegenwärtigen inneren Zustand kommt es hierbei nicht an.

Verwendung von D-Flipflops

Man benutzt das Automatenmodell nach Bild 3.15 bzw. nach den Gln. (3.1), (3.2) und ermittelt die Übergangsgleichungen, d. h. die Gesamtheit der Schaltfunktionen g. Im vorliegenden Fall geschieht das am einfachsten, indem man die Werte für B^{n+1} und A^{n+1} aus der Tabelle 3.3 in KV-Diagramme überträgt (Bild 3.17). Durch Zusammenfassen von Minterme in diesen KV-Diagrammen erhält man die Übergangsgleichungen

$$B^{n+1} = [(P_B \wedge B_A) \vee (\overline{B_A} \wedge A \wedge \overline{B}) \vee (\overline{B_A} \wedge \overline{A} \wedge B)]^n =$$
$$= [(P_B \wedge B_A) \vee (\overline{B_A} \wedge (A \leftrightarrow B))]^n , \tag{3.8a}$$
$$A^{n+1} = [(B_A \wedge P_A) \vee (\overline{B_A} \wedge \overline{A})]^n . \tag{3.8b}$$

Hieraus folgen mit den charakteristischen Gleichungen der D-Flipflops

$$B^{n+1} = D_B^n, \quad A^{n+1} = D_A^n \tag{3.9}$$

unmittelbar die Schaltfunktionen für die D-Eingänge der Flipflops. Mit diesen und Gl. (3.7) ergibt sich das in Bild 3.18 dargestellte Schaltbild des zu entwerfenden Schaltwerks.

Verwendung von JK-Flipflops

Man benutzt das Automatenmodell nach Bild 3.16 bzw. nach den Gln. (3.1a), (3.6). Die einfachsten Schaltfunktionen für die J- und K-Eingänge erhält man durch folgendes Vorgehen:

Man stellt zunächst die gleichen KV-Diagramme wie in Bild 3.17, also die KV-Diagramme für die Übergangsgleichungen, auf, beachtet dann aber beim Zusammenfassen in diesen KV-Diagrammen die Form der charakteristischen Gleichung eines JK-Flipflops. So lautet die charakteristische Gleichung des JK-Flipflops mit dem Zustand B gemäß Gl. (3.4)

$$B^{n+1} = (J_B^n \wedge \overline{B^n}) \vee (\overline{K_B}^n \wedge B^n). \tag{3.10}$$

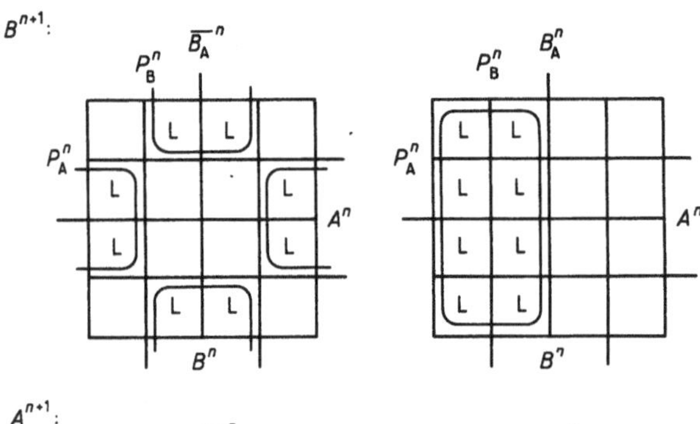
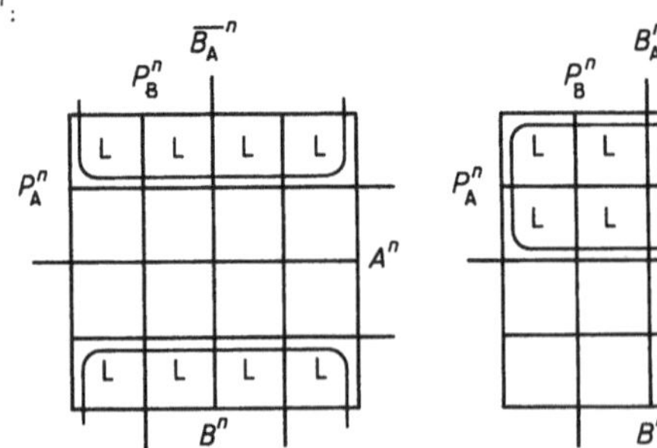

Bild 3.17

KV-Diagramme zur Bestimmung der Übergangsgleichungen eines einfachen synchronen Schaltwerks (Beispiel laut Text)

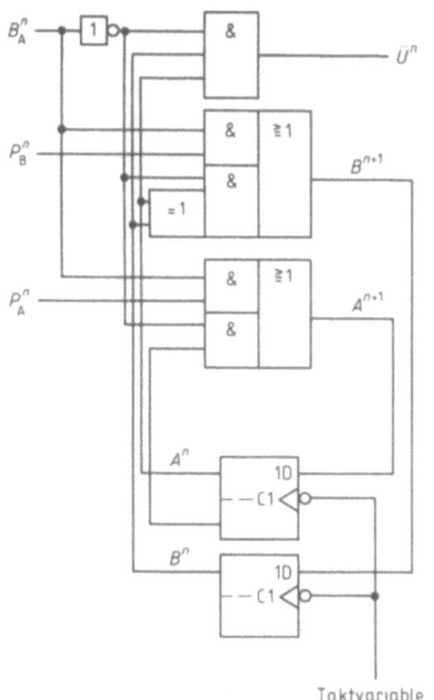

Bild 3.18
Schaltbild eines einfachen synchronen Schaltwerks mit D-Flipflops (Beispiel laut Text). Das Schaltzeichen für die ANTIVALENZ entspricht [3.2]

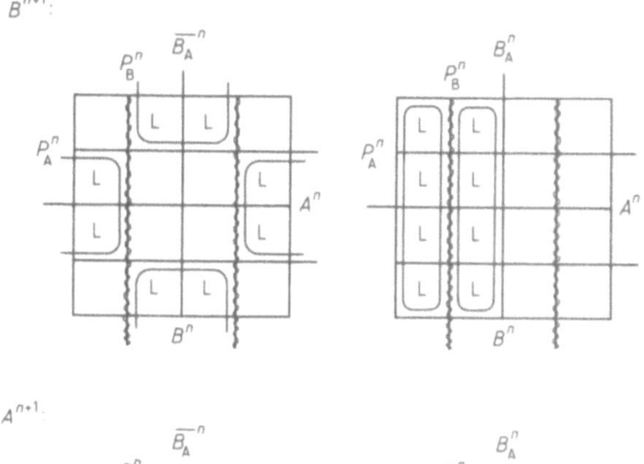

Bild 3.19
KV-Diagramme zur Bestimmung der Schaltfunktionen für die J- und K-Eingänge eines einfachen synchronen Schaltwerks (Beispiel laut Text)

Entsprechend dem Aufbau der rechten Seite dieser Gleichung teilt man das KV-Diagramm für B^{n+1} in Bild 3.19 in einen Teil, der nur Minterme enthält, in denen B (bzw. B^n) vorkommt, und in einen Teil, der nur Minterme enthält, in denen $\overline{B}$ (bzw. $\overline{B}^n$) vorkommt. Daraus ergibt sich die eingezeichnete Teilung dieses KV-Diagramms durch die beiden wellenförmigen Linien. Man erhält so aus Bild 3.19 folgende Form der Übergangsgleichung

$$B^{n+1} = [\ \{B \wedge [(\overline{B_A} \wedge \overline{A}) \vee (B_A \wedge P_B)]\}$$
$$\vee \{\overline{B} \wedge [(\overline{B_A} \wedge A) \vee (B_A \wedge P_B)]\}]^n. \tag{3.11}$$

Daraus kann man durch Vergleich mit Gl. (3.10) unmittelbar ablesen

$$J_B = (\overline{B_A} \wedge A) \vee (B_A \wedge P_B), \quad \overline{K_B} = (\overline{B_A} \wedge \overline{A}) \vee (B_A \wedge P_B). \tag{3.12a}$$

Durch Negierung beider Seiten der rechten Gleichung erhält man die Schaltfunktion K_B. Entsprechend kann man, wie hier nicht mehr ausgeführt werden soll, ableiten

$$J_A = \overline{B_A} \vee P_A, \qquad\qquad K_A = \overline{B_A \wedge P_A}. \tag{3.12b}$$

Mit den Gln. (3.7), (3.12a, b) ergibt sich nunmehr Bild 3.20 als Schaltbild des zu entwerfenden Schaltwerks.

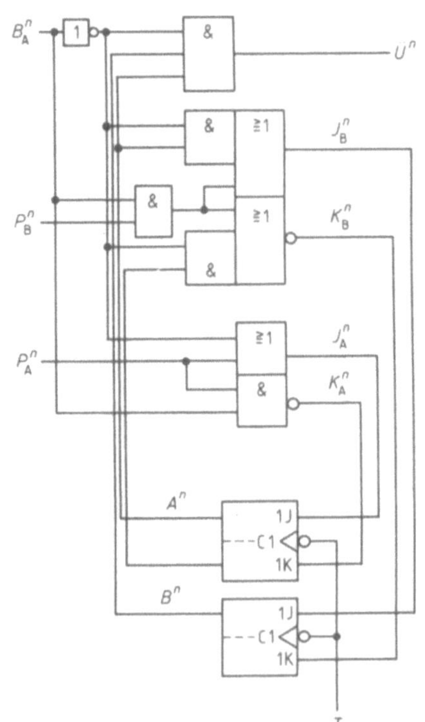

Bild 3.20

Schaltbild eines einfachen synchronen Schaltwerks mit JK-Flipflops (Beispiel laut Text)

Verwendung von SR-Flipflops

Man benutzt wie im Fall b. das Automatenmodell nach Bild 3.16 bzw. nach den Gln. (3.1a), (3.6). Eine Lösung, die, wie erforderlich, beide Teile der charakteristischen Gleichung (3.3a, b) von SR-Flipflops erfüllt, erhält man im allgemeinen am einfachsten, indem man die Übergangstabelle durch Spalten für die S- und R-Eingänge ergänzt, d. h. hier

Tabelle 3.4 Übergangstabelle eines einfachen synchronen Schaltwerks (Beispiel laut Text), Ergänzung der Tabelle 3.3 für eine Realisierung mit SR-Flipflops

B_A^n	P_B^n	P_A^n	B^n	A^n	B^{n+1}	A^{n+1}	S_B^n	R_B^n	S_A^n	R_A^n
0	X	X	0	0	0	L	0	X	L	0
0	X	X	0	L	L	0	L	0	0	L
0	X	X	L	0	L	L	X	0	L	0
0	X	X	L	L	0	0	0	L	0	L
L	0	0	X	X	0	0	0	L	0	L
L	0	L	X	X	0	L	0	L	L	0
L	L	0	X	X	L	0	L	0	0	L
L	L	L	X	X	L	L	L	0	L	0

durch Spalten für S_B, R_B, S_A, R_A. Im vorliegenden Beispiel ergibt sich aus Tabelle 3.3 die ergänzte Übergangstabelle in Tabelle 3.4. Die letzten vier Zeilen dieser Tabelle könnte man man auch ausführlich in 16 Zeilen schreiben. Dann wäre es möglich, statt der Werte L in der Hälfte aller Fälle beliebige Werte zu schreiben.

Wie hier nicht in Einzelheiten behandelt werden soll, kann man aus Tabelle 3.4 wieder unter Verwendung von KV-Diagrammen die Schaltfunktionen für S_B, R_B, S_A, R_A bestimmen, d. h. man erhält gegenüber den Bildern 3.17 bzw. 3.19 die doppelte Anzahl von KV-Diagrammen. Es folgt zum Beispiel

$$S_B = (\overline{B_A} \wedge \overline{B} \wedge A) \vee (B_A \wedge P_B), \tag{3.13a}$$
$$R_B = (\overline{B_A} \wedge B \wedge A) \vee (B_A \vee \overline{P_B}). \tag{3.13b}$$

Die Nebenbedingung $S_B \wedge R_B = 0$ ist erfüllt, wie man nachprüfen kann, indem man mittels der Gln. (3.13a, b) $S_B \wedge R_B$ bildet.

3.4 Zustandsdiagramme synchroner Schaltwerke

Ein Zustandsdiagramm dient dazu, die inneren Zustände eines Schaltwerks, die von dem Schaltwerk durchlaufenden Zustandsfolgen und gegebenenfalls auch die Werte des Ausgangsvektors anschaulich zu beschreiben. Zustandsdiagrammen liegt unter anderem die Vorstellung zugrunde, daß die speziellen Werte des inneren Zustandsvektors, die „spezielle Zustandscodierung", für die Eigenschaften eines Schaltwerks nicht wesentlich sind. Bei der Anwendung eines Schaltwerkes bemerkt der Benutzer nur die Folge der Ausgaben in Abhängigkeit von den zu verschiedenen Zeitpunkten erfolgten Eingaben, während er die speziellen Codierungen der inneren Zustände nicht erkennen kann.

Zum Beispiel kann man das im Abschnitt 3.3.2 als Beispiel entwickelte synchrone Schaltwerk ohne wesentliche Änderung auch allgemein durch Einführung von „allgemeinen Zustandscodierungen" Z_1, Z_2, Z_3, Z_4 statt der speziellen Codierungen 00, 0L, L0, LL für die inneren Zustände beschreiben. Statt der speziellen Zustandscodierungen kann man die allgemeinen in der Übergangstabelle angeben und alle wesentlichen Eigenschaften des Schaltwerks darstellen. Die speziellen Zustandscodierungen muß man erst dann wählen, wenn man den schaltungstechnischen Aufbau entwickeln will. Dann sind die allgemeinen Zustandscodierungen Z_1, Z_2, Z_3, Z_4 — im Beispiel — in spezielle Zustandscodierungen zu übersetzen und man kann zum Beispiel die im Abschnitt 3.3.2 in der Aufgabenstellung angegebenen wählen. Man könnte sich aber aus irgendeinem Grund auch entschließen, zur Darstellung dieser vier Zustände ganz andere spezielle Zustandscodierungen oder gar auch eine größere Anzahl von Flipflops vorzugeben.

Im folgenden werden zwei Arten von Zustandsdiagrammen synchroner Schaltwerke behandelt, nämlich zunächst Zustandsdiagramme, die ein Schaltwerk im Umfang der Übergangsgleichungen beschreiben, und danach Zustandsdiagramme, die sowohl die Übergangsgleichungen als auch die Ausgangsgleichungen eines Schaltwerks darstellen. Zustandsdiagramme der zweiten Form sind vollständige Beschreibungen der Eigenschaften eines Schaltwerks.

Auf Zustandsdiagramme zur Beschreibung asynchroner Schaltwerke wird im Abschnitt 3.6 eingegangen.

3.4.1 Beschreibung eines Schaltwerks im Umfang der Übergangsgleichungen

Das Zustandsdiagramm besteht aus einer zeichnerischen Darstellung der inneren Zustände und der Zustandsübergänge. Die inneren Zustände werden meistens durch Kreise angegeben, in deren Mitte die Zustände in allgemeiner oder spezieller Zustandscodierung eingetragen werden. Pfeile zwischen den so dargestellten inneren Zuständen geben die Zustandsübergänge an. An die Pfeile werden die ODER-Verknüpfungen aller derjenigen aus den Eingangsvariablen gebildeten Minterme geschrieben, die den Wert L annehmen müssen, wenn der betreffende Zustandsübergang stattfinden soll. Diese Minterme werden meistens, soweit möglich, schaltalgebraisch zusammengefaßt; ein sich dabei eventuell ergebender Wert L wird nicht an den betreffenden Pfeil geschrieben.

Ein derartiges Zustandsdiagramm ist in Bild 3.21 dargestellt. Dieses Zustandsdiagramm ist folgendermaßen zu lesen: Das Schaltwerk hat drei verschiedene innere Zustände Z_1, Z_2, Z_3; der Eingangsvektor hat die Komponenten E_1 und E_2. Vorgegeben ist, daß es sich um das Zustandsdiagramm eines synchronen Schaltwerks handeln soll. Befindet sich dieses Schaltwerk im Zustand Z_1, so bleibt es in diesem Zustand, sofern $E_1 = 0$. Hat E_1 im Entscheidungsintervall der Flipflops den Wert L, so geht das Schaltwerk im nächsten Übergangsintervall in den Zustand Z_2 über. Sowohl beim Zustandsübergang $Z_1 \rightarrow Z_1$ als beim Zustandsübergang $Z_1 \rightarrow Z_2$ kommt es auf den Wert von E_2 nicht an.

Entsprechend hat man das Zustandsdiagramm nach Bild 3.21 bei den anderen eingezeichneten Zustandsübergängen zu interpretieren. Für die Realisierung des Schaltwerks muß für Z_1, Z_2, Z_3 jeweils eine spezielle Zustandscodierung gewählt werden. Der Aufwand ist gewiß dann am kleinsten, wenn man zwei innere Zustandsvariable einführt, d. h. wenn man zwei Flipflops benutzt. Das Beispiel zeigt auch, daß die Wahl der speziellen Zustandscodierung ohne Einfluß auf die Form des Zustandsdiagramms, d. h. auf die Anordnung der Zustandsfolgen ist.

Entsprechend der oben angegebenen Möglichkeit seiner Interpretation kann man ein derartiges Zustandsdiagramm unmittelbar in eine Übergangstabelle übersetzen, wie man umgekehrt aus einer Übergangstabelle ein solches Zustandsdiagramm entwickeln kann. Bei der Entwicklung von Schaltwerken benutzt man beide Alternativen. Dem Zustandsdiagramm gemäß Bild 3.21 entspricht die in Tabelle 3.5 enthaltene Übergangstabelle.

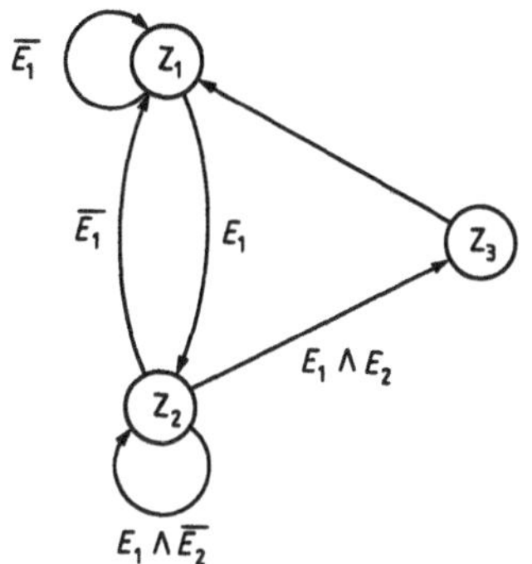

Bild 3.21 Zustandsdiagramm zur Beschreibung eines synchronen Schaltwerks mit Darstellung der inneren Zustände und der Zustandsübergänge

Tabelle 3.5 Übergangstabelle in allgemeiner Zustandscodierung und damit verbundene Funktionstabelle für die Ausgangsgrößen eines synchronen Schaltwerks

E_1^n	E_2^n	Q^n	Q^{n+1}	A_1^n	A_2^n	A_3^n
0	X	Z_1	Z_1	0	0	0
L	X	Z_1	Z_2	0	L	0
0	X	Z_2	Z_1	L	L	L
L	0	Z_2	Z_2	0	L	0
L	L	Z_2	Z_3	0	L	0
X	X	Z_3	Z_1	L	0	0

3.4.2 Beschreibung eines Schaltwerks im Umfang der Übergangs- und der Ausgangsgleichungen

In den im Abschnitt 3.4.1 erläuterten Zustandsdiagrammen sind die durch die Ausgangsgleichungen gegebenen Zusammenhänge nicht enthalten. Um auch die Ausgangsgleichungen im Zustandsdiagramm darzustellen, werden die Bildzeichen gemäß Bild 3.22 eingeführt, die in [3.3] zur Beschreibung von „Steuerablaufdiagrammen" benutzt werden.

Die dynamische Wertzuweisung nach Bild 3.22 stellt die Wertzuweisung für innere Zustandsvariable, auch „Registervariable" genannt, dar. Die statische Wertzuweisung gibt die Wertzuweisung für Nichtregistervariable, d. h. die Zuweisung des Wertes des Ausgangsvektors an. Befindet sich das Schaltwerk in irgendeinem Zustand Z_λ, so ergibt sich der Wert des Ausgangsvektors „statisch" aufgrund Z_λ und dem jeweils vorliegenden Wert des Eingangsvektors.

Das schon im Abschnitt 3.4.1 als Beispiel beschriebene Schaltwerk soll drei Ausgangsvariable A_1, A_2, A_3 besitzen, deren Werte gemäß Tabelle 3.5 festgelegt seien. Mit den Bildzeichen nach Bild 3.22 kann man dann ein Zustandsdiagramm zeichnen, das das Verhalten des Schaltwerks nunmehr vollständig beschreibt. Im vorliegenden Beispiel ergibt sich Bild 3.23. In diesem Zustandsdiagramm sind bei den statischen Wertzuweisungen die Ausgangsvariablen in der Reihenfolge A_1, A_2, A_3 angegeben. Ergänzend zum Zustandsdiagramm nach Bild 3.21 sagt dieses Zustandsdiagramm zum Beispiel für den Zustand Z_1 aus: Solange das Schaltwerk den Zustand Z_1 hat und $E_1 = 0$, hat der Ausgangsvektor den Wert A_1, A_2, $A_3 = 0, 0, 0$. Ist im Zustand Z_1 die Eingangsvariable $E_1 = L$, so hat der Ausgangsvektor den Wert $0, L, 0$. Entsprechendes gilt für die übrigen Zustände des Schaltwerks.

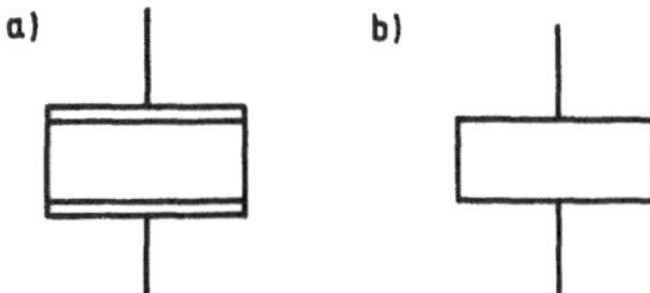

Bild 3.22

Bildzeichen für Zustandsdiagramme synchroner Schaltwerke
a) Dynamische Wertzuweisung
b) Statische Wertzuweisung

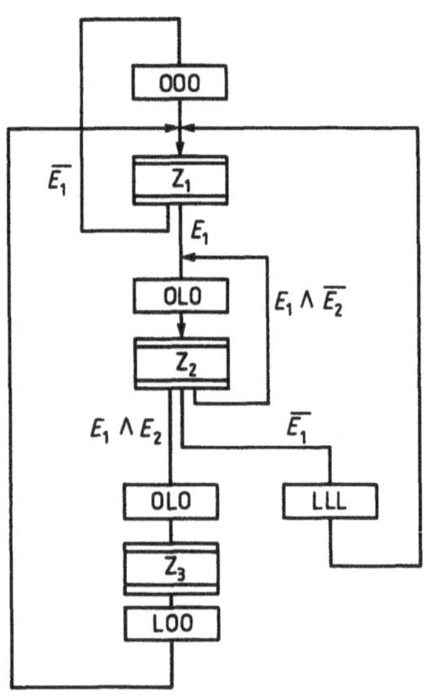

Bild 3.23
Zustandsdiagramm eines synchronen
Schaltwerks mit Wertzuweisungen für den
Zustandsvektor in allgemeinen Zustands-
codierungen und für den Ausgangsvektor

3.5 Synchrone Schaltwerke mit teilweise indirekter Wirkung der Taktvariablen

Bisher war bei der Darstellung des Entwurfs synchroner Schaltwerke vorausgesetzt worden,
daß die Taktvariable zu allen Zeitpunkten in gleicher Weise auf die Takteingänge sämtlicher
Flipflops wirkt. Beim Entwurf von Schaltwerken können jedoch auch zwei hiervon ab-
weichende Konzepte benutzt werden. Bei den danach entwickelten Realisierungen wirkt
die Taktvariable nicht ständig völlig gleichmäßig auf alle Takteingänge. Durch Anwendung
des einen dieser beiden Konzepte, der Taktausblendung, ändern sich jedoch die Eigenschaften des synchronen Schaltwerks überhaupt nicht. Bei der Anwendung des anderen Kon-
zeptes, das hier asynchrones Takten genannt wird, ändern sich die Eigenschaften eines
synchronen Schaltwerks nicht grundsätzlich.

3.5.1 Taktausblendung

Die Ausgangsvariable eines Flipflops in einem synchronen Schaltwerk kann ihren Wert
höchstens dann ändern, wenn der Wert der Taktvariablen den für die Übernahme der Werte
der Eingangsvariablen des Flipflops und für die Auslösung der Werteänderung dieser Ausgangsvariablen erforderlichen zeitlichen Verlauf hat. Umgekehrt heißt das, daß sich der
Wert der Taktvariablen an den Takteingängen derjenigen Flipflops bei einem Zustandsübergang des Schaltwerks nicht zu ändern braucht, die ihren Zustand bei diesem Zustandsübergang nicht ändern. Dieser Gedanke ist Grundlage der Taktausblendung: Die maßgebenden
Werteänderungen der Taktvariablen erhalten lediglich diejenigen Flipflops, deren Ausgangsvariablen bei einer Zustandsänderung des Schaltwerks einen anderen Wert annehmen
sollen.

Eine Taktausblendung kann nach dem in Bild 3.24 am Beispiel eines JK-Flipflops mit der
Eingangsbeschaltung $J = K = $ L angegebenen Prinzip realisiert werden. Im gewählten Beispiel sind für die Realisierung des Schaltwerks ausschließlich die Schaltnetze mit den Aus-

gangsvariablen T_ρ, $\rho = 1, 2, ..., r$, zu entwerfen. Bei JK-Flipflops mit der gewählten Eingangsbeschaltung gilt gemäß Gl. (3.4)

$$Q_\rho^{n+1} = \overline{Q_\rho^n}.$$

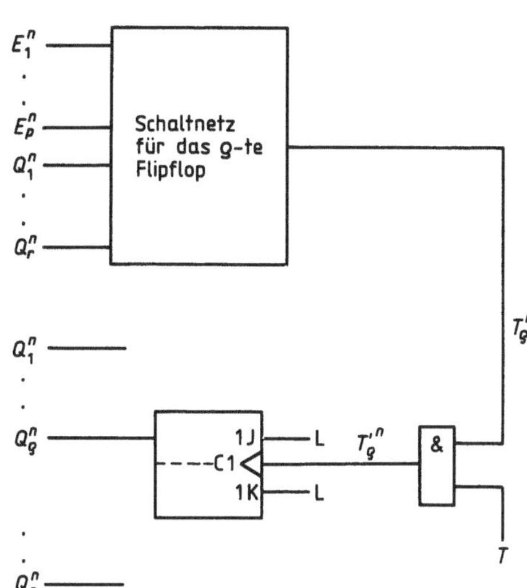

Bild 3.24

Prinzip einer Taktausblendung, dargestellt für das ρ-te Flipflop eines synchronen Ein-Register-Automaten (JK-Flipflop mit $J = K = L$)

Ein so beschaltetes JK-Flipflop ändert seinen Zustand also immer dann, wenn die für eine Zustandsänderung maßgebende Taktbedingung an seinem Takteingang vorliegt.

Allgemeiner kann man die verschiedenen Möglichkeiten des Entwurfs unter Verwendung von Taktausblendungen wie folgt erläutern. Die durch Tabelle 3.2 angegebene Übergangstabelle eines JK-Flipflops kann man auch in inverser Weise schreiben. Dazu fragt man sich, welche Beschaltung des J- und K-Eingangs gewählt werden muß, damit ein bestimmter Zustandsübergang $Q^n \rightarrow Q^{n+1}$ stattfindet, sobald die hierfür maßgebende Taktbedingung vorliegt. Ergänzend zur Tabelle 3.2 sei — für das ρte Flipflop des betrachteten Schaltwerks — eine Variable T_ρ eingeführt; $T_\rho = L$ gibt an, daß die für eine Zustandsänderung des ρten Flipflops erforderliche Taktbedingung vorliegt. Damit ergibt sich folgende Schreibweise der Übergangstabelle dieses ρten JK-Flipflops

Q_ρ^n	Q_ρ^{n+1}	T_ρ^n	J_ρ^n	K_ρ^n
0	0	L	0	X
0	L	L	L	X
L	0	L	X	L
L	L	L	X	0

Beim Entwurf eines Schaltwerks aufgrund dieser Übergangstabelle macht man von der Möglichkeit einer Taktausblendung keinen Gebrauch. Man kann die vorstehende Übergangstabelle eines JK-Flipflops jedoch erweitern, indem man beachtet, daß in zwei Fällen der dargestellten vier Fälle die innere Zustandsvariable beim Zustandsübergang $Q_\rho^n \rightarrow Q_\rho^{n+1}$ ihren Wert tatsächlich gar nicht ändert, nämlich in den beiden Fällen $0 \rightarrow 0$ und $L \rightarrow L$. In diesen beiden Fällen oder wahlweise in einem dieser beiden Fälle kann man das Schaltwerk auch in der Weise realisieren, daß man verhindert, daß die für Zustandsänderungen maßgebende Taktbedingung am Takteingang des ρten Flipflops auftritt, indem man also den Takt ausblendet. Dies kann man durch die folgende, erweiterte Übergangstabelle ausdrücken:

Q_ρ^n	Q_ρ^{n+1}	T_ρ^n	J_ρ^n	K_ρ^n	
0	0	L	0	X	Keine Taktausblendung.
0	0	0	X	X	Taktausblendung.
0	L	L	L	X	Taktausblendung nicht
L	0	L	X	L	möglich.
L	L	L	X	0	Keine Taktausblendung.
L	L	0	X	X	Taktausblendung.

Eine entsprechende erweiterte inverse Übergangstabelle läßt sich auch für SR-Flipflops angeben

Q_ρ^n	Q_ρ^{n+1}	T_ρ^n	S_ρ^n	R_ρ^n	
0	0	L	0	X	Keine Taktausblendung.
0	0	0	X	X	Taktausblendung.
0	L	L	L	0	Taktausblendung nicht
L	0	L	0	L	möglich
L	L	L	X	0	
L	L	0	X	X	Taktausblendung.

Verwendet man beim Entwurf eines mit SR-Flipflops zu realisierenden Schaltwerks diese inverse Übergangstabelle, so ist die Nebenbedingung von vornherein mit berücksichtigt. (Hiervon wurde schon beim Beispiel unter Abschnitt 3.3.2 *Verwendung von SR-Flipflops* Gebrauch gemacht.)

Als Beispiel für den Entwurf eines Schaltwerks unter Gebrauch der Taktausblendung sei wieder das synchrone Schaltwerk aus Abschnitt 3.3.2 betrachtet, dessen Übergangstabelle oben in Tabelle 3.3 angegeben ist. Beim Entwurf des Schaltwerks sollen jetzt Taktausblendungen benutzt werden, soweit dies irgend möglich ist. Der Entwurf soll für JK-Flipflops und für SR-Flipflops durchgeführt werden. Unter Verwendung der vorstehend invers geschriebenen Übergangstabellen der JK-Flipflops bzw. der SR-Flipflops ergibt sich aus Tabelle 3.3 eine erweiterte Übergangstabelle, die als Tabelle 3.6 angeführt ist. Wendet man bei JK-Flipflops die Möglichkeiten der Taktausblendung vollständig an, so genügt, wie oben bereits erwähnt, die Beschaltung $J = K = L$ (bzw. $J_\rho = K_\rho = L$). Somit sind hier nur die Schaltfunktionen für die T_ρ zu ermitteln, also die Schaltfunktionen für T_{B1} und T_{A1}.

Bei Verwendung von SR-Flipflops muß man jedoch auf jeden Fall neben den Werten T_{B2}^n und T_{A2}^n für die Takteingänge auch geeignete Werte für die S- und R-Eingänge der Flipflops bestimmen, die nicht immer den Wert L haben dürfen. Diese Werte werden hier mit S_{BT}^n, R_{BT}^n, S_{AT}^n und R_{AT}^n bezeichnet. Es ergeben sich also hier auch für die S- und R-Eingänge, nicht nur für die Takteingänge, Schaltfunktionen. Diese sind jedoch, wie das Beispiel zeigt, unter der Voraussetzung einer weitestmöglichen Anwendung der Taktausblendung sehr einfach. (Sie realisieren eine bekannte Schaltung, durch die man aus einem SR-Flipflop ein JK-Flipflop machen kann.)

Aus der so entwickelten Tabelle 3..6 kann man, zum Beispiel durch Zusammenfassen mittels KV-Diagrammen, die erforderlichen Schaltfunktionen bestimmen.

Tabelle 3.6 Entwurf von Schaltnetzen zur Taktausblendung bei einem synchronen Schaltwerk (Beispiel gemäß Abschnitt 3.3.2).
a) JK-Flipflops mit $J = K = $ L.
b) SR-Flipflops

Übergangstabelle nach Tabelle 3.3							JK-Flipflops Taktvariable		SR-Flipflops Taktvariable		S- und R-Eingänge			
B_A^n	P_B^n	P_A^n	B^n	A^n	B^{n+1}	A^{n+1}	T_{B1}^n	T_{A1}^n	T_{B2}^n	T_{A2}^n	S_{BT}^n	R_{BT}^n	S_{AT}^n	R_{AT}^n
0	X	X	0	0	0	L	0	L	0	L	X	X	L	0
0	X	X	0	L	L	0	L	L	L	L	L	0	0	L
0	X	X	L	0	L	L	0	L	0	L	X	X	L	0
0	X	X	L	L	0	0	L	L	L	L	0	L	0	L
L	0	0	0	0	0	0	0	0	0	0	X	X	X	X
.			0	L	0	0	0	L	0	L	X	X	0	L
.			L	0	0	0	L	0	L	0	0	L	X	X
L	0	0	L	L	0	0	L	L	L	L	0	L	0	L
L	0	L	0	0	0	L	0	L	0	L	X	X	L	0
.			0	L	0	L	0	0	0	0	X	X	X	X
.			L	0	0	L	L	L	L	L	0	L	L	0
L	0	L	L	L	0	L	L	0	L	0	0	L	X	X
L	L	0	0	0	L	0	L	0	L	0	L	0	X	X
.			0	L	L	0	L	L	L	L	L	0	0	L
.			L	0	L	0	0	0	0	0	X	X	X	X
L	L	0	L	L	L	0	0	L	0	L	X	X	0	L
L	L	L	0	0	L	L	L	L	L	L	L	0	L	0
.			0	L	L	L	L	0	L	0	L	0	X	X
.			L	0	L	L	0	L	0	L	X	X	L	0
L	L	L	L	L	L	L	0	0	0	0	X	X	X	X

Man erhält für JK-Flipflops

$$T_{B1} = (\overline{B_A} \wedge A) \vee [B_A \wedge (P_B \leftrightarrow B)],$$
$$T_{A1} = \overline{B_A} \vee (P_A \leftrightarrow A),$$
$$T'_{B1} = T_{B1} \wedge T, \quad T'_{A1} = T_{A1} \wedge T;$$

gemäß Vorgabe ist

$$J_{BT} = K_{BT} = J_{AT} = K_{AT} = \text{L};$$

für SR-Flipflops

$$T'_{B2} = T'_{B1}, \, T'_{A2} = T'_{A1},$$
$$S_{BT} = \overline{B}, R_{BT} = B, S_{AT} = \overline{A}, R_{AT} = A.$$

Da die Variablen $B, \overline{B}, A, \overline{A}$ unmittelbar an den Ausgängen der SR-Flipflops abgegriffen werden können, erfordert die Realisierung der Taktausblendung mit SR-Flipflops im vorliegenden Beispiel keinen größeren Aufwand als eine Realisierung mit JK-Flipflops. Entscheidungs- und Übergangsintervall der verwendeten SR-Flipflops müssen zeitlich getrennt sein.

3.5.2 Asynchron getaktete Schaltwerke

Asynchrones Takten von Flipflops ermöglicht eine Einsparung von Bausteinen für boolesche Verknüpfungen in dem in einem Schaltwerk enthaltenen Schaltnetz. Der Umfang der möglichen Einsparung hängt wesentlich von der Anzahl der vom Schaltwerk durchlaufenen inneren Zustände sowie von den gewählten speziellen Zustandscodierungen ab. Verwendet man Flipflops, die alle gleich schnell arbeiten können, so wird der Vorteil eines geringeren Schaltungsaufwandes durch den Nachteil einer kleineren größtmöglichen Arbeitsgeschwindigkeit erkauft. In asynchron getakteten Schaltwerken müssen jedoch nicht alle Flipflops mit gleicher größtmöglicher Taktfrequenz arbeiten und das kann man bei der Auswahl der Flipflops ausnutzen. Das Prinzip des asynchronen Taktens von Flipflops eines Schaltwerks ist am einfachsten an einem Signal-Zeit-Diagramm mit dem zeitlichen Verlauf der maßgebenden binären Schaltvariablen des Schaltwerks zu erläutern. Als Beispiel sei das durch die Übergangstabelle in Tabelle 3.7 — Spalten „Folgezustände gemäß Aufgabenstellung" — gegebene Schaltwerk betrachtet, das als asynchron getaktetes Schaltwerk realisiert werden soll. Hierfür sollen JK-Flipflops mit Entscheidungs- und Übergangsintervall gemäß Bild 3.12a verwendet werden.

Das zugehörige Signal-Zeit-Diagramm ist in Bild 3.25 dargestellt. Man erkennt aus diesem Bild: Im Fall $E_1 = 0$ kann man für die Flipflops mit den inneren Zuständen Q_1 und Q_2 statt der Taktvariablen T die innere Zustandsvariable Q_3 als Taktvariable benutzen. Im Fall $E_1 = L$ kann man für das Flipflop mit der inneren Zustandsvariablen Q_3 statt T die innere Zustandsvariable Q_2 als Taktvariable verwenden. Durch diese Maßnahme erhalten die nicht durch T getakteten Flipflops nicht bei jedem durch T vorgeschriebenen Entscheidungs- und

Tabelle 3.7 Übergangstabelle für den Entwurf eines asynchron getakteten Schaltwerks. (Von T verschiedene Taktvariablen in Klammern)

E_1^n	Q_1^n	Q_2^n	Q_3^n	Folgezustände gemäß Aufgabenstellung			Folgezustände für den Entwurf		
				Q_1^{n+1}	Q_2^{n+1}	Q_3^{n+1}	Q_1^{n+1}	Q_2^{n+1}	Q_3^{n+1}
0	0	0	0	0	0	L	X (Q_3)	X (Q_3)	L
0	0	0	L	L	0	0	L	0	0
0	L	0	0	L	0	L	X (Q_3)	X (Q_3)	L
0	L	0	L	0	L	0	0	L	0
0	0	L	0	0	L	L	X (Q_3)	X (Q_3)	L
0	0	L	L	0	0	0	0	0	0
L	0	0	L	0	L	L	0	L	X (Q_2)
L	0	L	L	0	0	0	0	0	0
L	0	0	0	L	L	0	L	L	X (Q_2)
L	L	L	0	L	0	L	L	0	L
L	L	0	L	L	L	L	L	L	X ($Q2$)
L	L	L	L	0	0	L	0	0	L
0	L	L	0				X	X	X
0	L	L	L				X	X	X
L	L	0	0				X	X	X
L	0	L	0				X	X	X

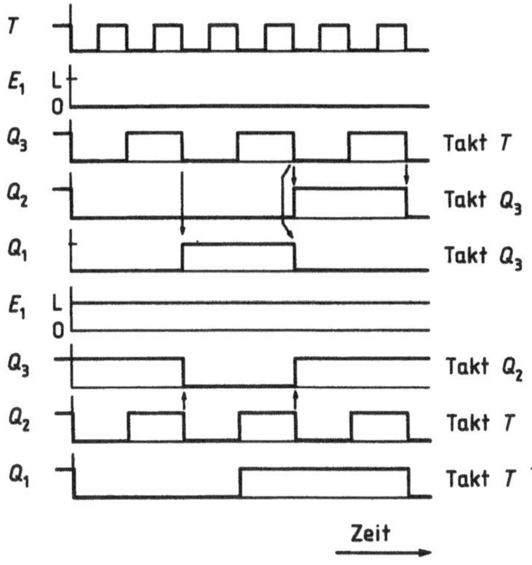

Bild 3.25

Signal-Zeit-Diagramm als Grundlage
für den Entwurf eines asynchron
getakteten Schaltwerks

Übergangsintervall ein Taktsignal. Im Beispiel ist der Takt für die einzelnen Flipflops dann durch die Beziehungen gegeben

$$T_1 = T_2 = (\overline{E_1} \wedge Q_3) \vee (E_1 \wedge T), \quad T_3 = (\overline{E_1} \wedge T) \vee (E_1 \wedge Q_2).$$

Die Wahl dieser Form der Taktvariablen für die Flipflops hat zur Folge, daß zum Beispiel für $E_1 = 0$ beim Zustandsübergang $000 \rightarrow 00L$ die Flipflops mit den inneren Zustandsvariablen Q_1 und Q_2 kein Zustandsänderungen auslösendes Taktsignal erhalten. Beim vorliegenden Zustandsübergang kann man daher bei der Bestimmung der Schaltfunktionen für die J- und K-Eingänge dieser beiden Flipflops annehmen, daß die neuen Werte von Q_1 und Q_2 beliebig sind, da gar keine Änderung der Werte von Q_1 und Q_2 erfolgen kann. In den entsprechenden Fällen wurden daher in Tabelle 3.7 in den Spalten „Folgezustände für den Entwurf" beliebige Werte eingetragen.

In Tabelle 3.7 sind auch bei den in der ursprünglichen Aufgabenstellung nicht enthaltenen Zustandsübergängen als Folgezustände beliebige Werte angenommen, da dies die einfachste Realisierung ergibt. Ob diese Annahme sicherstellt, daß beim Übergang von $E_1 = 0$ auf $E_1 = L$ oder umgekehrt die gewünschten Zustandsfolgen auftreten, ist bei näherer Kenntnis der Anwendung des Schaltwerks besonders zu prüfen. Beim Entwurf eines Schaltwerks müssen aber grundsätzlich über sämtliche möglichen Zustandsübergänge irgendwelche Aussagen gemacht werden.

Für das hier behandelte Beispiel erhält man aus den rechten Spalten der Tabelle 3.7 unter Anwendung der in vorangehenden Abschnitten dargestellten Methoden folgende Schaltfunktionen für die Flipflopeingänge (Indices entsprechend den Indices der inneren Zustandsvariablen)

$$J_1 = \overline{Q_3} \vee (\overline{E_1} \wedge \overline{Q_2}), \qquad K_1 = Q_3 \wedge (\overline{E_1} \vee Q_2)$$
$$J_2 = E_1 \vee Q_1, \qquad\qquad K_2 = L,$$
$$J_3 = L, \qquad\qquad\qquad K_3 = \overline{Q_1 \wedge Q_2}.$$

Das asynchrone Takten wirkt sich auf die zeitliche Lage der Entscheidungs- und Übergangsintervalle der asynchron getakteten Flipflops in Beziehung zur zeitlichen Lage der Ent-

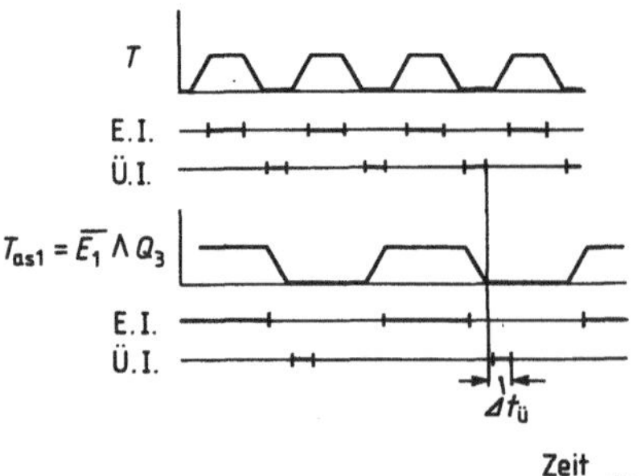

Bild 3.26
Änderung der zeitlichen Lage der
Entscheidungs- und Übergangsinter-
valle bei asynchronem Takten. (Die
Darstellung bezieht sich auf einen
Teil des Beispiels nach Bild 3.25)

scheidungs- und Übergangsintervalle aus, wie sie durch die Taktvariable T bestimmt ist. An
dem im Bild 3.26 dargestellten Beispiel erkennt man, daß sich bei einem Flipflop, das
durch die innere Zustandsvariable eines durch T getakteten Flipflops getaktet wird, die
Dauer des Entscheidungsintervalles bei dem gezeichneten Verlauf von T verdoppelt und die
Beendung des Zustandsüberganges sich um ein Zeitintervall $\Delta t_{\ddot{u}}$ verschiebt. Bezeichnet man
einen asynchronen Takt T_{as1} der im Bild 3.26 erläuterten Art als asynchronen Takt erster
Stufe, so würde sich bei einem asynchronen Takt Nter Stufe, T_{asN}, der also für ein Flipflop
gilt, dessen Nter Vorgänger durch T getaktet wird, das Entscheidungsintervall um den Faktor 2^N und die zeitliche Verschiebung des Zustandsüberganges sich um den Faktor $N \Delta t_{\ddot{u}}$
vergrößern.

Durch asynchrones Takten erreicht man um so größere Aufwandersparnis, je mehr es ge-
lingt, die Zustandsänderungen von Flipflops, die selbst asynchron getaktet werden, als
Taktvariable für andere Flipflops zu benutzen. Um so stärker wirkt sich aber nach dem
vorstehenden der anhand Bild 3.26 erläuterte Effekt aus. Synchrone Schaltwerke mit
asynchronem Takten verschiedener Flipflips werden in der Literatur gelegentlich als asynchrone Schaltwerke bezeichnet. Die Zustandsübergänge dieser Schaltwerke werden jedoch
wie die echter synchroner Schaltwerke durch den zeitlichen Verlauf der Werte einer Taktvariablen vorgeschrieben. Ein solches Schaltwerk behält also die wesentliche Eigenschaft
eines synchronen Schaltwerks, wie auch aus der Darstellung ‚echter‘ asynchroner Schaltwerke im Abschnitt 3.6 deutlich wird. Die Abweichungen des asynchron getakteten Schaltwerks vom synchronen Schaltwerk, die anhand Bild 3.26 erläutert wurde, sind nicht grund-
sätzlicher Art. Daher wurde hier die Benennung ‚asynchron getaktetes synchrones Schaltwerk‘ eingeführt.

3.6 Asynchrone Schaltwerke

Im Abschnitt 3.2.1 war dargelegt worden, daß bistabile Kippglieder bzw. Flipflops selbst
Schaltwerke sind, aber nicht als synchrone Schaltwerke realisiert werden können. Die Definitionen eines synchronen Schaltwerks erlauben es also nicht, ein Flipflop zu entwerfen.
In moderner Darstellungsweise kann man sagen — obwohl diese Darstellung an vorliegender
Stelle nicht allgemein eingeführt ist —, daß man sich beim Entwurf von Flipflops auf eine
andere Beschreibungsebene, und zwar auf eine Ebene niedrigerer Abstraktion, begeben
muß. Das ist die Ebene der asynchronen Schaltwerke.

Im angloamerikanischen Schrifttum unterscheidet man Schaltwerke weiter nach der Art der für die zulässigen Änderungen der Eingangsvariablen vorgegebenen Beschränkungen. So unterscheidet *Unger* [3.4] neben synchronen Schaltwerken, wie in den Abschnitten 3.1 bis 3.5 behandelt, folgende Formen von Schaltwerken

— Asynchrone Schaltwerke fundamentaler Art: Die Werte von Eingangsvariablen dürfen nur dann geändert werden, wenn sich das Schaltwerk in einem stabilen Zustand befindet.
— *Muller*-Schaltwerke: Das Schaltwerk erzeugt intern den Wert einer Fertig-Variablen, durch den neue Änderungen der Werte der Eingangsvariablen zugelassen werden (asynchrone Schaltwerke).
— Schaltwerke impulsgesteuerter Art: Eine besondere Taktvariable T_E bewirkt, daß die Werte der Eingangsvariablen nur in bestimmten Zeitintervallen, zum Beispiel während $T_E = L$, an den entsprechenden Anschlüssen des Schaltwerkes anliegen (in [3.4] synchronen Schaltwerken, in [3.5] asynchronen Schaltwerken zugeordnet).

Für die hier vorgesehene knappe Darstellung genügt es, nur asynchrone Schaltwerke fundamentaler Art zu betrachten. Darunter versteht man Schaltwerke, die folgenden Bedingungen gehorchen

— Das Schaltwerk besitzt in seinen Rückkopplungswegen keine Flipflops, sondern lediglich Verzögerungsstrecken (Bild 3.27).
— Eingangs- und Ausgangsvariable werden durch Pegel, nicht durch Impulse dargestellt.
— Zu irgendeinem Zeitpunkt darf immer nur der Wert einer Eingangsvariablen geändert werden. Danach ist die Änderung des Wertes einer Eingangsvariablen erst dann wieder erlaubt, wenn das Schaltwerk in einen stabilen Zustand gelangt ist. (Diese Festlegung kann Schwierigkeiten machen, wenn das Schaltwerk überhaupt keinen stabilen Zustand erreicht, sondern bei gleichbleibendem Wert des Eingangsvektors periodisch eine bestimmte Folge innerer Zustände durchläuft).
— Im übrigen dürfen die Werte von Eingangsvariablen jedoch in jedem beliebigen Zeitpunkt geändert werden.

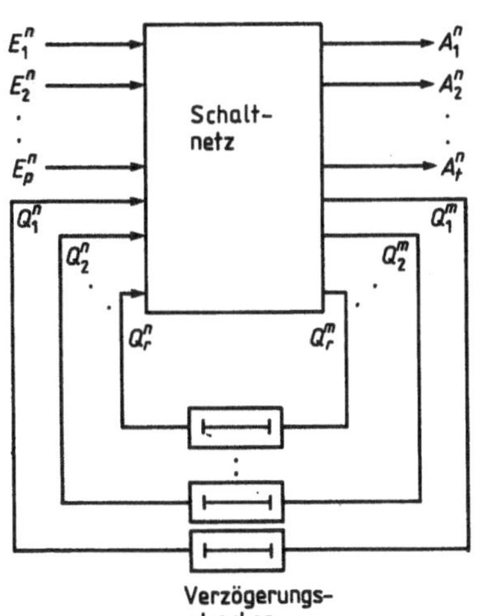

Bild 3.27

Schema eines asynchronen Schaltwerks fundamentaler Art

Ein asynchrones Schaltwerk fundamentaler Art nach Bild 3.27 wird durch folgende Ausgangs- und Übergangsgleichungen beschrieben

$$A_1^n = f_1 \, (E_1^n, E_2^n, ..., E_p^n; Q_1^n, Q_2^n, ..., Q_r^n),$$
$$A_2^n = f_2 \, (E_1^n, E_2^n, ..., E_p^n; Q_1^n, Q_2^n, ..., Q_r^n),$$
$$\cdot \qquad\qquad\qquad\qquad\qquad\qquad\qquad\qquad\qquad (3.14)$$
$$A_t^n = f_t \, (E_1^n, E_2^n, ..., E_p^n; Q_1^n, Q_2^n, ..., Q_r^n).$$

$$Q_1^m = g_1 \, (E_1^n, E_2^n, ..., E_p^n; Q_1^n, Q_2^n, ..., Q_r^n),$$
$$Q_2^m = g_2 \, (E_1^n, E_2^n, ..., E_p^n; Q_1^n, Q_2^n, ..., Q_r^n),$$
$$\cdot \qquad\qquad\qquad\qquad\qquad\qquad\qquad\qquad\qquad (3.15)$$
$$Q_r^m = g_r \, (E_1^n, E_2^n, ..., E_p^n; Q_1^n, Q_2^n, ..., Q_r^n).$$

Die $f_1, f_2, ..., f_t, g_1, g_2, ..., g_r$ sind Schaltfunktionen. In Abweichung zur Darstellung bei synchronen Schaltwerken werden hier die neuen Werte der inneren Zustandsvariablen durch ein hochgestelltes m gekennzeichnet, da eine durch eine externe Variable bestimmte Unterscheidung diskreter Zeitpunkte bei asynchronen Schaltwerken nicht existiert. Die sonst weitgehende Analogie zwischen den Gln. (3.1) und (3.2) sowie (3.14) und (3.15) darf nicht über wesentliche Unterschiede im Verhalten synchroner Schaltwerke und asynchroner Schaltwerke fundamentaler Art hinwegtäuschen. Die Gln. (3.15) beschreiben stabile und instabile Zustände des Schaltwerks.

Die durchlaufenen instabilen Zustände und der gegebenenfalls erreichte stabile Zustand eines asynchronen Schaltwerk fundamentaler Art hängen vom momentanen Wert des Eingangsvektors ab. Zu Beschreibung der Zustände eines solchen Schaltwerks muß man den Eingangsvektor („Eingangszustand") und den inneren Zustand gemeinsam betrachten. Man sagt, der Zustand eines asynchronen Schaltwerks fundamentaler Art ist durch dessen totalen Zustand gegeben, der sich aus dem Eingangszustand $E_1^n, E_2^n, ..., E_p^n$ und dem inneren Zustand $Q_1^n, Q_2^n, ..., Q_r^n$ zusammensetzt.

Stabile Zustände asynchroner Schaltwerke fundamentaler Art werden durch die Beziehungen beschrieben

$$Q_\rho^m = Q_\rho^n, \rho = 1, 2, ..., r. \qquad\qquad\qquad\qquad\qquad (3.16)$$

Der Zustand eines synchronen Schaltwerks ist eindeutig durch dessen inneren Zustand gegeben. Die Werte der Eingangsvariablen wirken sich nicht auf den inneren Zustand aus, so lange nicht mittels der Taktvariablen eine Änderung des inneren Zustandes erzwungen wird. Auch sind bei synchronen Schaltwerken sämtliche inneren Zustände definitionsgemäß stabile Zustände.

Bei den hier betrachteten asynchronen Schaltwerken fundamentaler Art ist das anders, da auf dieser Beschreibungsebene instabile Zustände erfaßt werden. Bei konstanten Werten der Eingangsvariablen können auch instabile innere Zustände in stabile Zustände übergehen, das Schaltwerk kann sich aber auch fortlaufend ausschließlich in instabilen Zuständen befinden. Liegt ein stabiler Zustand eines asynchronen Schaltwerks vor, so bewirkt die Änderung des Wertes einer Eingangsvariablen

— entweder unmittelbar den Übergang in einen neuen stabilen totalen Zustand
— oder den Übergang in eine Folge instabiler Zustände und zuletzt den Übergang in einen stabilen Zustand
— oder den Übergang in eine periodische Folge wiederkehrender instabiler Zustände.

Dies wird aus den unten in den Abschnitten 3.6.2 und 3.6.3 behandelten Beispielen deutlich.

3.6.1 Zustandsdiagramme asynchroner Schaltwerke fundamentaler Art

Im angloamerikanischen Schrifttum benutzt man zur Beschreibung der Zustandsfolgen in asynchronen Schaltwerken fundamentaler Art „Flußtabellen" (*flow tables*) [3.4], [3.5], die den gelegentlich zur Beschreibung synchroner Schaltwerke benutzten Automatentafeln [3.1] ähnlich sind. Da der Leser bereits aus Abschnitt 3.4 die Zustandsdiagramme zur Beschreibung synchroner Schaltwerke kennt, sollen hier erweiterte Zustandsdiagramme eingeführt werden, mit denen sich die Eigenschaften asynchroner Schaltwerke und ihre Unterschiede zu synchronen Schaltwerken anschaulich darstellen lassen und die sich auch als Grundlage des Entwurfs eignen.

Da nach obigem ein asynchrones Schaltwerk fundamentaler Art durch seine totalen Zustände beschrieben wird, liegt es nahe, im Zustandsdiagramm die totalen Zustände anzugeben. Hierfür wird die Darstellung nach Bild 3.28 benutzt. Die totalen Zustände werden innerhalb eines Kreises oder Ovals entweder in allgemeiner Zustandscodierung (Bild 3.28a) oder mit den tatsächlichen Werten der Eingangsvariablen und inneren Zustandsvariablen, also in spezieller Zustandscodierung, eingetragen. Zustandsübergänge werden auch hier durch Pfeile dargestellt. Darzustellen sind Zustandsübergänge, bei denen sich der Eingangszustand nicht ändert, und Zustandsübergänge, die durch die Änderung des Wertes einer Eingangsvariablen hervorgerufen werden. Ist bei unverändertem Eingangszustand ein totaler Zustand stabil, so führt der Pfeil auf den gleichen Zustand zurück (Bild 3.28c), ist der totale Zustand instabil, so führt der Pfeil vom Zustand weg zu einem anderen Zustand (Bild 3.28d). Wird ein Zustandsübergang durch Änderung des Wertes einer Eingangsvariablen bewirkt, so wird diese Eingangsvariable an den Pfeil geschrieben, und zwar negiert, wenn sie nunmehr den Wert 0 hat, sonst nicht negiert. Eine solche Zustandsänderung kann gemäß den obigen Festlegungen nur erfolgen, wenn das asynchrone Schaltwerk anfangs in einem stabilen Zustand ist (Bild 3.28e).

3.6.2 Einfaches SR-Flipflop als asynchrones Schaltwerk fundamentaler Art

Als Beispiel eines asynchronen Schaltwerks fundamentaler Art soll ein einfaches SR-Flipflop betrachtet werden. In Bild 3.29a ist die aus der Literatur bekannte Realisierung eines

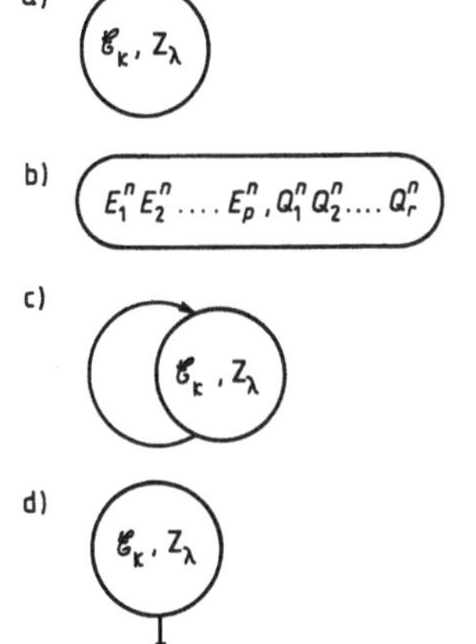

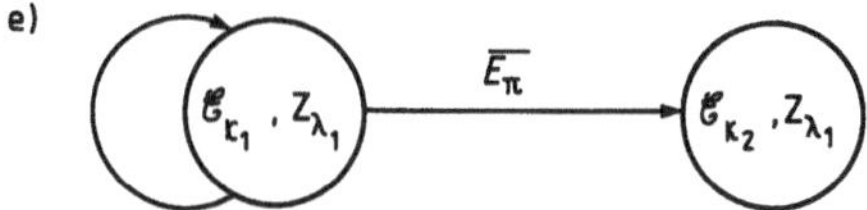

Bild 3.28
Darstellung der totalen Zustände und Zustandsübergänge asynchroner Schaltwerke fundamentaler Art in Zustandsdiagrammen.
a) Totaler Zustand in allgemeiner Zustandscodierung.
b) Totaler Zustand in allgemeiner Schreibweise der speziellen Zustandscodierung.
c) Stabiler totaler Zustand.
d) Instabiler totaler Zustand.
e) Zustandsänderung durch $E_\pi = 0$.

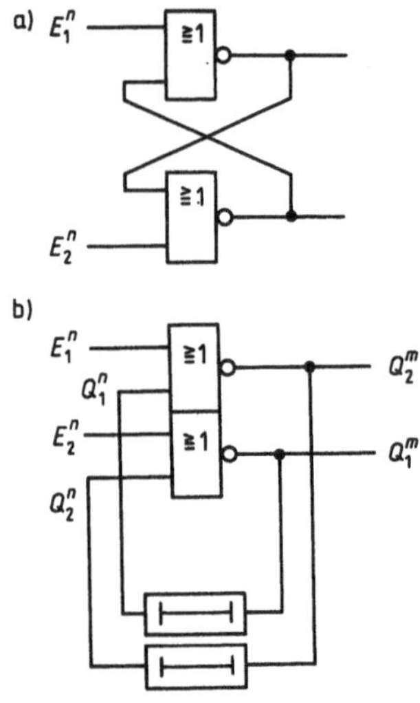

a)

b)

Bild 3.29 Einfaches SR-Flipflop
a) Realisierung durch zwei kreuzgekoppelte NOR-Gatter
b) Umgezeichnetes Schaltbild a)

Tabelle 3.8 Übergangstabelle eines asynchronen Schaltwerks fundamentaler Art (einfaches SR-Flipflop)

E_1^n	E_2^n	Q_1^n	Q_2^n	Q_1^m	Q_2^m
0	0	0	0	L	L
0	0	0	L	0	L
0	0	L	0	L	0
0	0	L	L	0	0
0	L	0	0	0	L
0	L	0	L	0	L
0	L	L	0	0	0
0	L	L	L	0	0
L	0	0	0	L	0
L	0	0	L	0	0
L	0	L	0	L	0
L	0	L	L	0	0
L	L	0	0	0	0
L	L	0	L	0	0
L	L	L	0	0	0
L	L	L	L	0	0

solchen Flipflops durch zwei „kreuzgekoppelte" NOR-Bausteine dargestellt. Dieses Schaltbild ist in Bild 3.29b so umgezeichnet, daß es dem allgemeinen Schema nach Bild 3.27 entspricht und auch die gemäß der Definition eines asynchronen Schaltwerks fundamentaler Art erforderlichen Verzögerungsglieder enthält. Wie Bild 3.29a zeigt, sind diese Verzögerungsglieder meistens gar nicht als besondere Bauelemente vorhanden, sondern werden durch die Signalverzögerungen auf den Rückführungsleitungen verwirklicht. Am umgezeichneten Schaltbild erkennt man, daß ein asynchrones Schaltwerk fundamentaler Art mit zwei Eingangsvariablen und zwei inneren Zustandsvariablen vorliegt. Dem Bild 3.29b kann man mit den dort eingetragenen Variablen die Übergangsgleichungen

$$Q_1^m = \overline{E_2}^n \wedge \overline{Q_2}^n, \tag{3.17a}$$
$$Q_2^m = \overline{E_1}^n \wedge \overline{Q_1}^n \tag{3.17b}$$

entnehmen. Damit kann man unmittelbar die Übergangstabelle gemäß Tabelle 3.8 aufstellen und hieraus unter Beachtung von Abschnitt 3.6.1 das Zustandsdiagramm nach Bild 3.30 entwickeln (Reihenfolge der Werte der Variablen in Übereinstimmung mit Tab. 3.8). Durch nähere Analyse des Verhaltens des Schaltwerks anhand dieses Zustandsdiagrammes kann man erkennen, daß es sich um ein nicht taktgesteuertes SR-Flipflop handelt. So sieht man, daß es zwei stabile Zustände gibt, wenn $E_1^n = E_2^n = 0$: In diesen ist entweder $Q_1^n = 0$, $Q_2^n = L$ oder $Q_1^n = L$, $Q_2^n = 0$. Das entspricht dem im Abschnitt 3.2.2 besprochenen Verhalten des SR-Flipflops für $S^n = R^n = 0$. Die dort angegebenen Zusammenhänge beschreiben allerdings das Verhalten des SR-Flipflops nur in Beharrungszuständen. Nur in Beharrungszuständen ist auch, wie man aus Bild 3.30 erkennt, $Q_1 = \overline{Q_2} \ (= Q)$, wenn man überdies die Wertekombination $E_1^n = E_2^n = L$ nicht zuläßt. Letzteres ist bei der hier betrachteten Realisierung auch der Grund, weshalb die Wertekombination $S^n = R^n = L$ durch die Nebenbedingung (3.3b) ausgeschlossen werden muß.

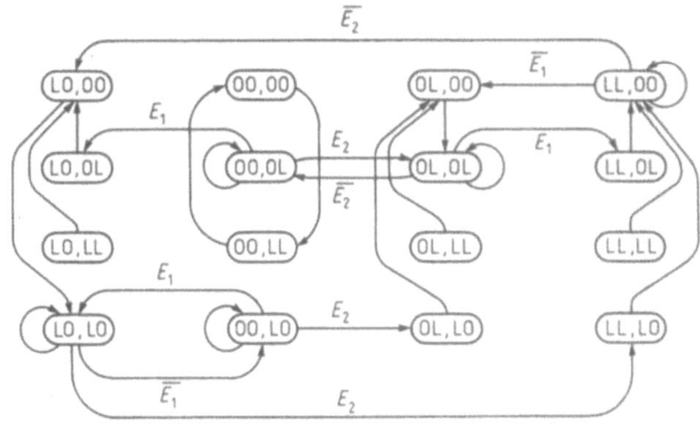

Bild 3.30
Zustandsdiagramm des einfachen SR-Flipflops als asynchrones Schaltwerk fundamentaler Art

Das erweiterte Zustandsdiagramm eines asynchronen Schaltwerks fundamentaler Art ermöglicht nicht nur die Analyse von dessen Verhalten, sondern kann umgekehrt auch als Grundlage für dessen Entwurf dienen, indem man alle notwendigen Zustandsübergänge in einem solchen Zustandsdiagramm festlegt. Aus dem Zustandsdiagramm kann man dann in Umkehrung des oben dargestellten Vorgehens unmittelbar die Übergangstabelle des Schaltwerks ablesen und hieraus die Übergangsgleichungen und das Schaltbild ableiten.

Um dies an einem einfachen Beispiel zu erläutern, sei die Aufgabe gestellt, das einfache SR-Flipflop nach Bild 3.29 so zu ändern, daß es sich im Fall $S^n = R^n = L$ genauso verhält, wie dem Bild 3.30 für den Fall $S^n = R^n = 0$ zu entnehmen ist. Dazu sind, wie man an Bild 3.30 erkennt, drei Zustandsübergänge, d. h. drei Zeilen der Übergangstabelle (Tabelle 3.8) zu ändern

E_1^n	E_2^n	Q_1^n	Q_2^n	Q_1^m	Q_2^m
L	L	0	0	$\emptyset$ L	$\emptyset$ L
L	L	0	L	0	$\emptyset$ L
L	L	L	0	$\emptyset$ L	0

Dieses neue Flipflop hat, wie man aus der geänderten Übergangstabelle einfach ableiten kann, die Übergangsgleichungen

$$Q_1^m = (E_1^n \vee \overline{E_2}^n) \wedge \overline{Q_2}^n, \tag{3.18a}$$
$$Q_2^m = (\overline{E_1}^n \vee E_2^n) \wedge \overline{Q_1}^n. \tag{3.18b}$$

Aufgrund dieser Übergangsgleichungen kann man unmittelbar ein Schaltbild des entwickelten Flipflops angeben, dessen Aufbau etwas komplizierter als der des in Bild 3.29 dargestellten einfachen SR-Flipflops ist.

3.6.3 Wettrennen und Übergangseinbrüche

Eine Schwierigkeit beim Entwurf asynchroner Schaltwerke besteht darin, daß die realisierten Schaltwerke keineswegs in allen Fällen diejenigen Zustandsfolgen ausführen, die beim Entwurf — zum Beispiel in der Übergangstabelle — vorgegeben wurden, sofern beim Entwurf nicht noch besondere, asynchronen Schaltwerken eigentümliche Effekte berücksichtigt werden. Bei diesen Effekten handelt es sich um Wettrennen sowie um kombinatorische und Rückkopplungs-Übergangseinbrüche.

Wettrennen finden in beiden in Abschnitt 3.6.2 als Beispiele besprochenen asynchronen Schaltwerken statt. So zeigt Bild 3.30 einen Zustandsübergang 00, 00 → 00, LL. Befindet sich das asynchrone Schaltwerk anfangs im Zustand 00, 00, so müssen sich, damit das Schaltwerk in den Zustand 00, LL kommt, die Werte beider inneren Zustandsvariablen Q_1 und Q_2 gleichzeitig von 0 in L ändern. Geschieht das nicht, ändert sich also einer der beiden Werte früher als der andere, so gelangt das Schaltwerk nicht in den Zustand 00, LL, sondern in einen der beiden stabilen Zustände 00, 0L oder 00, L0. Zustandsübergänge, bei denen es, wie im Beispiel, darauf ankommt, wie schnell die einzelnen inneren Zustandsvariablen ihre Werte ändern, nennt man Wettrennen. Wenn das Ergebnis eines Wettrennens unerwünscht sein kann, spricht man von „kritischen Wettrennen". Im vorliegenden Beispiel ist das Ergebnis des Wettrennens keineswegs unerwünscht. Beim Einschalten der Spannungsversorgung — aber nur dann — könnte das Schaltwerk durchaus in den Zustand 00, 00 kommen und würde, wenn es die Eigenschaft der Wettrennen nicht gäbe, in der periodischen Folge instabile Zustände 00, 00 → 00, LL → 00, 00 → ... bleiben und wäre somit unbrauchbar. Nur aufgrund des Wettrennens gelangt das Schaltwerk hier, wie erforderlich, in einen der beiden stabilen Zustände.

Da kritische Wettrennen mit großer Wahrscheinlichkeit ein fehlerhaftes Verhalten eines asynchronen Schaltwerks zur Folge haben, müssen sie vermieden werden. Meistens, allerdings nicht immer, ist eine Änderung der Zustandscodierung möglich, die Wettrennen und damit kritische Wettrennen ausschließt. Die Ursache von Wettrennen ist nach obigem, daß bei einem Übergang von einem Zustand zum folgenden sich die Werte von mehr als einer inneren Zustandsvariablen ändern müssen. Nur dann, wenn sich bei einem Zustandsübergang nur der Wert von einer inneren Zustandsvariablen ändert, finden keine Wettrennen statt.

Ein Beispiel für die Behebung von Wettrennen in einem asynchronen Schaltwerk fundamentaler Art zeigt Bild 3.31. In Bild 3.31a ist das Zustandsdiagramm des Schaltwerks in allgemeiner Zustandscodierung angegeben. Die spezielle Zustandscodierung nach Bild 3.31b führt zu Wettrennen, und zwar zu kritischen Wettrennen. Ändert sich beim Zustandsübergang 0, 00 → 0, LL der Wert der einen inneren Zustandsvariablen zu früh, so gelangt das

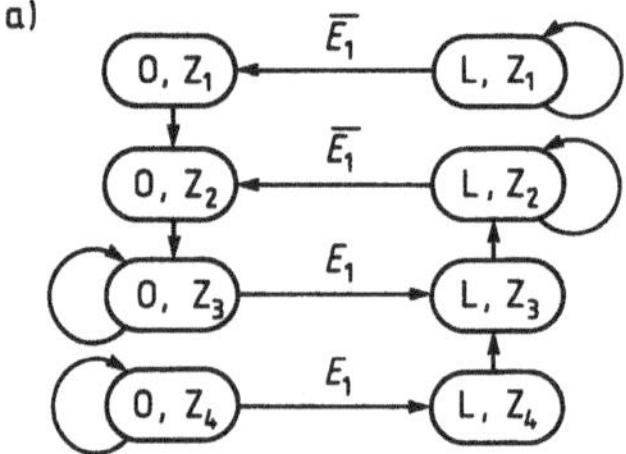

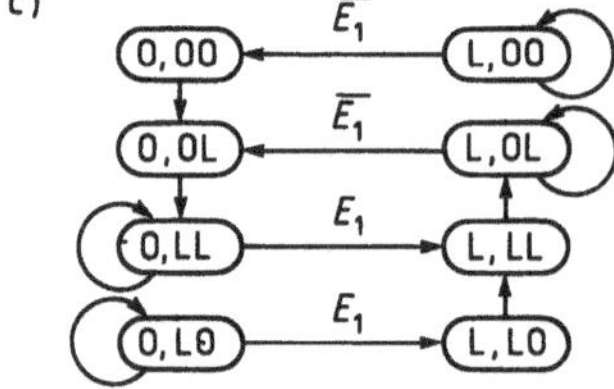

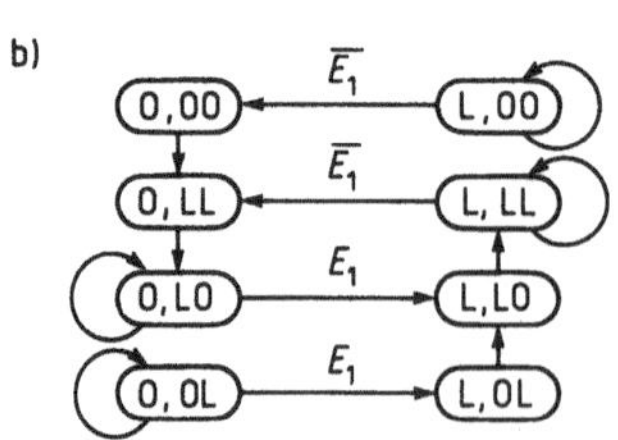

Bild 3.31
Beseitigung kritischer Wettrennen durch Änderung der speziellen Codierung der inneren Zustände.
a) Zustandsdiagramm mit allgemeiner Codierung der inneren Zustände
b) Zustandsdiagramm mit kritischen Wettrennen
c) Zustandsdiagramm ohne Wettrennen

Schaltwerk in den stabilen Zustand 0, 0L statt — über den Zustand 0, LL — in den stabilen Zustand 0, L0. Im vorliegenden Fall sind aber auch spezielle Zustandscodierungen möglich, bei denen keine Wettrennen stattfinden, wie Bild 3.31c zeigt.

Die Ursache kombinatorischer Übergangseinbrüche und die Methode zu ihrer Beseitigung wurden im Abschnitt 2.9.2 besprochen. Kombinatorische Übergangseinbrüche führen, wenn auch nur kurzzeitig, zu falschen Werten an den Ausgängen des zum asynchronen Schaltwerk gemäß Bild 3.27 gehörenden Schaltnetzes. Sofern hierdurch falsche innere Zustände Q_1^m, Q_2^m, ..., Q_r^m auf den Rückkopplungsleitungen des Schaltwerks erzeugt werden, müssen die kombinatorischen Übergangseinbrüche beseitigt werden. Für die Funktion des asynchronen Schaltwerks haben sie nur dann keine Bedeutung, wenn sie ausschließlich in den Werteverläufen der Ausgangsvariablen A_1^n, A_2^n, ..., A_t^n bemerkbar sind.

Zu besprechen sind schließlich Rückkopplung-Übergangseinbrüche (*essential hazards*). Die Zustandsdiagramme zweier asynchroner Schaltwerke, jeweils mit einem möglichen Rückkopplungs-Übergangseinbruch, sind in Bild 3.32 wiedergegeben. Befindet sich jedes der beiden Schaltwerke im totalen Zustand 0, 00, so geht es gemäß Zustandsdiagramm in den stabilen Zustand L, 0L über, wenn man den Wert der Eingangsvariablen auf L ändert. Tatsächlich kann aber auch ein anderer Zustandsübergang stattfinden. Bei der genannten **einmaligen** Änderung des Wertes der Eingangsvariablen E_1 kann das Schaltwerk nach Bild 3.32a vom Zustand 0, 00 auch in den Zustand L, LL, das Schaltwerk nach Bild 3.32b vom Zustand 0, 00 in die periodisch durchlaufene Zustandsfolge L, LL → L, L0 → L, LL → ... gelangen.

Die Ursache von Rückkopplungs-Übergangseinbrüchen ist ähnlich wie die von kombinatorischen Übergangseinbrüchen. Auch hier gibt es zwei Wege von einem Eingang eines Schaltnetzes zu einem Ausgang, an dem bei Änderung des Wertes der Eingangsgröße ein zeitlich konstanter Wert erzeugt werden soll. Abweichend von kombinatorischen Übergangseinbrüchen führt nunmehr aber nur einer der beiden Wege, der Weg 1 in Bild 3.33, direkt durch das Schaltnetz, der andere hingegen, der Weg 2 in Bild 3.33, über eine äußere Rückführung.

Dies sei am Beispiel des durch das Zustandsdiagramm nach Bild 3.32a beschriebenen asynchronen Schaltwerks erläutert. Das Schaltbild dieses Schaltwerks ist in Bild 3.34 angege-

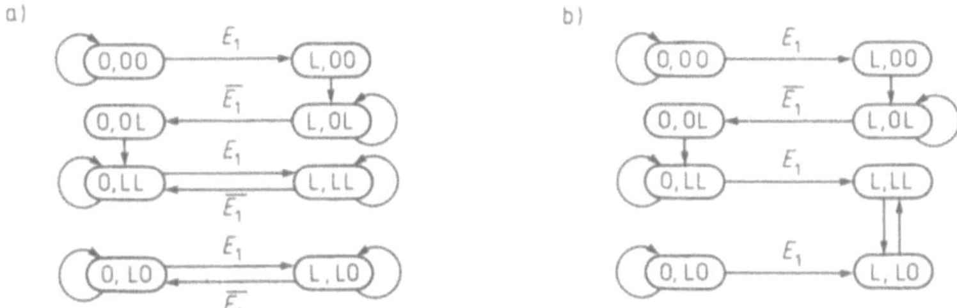

Bild 3.32 Zustandsdiagramme von zwei asynchronen Schaltwerken mit möglichen Rückkopplungs-Übergangseinbrüchen.
a) Schaltwerk kommt durch Rückkopplungs-Übergangseinbruch vom Zustand
   0, 00 in den stabilen Zustand L, LL
b) Schaltwerk kommt durch Rückkopplungs-Übergangseinbruch vom Zustand
   0, 00 in die Folge instabiler Zustände L, LL → L, L0 → ...

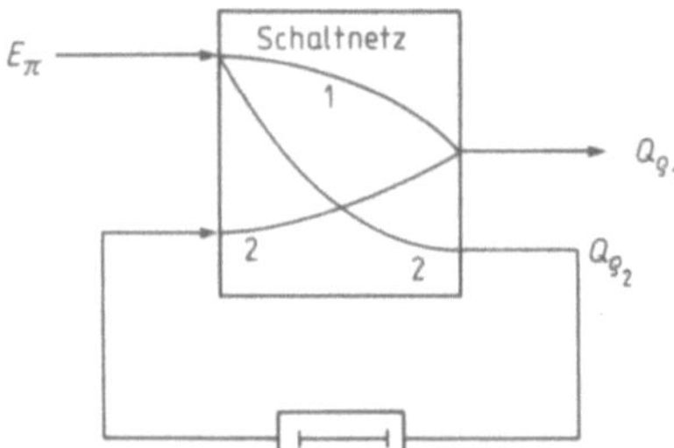

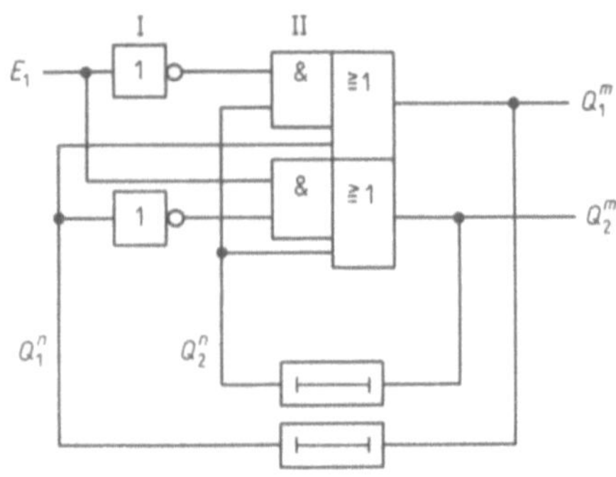

Bild 3.33 Schema für den Signalfluß in asynchronen Schaltwerken fundamentaler Art bei möglichen Rückkopplungs-Übergangseinbrüchen

Bild 3.34 Schaltbild des asynchronen Schaltwerks fundamentaler Art gemäß dem Zustandsdiagramm nach Bild 3.32a

ben. Es sei angenommen, daß das Schaltwerk sich im stabilen totalen Zustand 0, 00 befindet, so daß die Eingangsvariable E_1 den Wert 0 hat. In diesem Zustand hat der Ausgang des NICHT-Gatters I den Wert L. Wenn man annimmt, daß die NICHT-Gatter aus irgendeinem Grunde mit erheblich größerer Verzögerung als die UND- und ODER-Gatter der Schaltung arbeiten, steht am Ausgang des NICHT-Gatters I noch der Wert L an, wenn eine Änderung des Wertes von E_1 in L bereits zu einem Wert L auf dem anderen Eingang des UND-Gatters II geführt hat. Damit erhält Q_1^m den Wert L, statt den Wert 0 zu behalten, so daß das Schaltwerk in den stabilen Zustand L, LL geraten ist.

Wie das Beispiel erkennen läßt, kann man einen Rückkopplungs-Übergangseinbruch zwar durch Experimentieren mit Signalverzögerungen beheben (oder auch erzeugen), doch läßt sich die Möglichkeit eines Rückkopplungs-Übergangseinbruches bei vorgegebenem Aufbau des Zustandsdiagramm nicht beseitigen. Sie ist also eine kennzeichnende Eigenschaft eines Schaltwerks, die in der Struktur des jeweiligen Zustandsdiagramms zum Ausdruck kommt.

Anhand obigem Beispiels kann man auch die Gültigkeit der folgenden Regel zum Erkennen der Möglichkeit eines Rückkopplungs-Übergangseinbruches überprüfen. Befindet sich ein asynchrones Schaltwerk fundamentaler Art in einem stabilen totalen Zustand, so kann man den Wert einer der Eingangsvariablen des Schaltwerks ändern. Es sei angenommen, daß das Schaltwerk hierdurch in einen neuen stabilen totalen Zustand gelangt. Man kann daraufhin den Wert der gleichen Eingangsvariable noch zweimal ändern. Hat das Schaltwerk hierdurch den zweiten stabilen Zustand wieder verlassen, so besteht die Möglichkeit eines Rückkopplungs-Übergangseinbruches, und zwar kann das Schaltwerk bei **einmaliger** Änderung des Wertes der Eingangsvariablen vom ursprünglichen Zustand (im Beispiel 0, 00) in den Zustand oder in die Zustandsfolge übergehen, in den oder in die es nach dem Zustandsdiagramm erst durch dreimalige Änderung des Wertes der gleichen Eingangsvariablen gelangt.

Die Möglichkeit, daß in einem asynchronen Schaltwerk fundamentaler Art Wettrennen und Übergangseinbrüche stattfinden, erschwert den Entwurf eines solchen Schaltwerks. Daher entwirft man Schaltwerke nur dann als asynchrone Schaltwerke, wenn speziell geeignete, meistens einfachere Aufgabenstellungen vorliegen, sowie dann, wenn asynchrone Schaltwerke, wie bei Flipflops, unumgänglich sind.

3.7 Gliederung eines Schaltwerks in Operationswerk und Steuerwerk

3.7.1 Die Wendtsche Darstellung des Entwurfs komplizierter Schaltwerke

Bisher wurde dargelegt, daß man jedes als synchrones Schaltwerk realisierbare digitale System als Ein-Register-Automat entwickeln kann. Diese Feststellung ist jedoch in einer Hinsicht einzuschränken. Die Mühe, die es macht, ein Schaltwerk nach den angegebenen Methoden systematisch zu entwerfen, nimmt mit der Anzahl der benutzten Speicherglieder sehr stark zu. So benötigt man für die Übergangstabelle eines zehnstelligen Binärzählers, auf den mit Ausnahme der Taktvariablen keinerlei Eingangsvariablen wirken, 1024 Zeilen.

Aus diesem Grunde werden komplizierte Schaltwerke, zum Beispiel digitale Rechner, regelmäßig aus überschaubaren Baugruppen zusammengesetzt. An Stelle einer intuitiven Gliederung eines komplizierten Schaltwerks kann man ein systematisches Vorgehen anstreben. Grundsätzlich besteht die Möglichkeit, ein kompliziertes Schaltwerk in Operationswerk und Steuerwerk zu gliedern, wie es in verschiedenen Formen der Anwendung gebräuchlich ist. Die folgende Darstellung der Entwicklung einer solchen Gliederung lehnt sich an die *Wendt*sche Darstellung [3.3] an. Die dort beschriebene Gliederung eines komplizierten Schaltwerks ist in Bild 3.35 wiedergegeben.

Das komplizierte Schaltwerk wird zunächst in ein Operationswerk und in ein Steuerwerk gegliedert. Beide Funktionseinheiten sind im allgemeinen Schaltwerke, also zum Beispiel Ein-Register-Automaten. Das Operationswerk wird weiter in vier Typen von Funktionsgruppen gegliedert. Der externe Eingangsvektor wirkt direkt nur auf das Operationswerk (soweit nicht externe Eingangsvariablen unmittelbar als Verzweigungsvariablen definiert werden), der externe Ausgangsvektor wird vom Operationswerk erzeugt. Auch der Verzweigungsvektor, der alleiniger Eingangsvektor des Steuerwerks ist, wird als ein Ausgangsvektor des Operationswerks definiert. Das Steuerwerk wiederum erzeugt den Steuervektor als weiteren Eingangsvektor des Operationswerks.

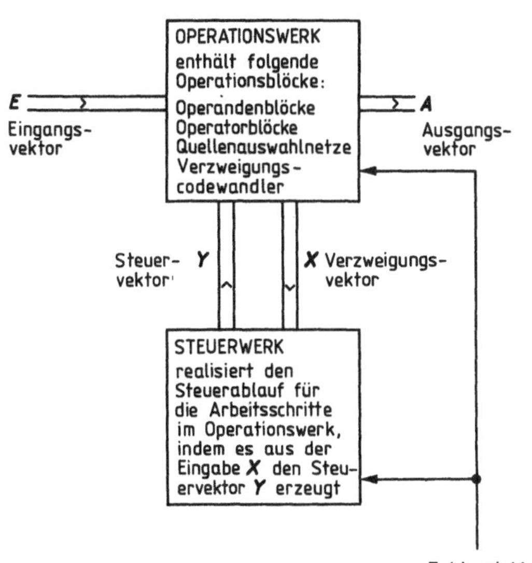

Bild 3.35

Gliederung eines synchronen Schaltwerks in Operationswerk und Steuerwerk in der Wendtschen Darstellung

Das Operationswerk und das Steuerwerk können die gleiche Taktvariable erhalten. Die günstigste Taktung besteht darin, beide — vorausgesetzt, sie sind Ein-Register-Automaten — gleichphasig zu takten, d. h. für sämtliche Flipflops des komplizierten Schaltwerks sind einheitliche Entscheidungs- und Übergangsintervalle maßgebend. Unter gegenphasiger Taktung, die gleichfalls anwendbar ist, versteht man, daß abwechselnd die Flipflops des Steuerwerks und dann des Operationswerks die für Zustandsänderungen maßgebenden Werte der Taktvariablen erhalten.

Wendt entwickelt den Aufbau eines komplizierten Schaltwerks aus dessen „Algorithmenbeschreibung", die die „Schnittstellenbeschreibung" eines Schaltwerks ergänzt. In der Schnittstellenbeschreibung werden die Eingangs- und Ausgangsvariablen eines Schaltwerks und die in Abhängigkeit von den Eingangsvariablen durchzuführenden Operationen definiert. Eine Algorithmenbeschreibung stellt die verlangten Operationen als Folgen mathematisch formulierter Einzelschritte dar. Aus einer Schnittstellenbeschreibung ergibt sich nicht zwangsläufig eine ganz bestimmte Algorithmenbeschreibung, sondern es bestehen regelmäßig verschiedene Alternativen, wie eine bestimmte Operation schrittweise ausgeführt werden kann. Eine Multiplikation kann zum Beispiel

— durch ein Schaltnetz in einem einzigen Schritt,
— durch sequentielle Addition, d. h. durch so viele Additionsschritte, wie einer der Operanden Stellen hat,
— durch andere schrittweise arbeitende Algorithmen, die nicht auf sequentieller Addition beruhen,

durchgeführt werden.

Entwurf des Operationswerks

Die Funktionseinheiten des Operationswerks eines nach dem Modell im Bild 3.35 entwickelten Schaltwerkes kann man in folgende Arten gliedern:

Operandenblöcke

Hierunter versteht man Register, die zur Speicherung bestimmter Gruppen von Variablen erforderlich sind. Da diese Variable gespeichert werden, kann man sie „Registervariablen" nennen. So treten in komplizierten digitalen Schaltwerken, zum Beispiel in digitalen Datenverarbeitungsanlagen, Gruppen von Variablen auf, die in irgendeinem Zusammenhang eine Einheit bilden; man spricht dann zum Beispiel von „Datenworten" oder von „Bussen". Realisiert man ein Operationswerk als Ein-Register-Automaten, so sind die Operandenregister bestimmte Teile des Automaten-Registers.

Operatorblöcke

sind Schaltnetze oder Schaltwerke, die innerhalb des Operationswerks bestimmte Operationen ausführen, zum Beispiel addieren, multiplizieren, rechts oder links schieben usw.. Wird ein Operatorblock als Schaltwerk realisiert, dann ist sein Register wiederum ein Teil des Automaten-Registers.

Quellenauswahlnetze

Im Laufe des Arbeitens des Operationswerks können zu einem Operandenblock unterschiedliche Variablen oder unterschiedliche Ausgänge von Operatorblöcken übertragen werden. Bei den Wertzuweisungen von Registervariablen muß also unter unterschiedlichen

Quellen ausgewählt werden. Das besorgen besondere Schaltnetze, die Quellenauswahlnetze, in Abhängigkeit von den Werten der vom Steuerwerk erzeugten Steuervariablen. Die Steuervariablen sind also Eingangsvariablen der Quellenauswahlnetze im Operationswerk. Auch Kaskadenschaltungen, bei denen mehrere Operatorblöcke und Quellenauswahlnetze aufeinanderfolgen, sind möglich.

Verzweigungscodewandler

dienen zur Verringerung der Anzahl der dem Steuerwerk zur Verfügung gestellten Verzweigungsvariablen. Man kann sie benutzen, wenn die Informationen über die „Verzweigungen" im Arbeitsablauf des Operationswerks redundant codiert sind.

Ein Schaltwerk in der Gliederung nach Bild 3.35 kann man auch unter Umgehung einer expliziten Formulierung einer Algorithmenbeschreibung direkt aus der Aufgabenstellung entwickeln. Nicht selten lassen sich auch verhältnismäßig einfache Schaltwerke zweckmäßig in dieser Weise gliedern. Auf dieser Grundlage wird das Beispiel im Abschnitt 3.7.2 entwickelt. In einfachen Fällen kann das Operationswerk unter Umständen auch zu einem reinem Schaltnetz entarten. Bei der Abgrenzung und Auswahl von Operationsblöcken des Operationswerkes hat der Entwickler im Rahmen der Aufgabenstellung freie Wahl; so kann er für irgendeine Funktion Realisierungen durch unterschiedliche Operatorblöcke in Betracht ziehen.

Die so gefundene Gliederung des Operationswerks und die Auswahl und Anzahl der Verzweigungs-.und Steuervariablen hängen voneinander ab. Mit zunehmender Anzahl der Verzweigungs- und Steuervariablen wird bei gleicher Aufgabenstellung im allgemeinen der Aufbau des Operationswerks einfacher und des Steuerwerks komplizierter.

Entwurf des Steuerwerks

Die Verzweigungsvariablen ergeben sich auf folgende Weise: Übersetzt man die Beschreibung eines Schaltwerks durch eine „Algorithmenbeschreibung" in ein Ablaufdiagramm nach Art eines Programmablaufplanes, so kommen in einem solchen Ablaufdiagramm in aller Regel „Verzweigungsabfragen" vor, durch die in Abhängigkeit von den Werten bestimmter Variablen, der Verzweigungsvariablen, entschieden wird, welcher Verarbeitungsweg weiter zu beschreiten ist. So könnte zum Beispiel eine bestimmte Berechnung dann abgebrochen werden, wenn eine Variable A kleiner oder gleich einem bestimmten Betrag b ist, $A \leqq b$, und fortgesetzt werden, wenn $A > b$. A wäre also eine Verzweigungsvariable. Man kann A aber auch durch eine binäre Schaltvariable als Verzweigungsvariable ersetzen, zum Beispiel

$B = 0$ entspricht $A > b$, $B = L$ entspricht $A \leqq b$.

Verzichtet man auf die Entwicklung einer Algorithmenbeschreibung, dann muß man die Variablen, die als Verzweigungsvariablen benutzt werden sollen, aus der Aufgabenstellung erkennen. Das ist bei nicht zu komplizierten Schaltwerken oft ohne weiteres möglich. Wie schon gesagt, kann man Verzweigungsvariablen unterschiedlich wählen. Die Auswahl der Verzweigungsvariablen beeinflußt den Gesamtentwurf erheblich bzw. unterschiedliche Konzepte des Gesamtentwurfs kommen in unterschiedlicher Wahl der Verzweigungsvariablen zum Ausdruck.

Die Steuervariablen werden gemäß Entwurf des Operationswerkes als Eingänge von Quellenauswahlnetzen benutzt. Daneben können sie auch für andere Zwecke verwendet werden, insbesondere um die Werte der an Operandenblöcken (Operandenregistern) in den Entscheidungsintervallen anliegenden Eingangsvariablen bei Bedarf zu beeinflussen.

Sind die Verzweigungs- und die Steuervariablen definiert, und die Werte, die die Steuervariablen während der verschiedenen Arbeitsschritte des Operationswerks annehmen müssen, festgelegt, so kann man die Funktion des Steuerwerks durch ein „Steuerablaufdiagramm" beschreiben. Dieses stellt das Steuerwerk durch ein Zustandsdiagramm der im Abschnitt 3.4.2 beschriebenen Art dar. Daraus kann dann unmittelbar eine Realisierung des Steuerwerks als Ein-Register-Automat entwickelt werden.

3.7.2 Beispiel für den Entwurf eines komplizierteren Schaltwerks

Aufgabe

Ein Schema des zu entwerfenden Schaltwerks mit sämtlichen Eingangs- und Ausgangsvariablen zeigt Bild 3.36. Über acht Eingangsleitungen wird dem Schaltwerk ein achtstelliges Binärwort $E_0 E_1 \ldots E_7$ übergeben. Dieses Wort ist vom Schaltwerk in zwei vierstellige Binärworte aufzuteilen und jedes der beiden so entstehenden Worte als Binärcode einer Sedezimalziffer („Hexadezimalziffer") aufzufassen. Die genaue Zuordnung zeigt Bild 3.37. Die Codeworte für Sedezimalziffern soll das Schaltwerk in Codeworte nach DIN 66003 (ASCII-Code) umcodieren. Die entstehenden siebenstelligen Binärworte $A_6 A_5 \ldots A_0$ sind über sieben Ausgangsleitungen auszugeben und zwar zuerst für die höherwertige und dann für die niederwertige Sedezimalziffer. Für die Umcodierung ist die Tabelle 3.9 maßgebend.

Die beiden Eingänge

$\ddot{U}$ Übernahme
$B/\ddot{U}$ Bereit/übernommen

und der Ausgang

$\ddot{U}/B$ Übernommen/bereit

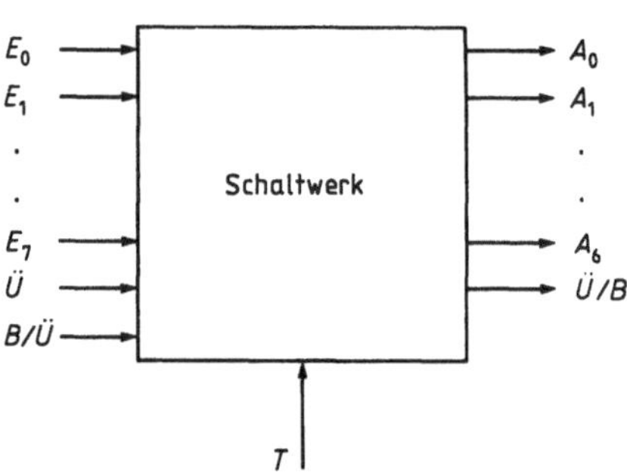

Bild 3.36

Schema als Bestandteil einer Schnittstellenbeschreibung des zu entwerfenden Schaltwerks

dienen zur Steuerung der oben angegebenen Eingabe und Ausgabe im Quittungsverfahren (*"Handshake"*). Im Ruhezustand haben diese drei Variablen den Wert 0. Die Übergabe des achtstelligen Binärwortes $E_0 E_1 \ldots E_7$ in das Schaltwerk wird durch $\ddot{U} = \text{L}$ und $B/\ddot{U} = \text{L}$ eingeleitet. Gleichzeitig muß das achtstellige Binärwort an den Anschlüssen des Schaltwerks angelegt werden.

Bild 3.37
Interpretation der Eingabe
$E_0 E_1 \ldots E_7$

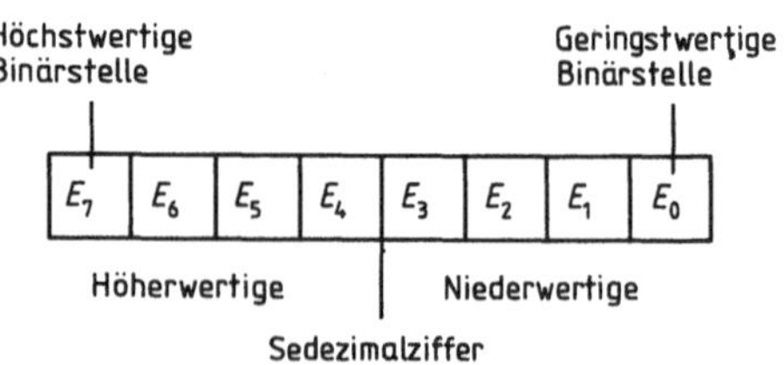

Tabelle 3.9 Umsetzung der Codeworte für Sedezimalziffern („Hexadezimalziffern")
in Codeworte nach DIN 66003 als Teil der Aufgabenstellung

Sedezimal-ziffer	Eingegebenes Binärwort				Code nach DIN 66003						
	B_3	B_2	B_1	B_0	A_6	A_5	A_4	A_3	A_2	A_1	A_0
0	0	0	0	0	0	L	L	0	0	0	0
1	0	0	0	L	0	L	L	0	0	0	L
2	0	0	L	0	0	L	L	0	0	L	0
3	0	0	L	L	0	L	L	0	0	L	L
4	0	L	0	0	0	L	L	0	L	0	0
5	0	L	0	L	0	L	L	0	L	0	L
6	0	L	L	0	0	L	L	0	L	L	0
7	0	L	L	L	0	L	L	0	L	L	L
8	L	0	0	0	0	L	L	L	0	0	0
9	L	0	0	L	0	L	L	L	0	0	L
A	L	0	L	0	L	0	0	0	0	0	L
B	L	0	L	L	L	0	0	0	0	L	0
C	L	L	0	0	L	0	0	0	0	L	L
D	L	L	0	L	L	0	0	0	L	0	0
E	L	L	L	0	L	0	0	0	L	0	L
F	L	L	L	L	L	0	0	0	L	L	0

Hat das Schaltwerk diese Eingabe übernommen, so setzt es

$$\ddot{U}/B = L$$

und wartet, bis $B/\ddot{U} = 0$ wird; ist dies geschehen, so setzt das Schaltwerk wieder

$$\ddot{U}/B = 0.$$

Es sei vorausgesetzt, daß die Eingangsvariable $\ddot{U}$ gleichzeitig mit $B/\ddot{U}$ den Wert 0 annimmt. Eine Eingabe in das Schaltwerk wird also durch das im Bild 3.38 dargestellte Signal-Zeit-Diagramm beschrieben.

Nach einer Eingabe muß die Ausgangsvariable $\ddot{U}/B$ mindestens für die Dauer einer Periode des Taktes T den Wert 0 behalten, ehe eine Ausgabe $A_0 A_1 \ldots A_6$ erfolgen darf. Vor jeder Ausgabe ist nach abgeschlossener Übernahme die oben erläuterte Umcodierung durchzuführen. Die Ausgabe eines Zeichens wird dadurch eingeleitet, daß das entsprechende Binärwort auf die Ausgabeleitungen für $A_0 \ldots A_6$ gelegt und $\ddot{U}/B$ auf den Wert L gesetzt wird.

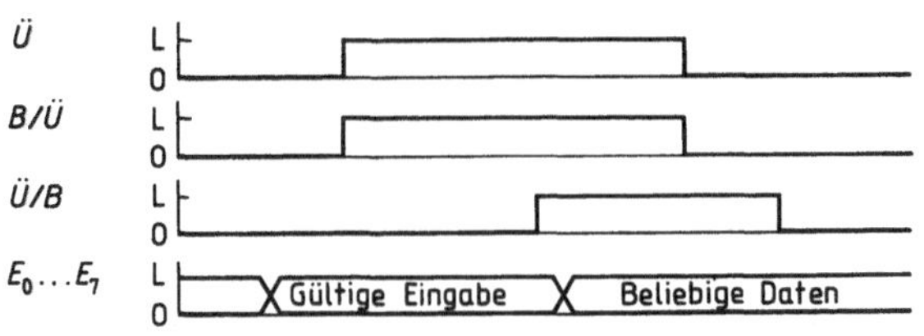

Bild 3.38

Signal-Zeit-Diagramm zur Darstellung des zeitlichen Ablaufs einer Eingabe in das zu entwerfende Schaltwerk

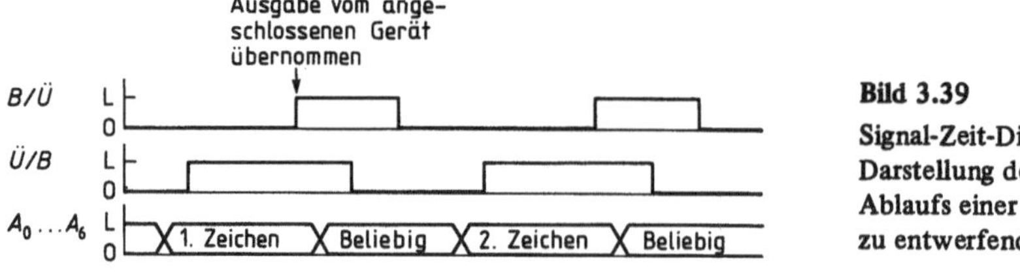

Bild 3.39
Signal-Zeit-Diagramm zur
Darstellung des zeitlichen
Ablaufs einer Ausgabe aus dem
zu entwerfenden Schaltwerk

Hat ein angeschlossenes Gerät das vom Schaltwerk ausgegebene Zeichen übernommen, so setzt es $B/\ddot{U}$ auf L, wartet, bis das Schaltwerk $\ddot{U}/B$ auf 0 gesetzt hat, und setzt danach $B/\ddot{U}$ wieder auf 0.

Das Schaltwerk soll erst das aus dem höherwertigen Teil von $E_0 E_1 \ldots E_7$ (Bild 3.37) abgeleitete Zeichen (erstes Zeichen) und danach das zweite Zeichen ausgeben. Sobald das Schaltwerk nach Ausgabe des ersten Zeichens erkannt hat, daß $B/\ddot{U}$ wieder auf den Wert 0 übergegangen ist, kann es die Ausgabe des zweiten Zeichens einleiten, die in gleicher Weise wie die Ausgabe des ersten Zeichens erfolgt. Der zeitliche Ablauf der zu realisierenden Ausgabe ist im Bild 3.39 als Signal-Zeit-Diagramm dargestellt. Nach dem Abschluß der Ausgabe des zweiten Zeichens ist die Bearbeitung des eingegebenen achtstelligen Binärwortes abgeschlossen; das Schaltwerk muß für die Übernahme einer neuen Eingabe bereit sein.

Aufbau des Operationswerks, Wahl der Verzweigungs- und der Steuervariablen

Wahl der Verzweigungsvariablen

Gemäß der Aufgabenstellung muß das Schaltwerk jeweils aufgrund der Werte der Eingangsvariablen $\ddot{U}$ und $B/\ddot{U}$ entscheiden, welche seiner Teilaufgaben es auszuführen hat. Da es auf die Wertekombinationen

$$\ddot{U}, B/\ddot{U} \quad = 0, 0 \text{ (z. B. Ruhezustand)},$$
$$= L, L \text{ (Eingabe)},$$
$$0, L \text{ (Ausgabe)}$$

ankommt, liegt keine redundante Codierung hinsichtlich der auszuführenden Verzweigungen vor. Als Verzweigungsvariable sind also zu wählen

$$X_1 = \ddot{U}, \quad X_2 = B/\ddot{U}.$$

Weitere Verzweigungsvariable sind hier nicht erforderlich, insbesondere keine solchen, deren Werte vom Operationswerk aufgrund der Werte seiner Eingangsvariablen und gegebenenfalls auch der inneren Zustandsvariablen bestimmt werden müssen. Anderes wäre der Fall — um ein Beispiel zu nennen —, wenn das Schaltwerk die eingegebenen Daten $E_0 E_1 \ldots E_7$ nur dann auszugeben hätte, wenn in der Eingabe eine gerade Anzahl von Zeichen "L" enthalten ist, d. h. wenn dieses Eingabewort von „gerader Parität" ist.

Wahl der Steuervariablen

Der jeweilige Wert der Ausgangsvariablen $\ddot{U}/B$ hängt unmittelbar mit der Steuerung der Funktionen des Operationswerks zusammen. Daher wird festgelegt:

$$Y_1 = \ddot{U}/B.$$

Weiterhin muß vorgegeben werden,

— wann das Operationswerk die Eingabe $E_0 E_1 \ldots E_7$ in ein 8-Bit-Register zu übernehmen hat; eine solche Übernahme soll durch Y_2 gesteuert werden und bei $Y_2 = L$ erfolgen;
— ob die höherwertige oder die niederwertige Hexadezimalziffer (Sedezimalziffer) umzuwandeln und auszugeben ist; diese Steuerung erfolgt durch Y_3:

  $Y_3 = 0$: Das höherwertige 4-Bit-Wort wird ausgewählt.
  $Y_3 = L$: Das niederwertige 4-Bit-Wort wird ausgewählt.

Aufbau des Operationswerks

Unter Beachtung der vorstehenden Festlegungen ergibt sich aus der Aufgabenstellung der in Bild 3.40 wiedergegebene Aufbau des Operationswerks.

Entwurf des Operationswerks und Auswahl seiner Bausteine

Dem Bild 3.40 ist zu entnehmen, welche Operationsblöcke zur Realisierung des Operationswerks erforderlich sind. Die Operationsblöcke können mitunter unmittelbar als Bausteine aus den Datenbüchern von Baustein-Herstellern ausgewählt werden, im übrigen sind sie unter Verwendung solcher Bausteine zu entwerfen. An dieser Stelle müssen dann auch, soweit noch nicht früher geschehen, die Bedeutung der Werte der Verzweigungsvariablen und der Werte und die Funktionen der Steuervariablen festgelegt werden.

Entwurf des 8-Bit-Registers (des Operandenblocks)

Das 8-Bit-Register kann zum Beispiel mit einem Baustein SN 74LS 373 realisiert werden. Die Steuervariable Y_2 kann man, wie im Bild 3.40 dargestellt, über ein UND-Gatter (z. B. einen Baustein SN 7408) auf das Register wirken lassen. Hierbei wird die Taktvariable T „ausgeblendet", wenn $Y_2 = 0$.

Mit Schaltzeichen nach DIN 40700 Teil 14 ergibt sich für diesen Teil des Operationswerks der im Bild 3.41 dargestellte Aufbau.

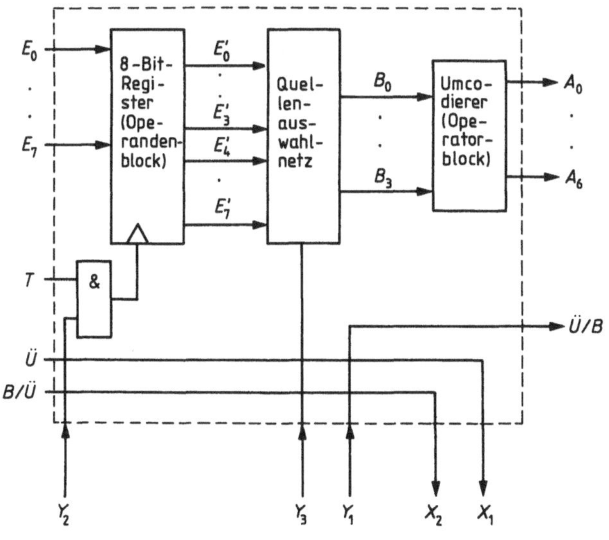

Bild 3.40

Gliederung des Aufbaus des Operationswerks des zu entwerfenden Schaltwerks

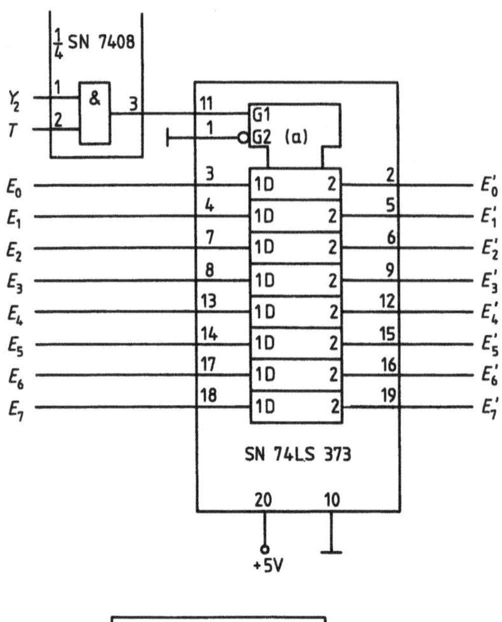

Bild 3.41

Schaltbild des Operandenblocks
(d. h. des 8-Bit-Registers) als Teil
des zu entwerfenden Schaltwerks
(a) Ausgänge nur gültig, wenn
G2 = L

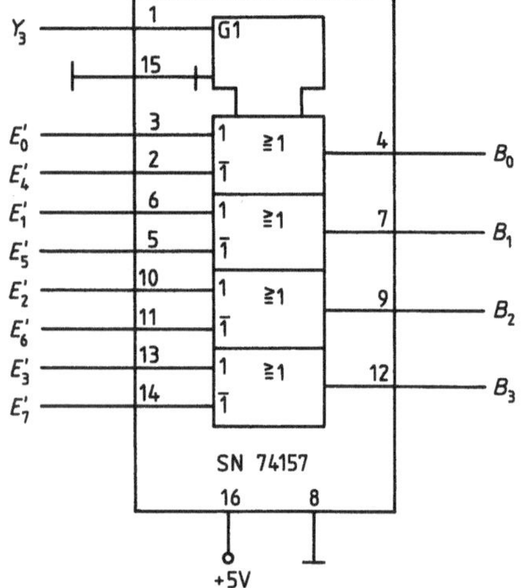

Bild 3.42

Schaltbild des Quellenauswahlnetzes als
Teil des zu entwerfenden Schaltwerks

Entwurf des Quellenauswahlnetzes

Für das Quellenauswahlnetz kann zum Beispiel ein Baustein SN 74157 verwendet werden.
In der Darstellung nach DIN 40700 Teil 14 ergibt sich das Schaltbild nach Bild 3.42. Je
nach dem Wert von Y_3 ist der höherwertige oder der niederwertige Teil der Ausgänge des
in Bild 3.41 dargestellten 8-Bit-Registers zu den Ausgängen $B_0 .. B_3$ des Quellenwahl-
netzes zu übertragen. Gemäß den Festlegungen in DIN 40700 Teil 14 bedeutet die Darstellung im Bild 3.42, daß jeweils UND-Verknüpfungen der negierten Eingangsvariablen an
G1 mit den Eingängen $\overline{1}$ und UND-Verknüpfungen der Eingangsvariablen an G1 mit den
Eingängen an 1 zu bilden sind, d. h. also daß

$$B_\nu = (Y_3 \wedge E'_\nu) \vee (\overline{Y_3} \wedge E'_{\nu+4}), \nu = 0, 1, 2, 3.$$

Entwurf des Umcodierers (des Operatorblocks)

Der Umcodierer ist ein durch die Tabelle 3.9 definiertes Schaltnetz. Um dieses Schaltnetz zu entwickeln, kann man für die sieben abhängigen Variablen A_6, A_5, ..., A_0 KV-Diagramme mit den unabhängigen Variablen B_3, B_2, B_1, B_0 aufstellen und hieraus möglichst einfache Schaltfunktionen für A_6, A_5, ..., A_0 entwickeln. Die Realisierung des Schaltnetzes kann dann zum Beispiel mit einer größeren Anzahl von UND-, ODER- und NICHT-Gattern erfolgen.

Aufgrund der besonderen Form der vorgegebenen Funktionstabelle kann man im vorliegenden Fall statt dessen einen Kunstgriff anwenden und so mit weniger Bausteinen auskommen. Aus der Funktionstabelle in Tabelle 3.9 erkennt man nämlich

— Für $B_3 .. B_0$ = 0000 bis LOOL ist

$$A_6 A_5 A_4 = \text{OLL},$$
$$A_3 A_2 A_1 A_0 = B_3 B_2 B_1 B_0.$$

— Für $B_3 .. B_0$ = LOLO bis LLLL ist

$$A_6 A_5 A_4 = \text{LOO},$$
$$A_3 A_2 A_1 A_0 = B_2 B_2 B_1 B_0 \text{ plus OLLL, hierbei jedoch der Übertrag der höchstwertigen}$$
$$\text{Stelle zu vernachlässigen.}$$

Man kann eine Schaltvariable C definieren, deren Wert angibt, welcher der beiden vorstehenden Fälle vorliegt

$$C = 0 \text{ für } B_3 B_2 B_1 B_0 = 0000 \text{ bis LOOL,}$$
$$C = \text{L für } B_3 B_2 B_1 B_0 = \text{LOLO bis LLLL.}$$

Hierdurch wird C als Schaltfunktion der unabhängigen Schaltvariablen B_3, B_2, B_1 und B_0 definiert. Man kann die vorstehend angegebenen Werte von C in ein KV-Diagramm eintragen (Bild 3.43) und erhält hieraus dann die Schaltfunktion

$$C = (B_2 \wedge B_3) \vee (B_1 \wedge B_3) = \overline{\overline{B_2 \wedge B_3} \wedge \overline{B_1 \wedge B_3}}.$$

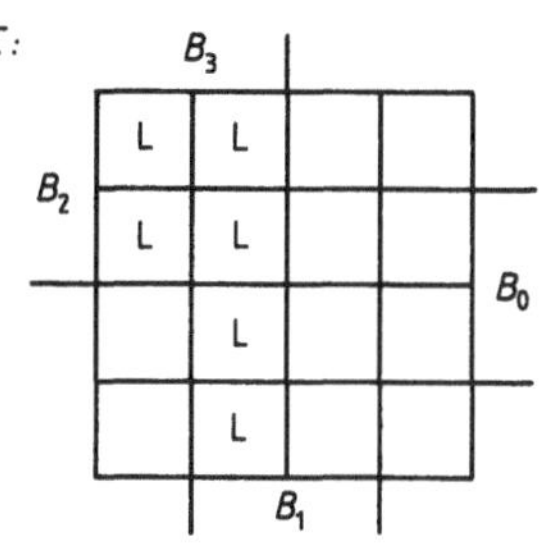

Bild 3.43

KV-Diagramm für die Schaltvariable
C im Umcodierer

Das durch diese Schaltfunktion beschriebene Schaltnetz für C ist ein Teilschaltnetz des zu entwerfenden Operatorblocks. Dieses Teilschaltnetz kann man mit den drei noch freien UND-Gattern des Bausteins SN 8408 (Bild 3.41) und drei NICHT-Gattern eines Bausteins SN 7404 realisieren, wie im Bild 3.44 dargestellt ist.

Die Variable C kann ihrerseits in der im Bild 3.45 gezeigten Weise als Eingangsvariable eines 4-Bit-Volladdierers SN 7483 A benutzt werden. Dieser 4-Bit-Volladdierer ermittelt die Werte seiner Ausgangsvariablen $A_3 ... A_0$ durch Addition der an seinen Eingangsgruppen A und B anliegenden vierstelligen Binärworte, die als vierstellige Zahlen im Dualsystem aufgefaßt werden. Im Bild 3.45 wird auf eine genaue Darstellung des Volladdierers

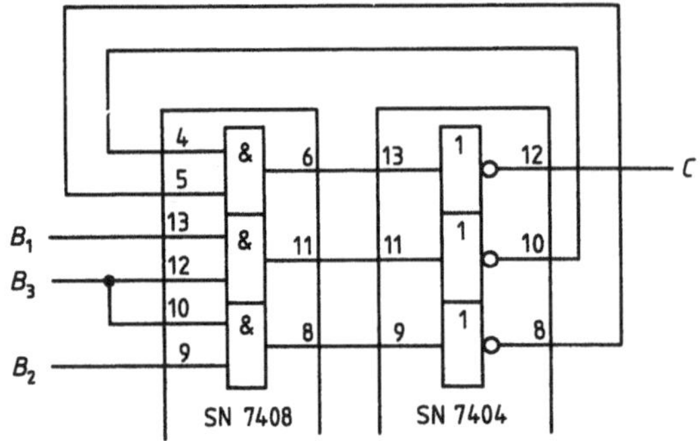

Bild 3.44

Schaltbild des Schaltnetzes zur
Bestimmung der Schaltvariablen C im
Umcodierer (vgl. Bild 3.45)

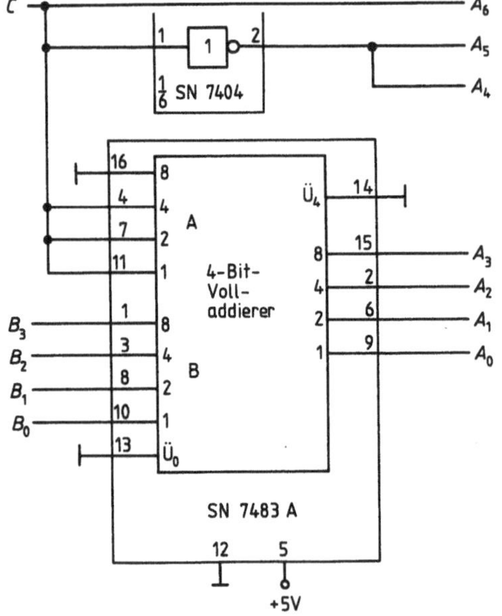

Bild 3.45

Teilschaltbild des Umcodierers, das
durch Bild 3.44 zum Schaltbild des
gesamten Umcodierers ergänzt wird

nach DIN 40700 Teil 14 verzichtet, da eine solche Darstellung sehr übersichtlich wäre und
ein abgeschlossener Baustein verfügbar ist. Schließlich wird noch ein NICHT-Gatter des im
Teil des Umcodierers nach Bild 3.44 benutzten Bausteins SN 7404 benötigt, um die Werte
von A_5 und A_4 zu gewinnen.

Entsprechend dem vorangehenden Entwurf besteht das vollständige Operationswerk aus
den durch die Schaltbilder gemäß den Bildern 3.41, 3.42, 3.44 und 3.45 dargestellten
Bauteile.

Entwurf des Steuerwerks

Der Entwurf des Steuerwerks beginnt mit der Entwicklung seines Zustandsdiagramms in
der Form nach Abschnitt 3.4.2. Dieses Zustandsdiagramm wird „Steuerablaufdiagramm"
genannt.

Steuerablaufdiagramm

Teilaufgaben

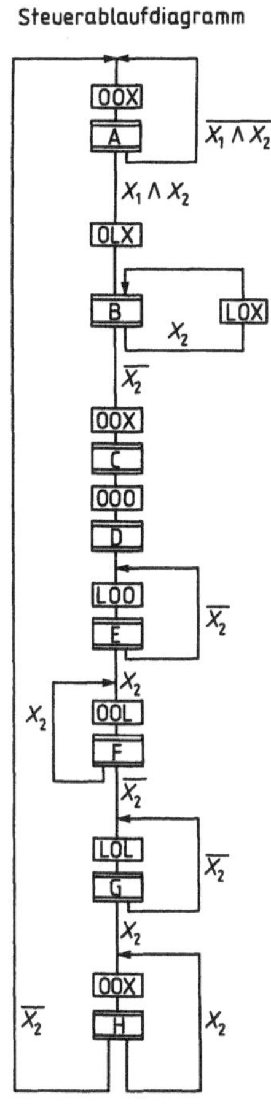

Auf die Eingabe
eine achtstelligen
Binärwortes warten

Eingabe in das 8-Bit-
Register übernehmen

$Ü/B = L$ setzen (d.h."übernommen" melden) und auf
$B/Ü = 0$ warten

Eingabe beendet, eine
Periode von T warten

Höherwertiges vierstelliges
Binärwort umcodieren ($Y_3 = 0$)

$Ü/B = L$ setzen (d.h. "bereit"
melden) und auf $B/Ü = L$
warten

Auf $B/Ü = 0$ warten und nie-
derwertiges vierstelliges
Binärwort umcodieren ($Y_3 = L$)

$Ü/B = L$ setzen (d.h. "bereit"
melden) und auf $B/Ü = L$
warten

Auf $B/Ü = 0$ warten.

Bild 3.46

Zustandsdiagramm (Steuerablaufdiagramm) für den Entwurf
des Steuerwerks des zu
entwerfenden Schaltwerks

Das zur Beschreibung des Steuerwerks des zu entwerfenden Schaltwerks erforderliche Zustandsdiagramm ist in Bild 3.46 wiedergegeben. Unter „Teilaufgaben" wird dort erläutert,
welche Funktionen des Operationswerks jeweils in Abhängigkeit vom inneren Zustand des
Steuerwerks gesteuert werden. Die Werte der Steuervariablen werden in diesem Steuerablaufdiagramm in der Reihenfolge $Y_1 Y_2 Y_3$ angegeben.

Die inneren Zustände sind im Steuerablaufdiagramm nach Bild 3.46 in allgemeiner Zustandscodierung angegeben worden, d. h. durch A, B, ..., H. Das zu entwickelnde Steuerwerk muß demnach acht verschiedene innere Zustände besitzen, die bei der Realisierung
durch drei innere Zustandsvariable dargestellt werden können. Die spezielle Zustandscodierung sei gemäß der als Tabelle 3.10 angeführten Übergangstabelle gewählt. Diese Übergangstabelle ergibt sich im übrigen aus dem Steuerablaufdiagramm.

Aus dieser Übergangstabelle kann man unter Verwendung von KV-Diagrammen die ein-
fachste Realisierung als Ein-Register-Automat entwickeln, der aus einem Register mit drei
Flipflops und einem Schaltnetz besteht. Das Schaltnetz kann man zum Beispiel mit einer
Reihe von UND-, ODER- und NICHT-Gattern realisieren. Dieser Lösungsweg soll hier

Tabelle 3.10 Übergangstabelle des Steuerwerks des zu entwerfenden Schaltwerks in allgemeiner und spezieller Zustandscodierung, ergänzt durch die Funktionstabelle für die Steuervariablen (Ausgangsvariablen)

Q^n	Q_1^n	Q_2^n	Q_3^n	X_1^n	X_2^n	Q^{n+1}	Q_1^{n+1}	Q_2^{n+1}	Q_3^{n+1}	Y_1^n	Y_2^n	Y_3^n
A	0	0	0	0	X	A	0	0	0	0	0	X
A	0	0	0	X	0	A	0	0	0	0	0	X
A	0	0	0	L	L	B	0	0	L	0	L	X
B	0	0	L	X	0	C	0	L	0	0	0	X
B	0	0	L	X	L	B	0	0	L	L	0	X
C	0	L	0	X	X	D	0	L	L	0	0	0
D	0	L	L	X	X	E	L	0	0	L	0	0
E	L	0	0	X	0	E	L	0	0	L	0	0
E	L	0	0	X	L	F	L	0	L	0	0	L
F	L	0	L	X	0	G	L	L	0	L	0	L
F	L	0	L	X	L	F	L	0	L	0	0	L
G	L	L	0	X	0	G	L	L	0	L	0	L
G	L	L	0	X	L	H	L	L	L	0	0	X
H	L	L	L	X	0	A	0	0	0	0	0	X
H	L	L	L	X	L	H	L	L	L	0	0	X

nicht mehr im einzelnen ausgeführt werden. Vielmehr soll nachfolgend eine Alternative für die Realisierung dieses Schaltnetzes behandelt werden.

Realisierung eines Schaltnetzes durch einen Lesespeicher am Beispiel des im Steuerwerk enthaltenen Schaltnetzes

Lesespeicher (Nur-Lesespeicher)

Schaltnetze kann man auch durch Lesespeicher realisieren. Ein Speicher dieser Art ist ein Bauelement, das eine größere Anzahl von „Speicherzellen" besitzt. In jeder Speicherzelle ist ein Binärwort gespeichert. Jede einzelne Speicherzelle kann man aufrufen, indem man dem Bauelement ein anderes Binärwort, die „Adresse" der aufzurufenden Speicherzelle, zuführt. An bestimmten Ausgängen des Speichers steht dann der Inhalt der so adressierten Speicherzelle an und kann „gelesen" werden.

Speicher, deren Inhalt man nicht oder nur durch besondere Maßnahmen, jedoch nicht beim normalen Einsatz, verändern kann, nennt man Lesespeicher (Nur-Lesespeicher). Derartige Lesespeicher gibt es heute als hochintegrierte Bausteine (vgl. Kapitel 4) zu niedrigen Preisen. Eine viel benutzte Ausführungsform nennt man PROM — zusammengezogen aus *Programmable Read Only Memory*. Es gibt PROM-Bausteine mit 5-, 8-, 9-, 10-, 11- und 12-stelligen Binärworten als „Adressen". Die Speicherzellen enthalten Binärworte von 4 oder 8 Bits. Entsprechend der allgemeinen Tendenz bei hochintegrierten Bausteinen besteht auch bei Speicherbausteinen eine Tendenz zur Entwicklung von Speichern mit zunehmend größerer Speicherkapazität.

Die in einem PROM gespeicherte Information wird unter Betriebsbedigungen eingegeben, die von den normalen Betriebsbedingungen abweichen. Es sind höhere Signalpegel erforderlich, die längere Zeit anliegen müssen, als beim normalen Betrieb notwendig ist. Bei dieser Eingabe bedient man sich besonderer Geräte, die als „PROM-Programmiergeräte" käuflich sind.

Für die Auswahl von PROM-Bausteinen sind neben den Wortlängen der Adressen und Speicherzellen und der Anzahl der Speicherzellen je Baustein die elektrischen Anschlußbedingungen — erforderliche Spannungsversorgung, elektrische Spannungen und Ströme an den Eingängen und Ausgängen — und die Anordnung der Anschlüsse und die Bedeutung der Variablen auf den verschiedenen Anschlüssen wichtig. Hier gibt es insbesondere von Hersteller zu Hersteller erhebliche Unterschiede. Zum Beispiel kann es in Systemen mit solchen Bausteinen erforderlich werden, zusätzlich Signalpegelwandler oder Signalverstärker einzusetzen.

PROM-Bausteine werden in der digitalen Rechnertechnik viel verwendet und sind Bestandteile nahezu sämtlicher Mikrorechner. Aufgrund der Preisentwicklung können sie auch zur Realisierung von Schaltnetzen in allen Arten von digitalen Systemen eingesetzt werden.

Anwendung eines Lesespeichers bei der Realisierung des Steuerwerks

Realisiert man das Register des hier zu entwickelnden Steuerwerks mit D-Flipflops, so besitzt das Schaltnetz des Steuerwerks fünf Eingangsvariable (2 Verzweigungsvariable, 3 innere Zustandsvariable mit alten Werten) und sechs Ausgangsvariable (3 Steuervariable, 3 innere Zustandsvariable mit neuen Werten). Will man das Schaltnetz mittels eines PROM-Bausteins realisieren, so muß dieser Baustein entsprechend den oben genannten marktgängigen Spezifikationen fünfstellige Adressen und achtstellige Speicherzellen besitzen, d. h. fünf Eingänge und acht Ausgänge zur Verfügung stellen.

In die Speicherzellen eines solchen PROM sind zur Lösung der vorliegenden Aufgabe geeignete Informationen einzuschreiben, und zwar müssen jeweils sechs der acht Binärstellen jeder Speicherzelle angeben, welche Werte die sechs Variablen am Ausgang des PROM haben, wenn die fünf Variablen, deren Werte die PROM-Adressen vorgeben, in einer bestimmten Wertekombination vorliegen. Als Vorbereitung für diese „Programmierung" des PROM sind demnach die Eingangs- und Ausgangsvariablen des zu realisierenden Schaltnetzes den Adreßleitungen und Ausgängen des PROM zuzuordnen. Ordnet man den PROM-Anschlüssen mit dem niedrigsten Index die in der Übergangstabelle am weitesten rechts

Tabelle 3.11 Eingaben zur Programmierung des PROM in üblicher sedezimaler Schreibweise

$A_4 \ldots A_0$	$O_5 \ldots O_0$	$A_4 \ldots A_0$	$O_5 \ldots O_0$
00	00	10	24
01	00	11	29
02	00	12	24
03	0A	13	29
04	10	14	35
05	0C	15	29
06	10	16	35
07	0C	17	29
08	18	18	35
09	18	19	38
0A	18	1A	35
0B	18	1B	38
0C	24	1C	00
0D	24	1D	38
0E	24	1E	00
0F	24	1F	38

stehenden Variablen zu, so ergibt sich folgender Zusammenhang zwischen den Variablen des Schaltnetzes und den PROM-Anschlüssen

Q_1^n	Q_2^n	Q_3^n	X_1^n	X_2^n	Q_1^{n+1}	Q_2^{n+1}	Q_3^{n+1}	Y_1^n	Y_2^n	Y_3^n
A_4	A_3	A_2	A_1	A_0	0_5	0_4	0_3	0_2	0_1	0_0

PROM-Adressen   Werte an den PROM-Ausgängen entsprechend den Inhalten der zugehörigen Binärstellen der PROM-Speicherzellen.

Adressen und Speicherinhalte werden bei üblichen PROM-Programmiergeräten sedezimal („hexadezimal") angegeben. Dementsprechend sind aus der Übergangstabelle sedezimale Eingaben zur „Programmierung" des PROM abzuleiten. Im vorliegenden Beispiel erhält man die Eingaben gemäß Tabelle 3.11; hierbei wurde für sämtliche beliebigen Werte X jeweils der Wert 0 gewählt.

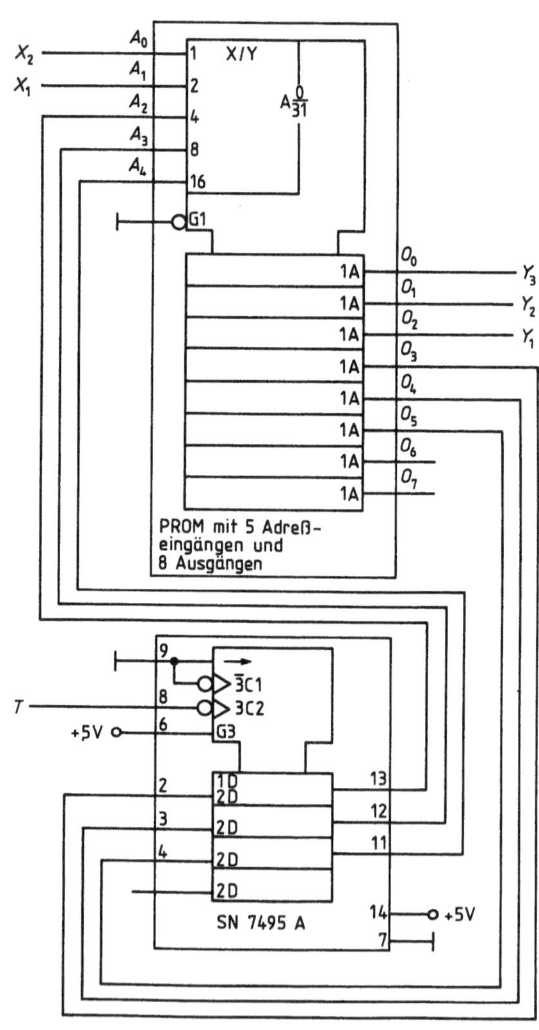

Bild 3.47
Schaltbild des Steuerwerks des zu entwerfenden Schaltwerks bei Realisierung des darin enthaltenen Schaltnetzes durch einen PROM-Baustein

Das aus drei D-Flipflops bestehende Register kann durch den Baustein SN 7495 A realisiert werden. Damit ergibt sich das in Bild 3.47 dargestellte Schaltbild des Steuerwerks.

In der gewählten Ausführung stellt das Steuerwerk eine sehr einfache Form eines „Mikroprogrammwerks" mit dem PROM als statisch lesbaren „Mikroprogrammspeicher" dar. Bei komplizierteren Schaltwerken als dem hier betrachteten ergibt dieses einfache Konzept einen zu großen Mikroprogrammspeicher. Man kann jedoch, wie in [3.3] analysiert wird, durch modifizierte Formen der Bildung der Adressen des Mikroprogrammspeichers, also durch kompliziertere Strukturen des Steuerwerks, den Aufwand gegenüber der dargestellten einfachen Lösung erheblich verringern.

Literatur zu Kapitel 3

[3.1] *Tafel, H. J.:* Datentechnik. Carl Hanser Verlag, München, Wien 1978.
[3.2] DIN 40700, Teil 14. Schaltzeichen. Digitale Informationsverarbeitung. Juli 1976.
[3.3] *Wendt, S.:* Entwurf komplexer Schaltwerke. Springer-Verlag, Berlin, Heidelberg, New York 1974.
[3.4] *Unger, St. H.:* Asynchronous Sequential Switching Circuits. Wiley-Interscience, New York, London, Sydney, Toronto 1969.
[3.5] *Kohavi, Z.:* Switching and Finite Automata Theory. Mc Graw-Hill, New York etc. 1970.
[3.6] The TTL Data Book for Design Engineers. Texas Instruments. (Neueste Ausgabe).
[3.7] Integrierte Halbleiterschaltungen. Datenbuch. Siemens AG. (Neueste Ausgabe).

Buch mit Ergänzungen zum Text:

[3.8] *Svoboda, A.,* und *White, D. E.:* Advanced Logical Circuit Design Techniques. Garland STPM Press, New York, London 1979.

4 Mikrorechner

4.1 Allgemeines zum Aufbau von Mikrorechnern

4.1.1 Hochintegrierte Schaltungen

Digitale Datenverarbeitungsanlagen oder digitale Rechenanlagen sind im wesentlichen digitale Schaltwerke mit einer großen Anzahl von inneren Zustandsvariablen, d. h. einer sehr großen Anzahl verschiedener innerer Zustände, aus dieser Sicht also sehr komplizierte Funktionseinheiten. In digitalen Datenverarbeitungsanlagen werden regelmäßig Gruppen von Werten binärer Schaltvariablen auf gleiche Weise behandelt; die üblichen Methoden des Schaltwerksentwurfs bieten jedoch keine Grundlagen für eine einfachere Beschreibung so strukturierter Daten. Daher liegt es nahe, beim Entwurf digitaler Datenverarbeitungsanlagen und auch bei ihrer Beschreibung auf das für Schaltwerke im Kapitel 3 erörterte methodische Vorgehen zu verzichten und statt dessen die Informationsübertragungen vor allem von „Registern" zu „Registern" (Kapitel 1) zu verfolgen. Die notwendigen Verknüpfungen der Variablen werden gleichzeitig mit den Informationsübertragungen zwischen den Registern durchgeführt. Selbstverständlich sind im übrigen sämtliche oben behandelten Definitionen und Beschreibungsmöglichkeiten digitaler Systeme anwendbar.

Mikrorechner sind digitale Datenverarbeitungsanlagen, die vor allem aus hochintegrierten Schaltungen aufgebaut werden. Durch die Entwicklung solcher hochintegrierten Schaltungen haben sich die Aufgaben beim gerätetechnischen Entwurf gegenüber dem früheren Entwurf digitaler Datenverarbeitungsanlagen geändert. Man hat nun zu unterscheiden zwischen der Entwicklung der hochintegrierten Schaltung, bei dem man nach den vorstehend angedeuteten Richtlinien vorgehen kann, und dem Entwurf von Systemen, bei dem dem Entwickler eine gewisse Anzahl von Typen hochintegrierter Schaltungen fertig zur Verfügung steht. Im letzteren Fall muß sich der Entwickler kaum noch mit dem inneren Aufbau der einzelnen hochintegrierten Schaltung beschäftigen, sondern mit Spezifikationen, die angeben, wie sich die hochintegrierte Schaltung nach außen verhält, man könnte sagen, wenn man diesen Begriff nicht zu eng deutet, mit „Schnittstellenbeschreibungen". Neben hochintegrierten Schaltungen hat man beim Entwurf von Mikrorechnern in unterschiedlichem Umfang digitale Bausteine niedrigerer Integration zu verwenden. Da die Aufgaben der mit solchen digitalen Bausteinen zu entwickelnden Ergänzungsschaltungen weitgehend durch die Eigenschaften der hochintegrierten Bausteine bestimmt werden, wirft der Entwurf dieser Zusatzschaltungen selten irgendwelche schwierigeren Probleme auf. Ähnliches gilt für die anderen elektronischen Bauelemente, die bei der Realisierung von Mikrorechnern zu verwenden sind. Endgültig werden die Funktionen eines Mikrorechners durch die Programme bestimmt, die sich während ihrer Ausführung im Zentralspeicher des Mikrorechners befinden. Wird ein Mikrorechner, wie das häufig geschieht, zur Lösung einer speziellen technischen Aufgabe, zum Beispiel einer Automatisierungsaufgabe, entwickelt, so bestehen in gewissem Rahmen auch alternative Lösungsmöglichkeiten durch entsprechende

Ausführung des gerätetechnischen Aufbaus oder „durch Programm". Auch hierdurch besteht ein wesentlicher Unterschied im Lösungsweg gegenüber dem Entwurf eines speziellen Schaltwerks im Sinne von Kapitel 3.

Hochintegrierte Schaltungen entstanden, seitdem man bestrebt war, im Zuge der „Mikrominiaturisierung" in elektronischen Bauelementen schrittweise immer mehr digitale Verknüpfungs- und Speicherfunktionen zu vereinigen. Das bisherige Ergebnis dieser Entwicklung sind hochintegrierte Schaltungen mit einigen zehntausend bis über 100000 „Transistorfunktionen" in einem einzigen Bauelement. Die im Abschnitt 3.7.2 behandelten PROM-Bausteine sind derartige hochintegrierte Schaltungen.

Aus den verschiedenen Entwicklungen hochintegrierter Schaltungen ragt die Entwicklung der Mikroprozessoren besonders heraus. Ein solcher Baustein erfüllt vollständig die Funktionen des Prozessors einer digitalen Datenverarbeitungsanlage. Mit der Benennung „Mikroprozessor" weist man lediglich auf die geringen Abmessungen solcher Bausteine hin. Hinsichtlich ihrer Leistungsfähigkeit sind Mikroprozessoren den Prozessoren von durchschnittlichen Datenverarbeitungsanlagen der Jahre vor und um 1965 überlegen, während sie im Vergleich zu den Zentralprozessoren größerer Datenverarbeitungsanlagen der heutigen Zeit etwas langsamer sind, im Durchscnitt mit kürzeren Maschinenwortlängen arbeiten und einen kleineren Befehlsvorrat und eine kleinere Anzahl von Registern besitzen. Mikroprozessoren und die anderen Arten hochintegrierter Schaltungen kosten jedoch wenig. Man kann mit ihnen mit ziemlich einfachen Mitteln Mikrorechner für vielfältige Anwendungen in der Technik aufbauen, so digitale Steuerungen und andere digitale informationsverarbeitende Einrichtungen für die Zwecke der Automatisierungstechnik. Bei den meisten gerade der letztgenannten Anwendungen kam ein Einsatz digitaler Prozeßrechner konventioneller Ausführung wegen des großen Aufwandes nie in Frage.

Der erste auf dem Markt verfügbare Mikroprozessor mit einer Maschinenwortlänge von 8 Bits war der Baustein INTEL C 8008 (um 1971/72). Er ist inzwischen durch leistungsfähigere Mikroprozessoren von INTEL und von verschiedenen anderen Herstellern abgelöst worden.

4.1.2 Gliederung des Aufbaus einfacher digitaler Datenverarbeitungsanlagen

Mikrorechner unterscheiden sich in ihrer funktionellen Arbeitsweise keineswegs von digitalen Datenverarbeitungsanlagen mehr konventioneller Ausführungsform. Mit dem allgemeinen Aufbau solcher Datenverarbeitungsanlagen beschreibt man daher gleichzeitig auch den Aufbau von Mikrorechnern.

Es ist üblich, digitale Datenverarbeitungsanlagen jeweils in eine Zentraleinheit und in periphere Geräte zu gliedern. Unter letzteren versteht man periphere Speicher, Eingabegeräte und Ausgabegeräte. Die Zentraleinheit umfaßt die Zentralprozessoren, den Zentralspeicher und die Eingabe- und Ausgabewerke. Statt „Zentraleinheit" sagt man auch „Rechner" [4.1].

Die Zentraleinheit einfacherer digitaler Datenverarbeitungsanlagen und Mikrorechner enthält in der Regel nur einen Zentralprozessor. Mit den genannten Funktionseinheiten ergibt sich dann eine Gliederung einer solchen Zentraleinheit gemäß Bild 4.1. Man spricht von Ein-Prozessor-Datenverarbeitungsanlagen.

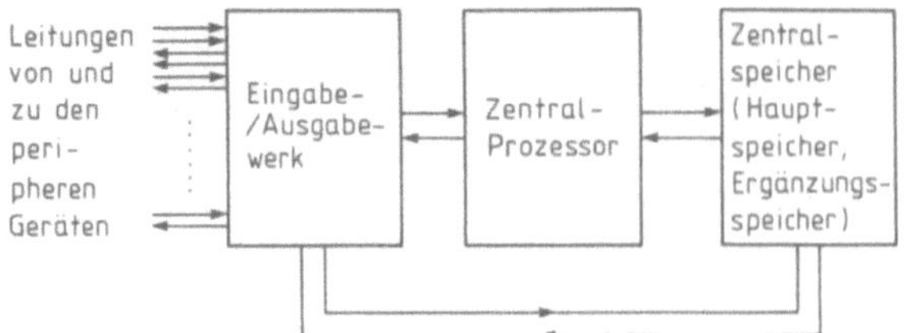

Bild 4.1

Gliederung der Zentraleinheit einer einfachen digitalen Datenverarbeitungsanlage oder eines Mikrorechners

Einen Zentralprozessor kann man weiter in Leitwerk und in Rechenwerk unterteilen und diese beiden Funktionseinheiten wiederum wie folgt weiter gliedern

Leitwerk	Steuerwerk des Leitwerks
	Register des Leitwerks
	Adreßrechenwerk
Rechenwerk	Operationensteuerung
	Verknüpfungswerk
	Rechenwerksregister.

Aus dieser Gliederung wird erkennbar, daß sowohl Leitwerk als auch Rechenwerk als die Realisierung komplizierterer Schaltwerke im Sinn von Abschnitt 3.7 aufgefaßt werden können. Steuerwerke sind jeweils das Steuerwerk des Leitwerks und die Operationensteuerung. Die anderen genannten Funktionseinheiten, zu denen gegebenenfalls noch weitere kommen könnten, stellen die beiden Operationswerke dar. Man könnte aber auch beide Steuerwerke zu einem gemeinsamen Steuerwerk des Prozessors und alle Operationsblöcke zu einem gemeinsamen Operationswerk zusammenfassen und den gesamten Prozessor als ein kompliziertes Schaltwerk im Sinn von Abschnitt 3.7 betrachten. Dann ergäbe aber die übliche Gliederung in Leitwerk und Rechenwerk wenig Sinn.

Ein digitaler Rechner arbeitet in der Weise, daß er schrittweise einen „Maschinenbefehl" nach dem anderen ausführt. Unter einem Maschinenbefehl ist hierbei eine bei der betreffenden Datenverarbeitungsanlage aus der Sicht des Benutzers nicht weiter in Teile zerlegbare Arbeitsvorschrift zu verstehen. Das zeitgerechte Holen der Maschinenbefehle und deren Weitergabe an das Rechenwerk obliegt dem Leitwerk. Bei digitalen Rechnern werden Maschinenbefehle geholt, indem dem Zentralspeicher „Adressen" zur Verfügung gestellt werden, unter denen die benötigten Maschinenbefehle zu finden sind. Aufgabe des Leitwerks ist also auch, solche Adressen zunächst zu ermitteln, was auf einfachere oder kompliziertere Weise geschehen kann. Das Leitwerk ist schließlich auch an der Durchführung von Datenübertragungen zwischen Zentralspeicher und Rechenwerk beteiligt.

Das Rechenwerk führt die eigentliche Informationsverarbeitung mit den zu verknüpfenden Daten durch. Hierzu decodiert es bestimmte in dem jeweiligen Maschinenbefehl enthaltene Daten, die angeben, was das Rechenwerk im Zuge der Bearbeitung des Maschinenbefehls auszuführen hat. Eine solche Ausführung eines Maschinenbefehls kann auch in der Durchführung von Eingaben oder Ausgaben zwischen Prozessor und peripheren Geräten bestehen. Auf diese Weise erfolgen Ein- oder Ausgaben insbesondere dann, wenn einzelne Binärworte ausgegeben oder eingegeben werden müssen.

Der Zentralprozessor wird im englischsprachigen Schrifttum *'Central Processor'*, aber auch *'Central Processing Unit'* (CPU) genannt. Mitunter findet man die Benennung CPU auch als Benennung vollständiger Mikrorechner-Zentraleinheiten, die jeweils als ein einziges Bauelement gefertigt werden.

Zentralspeicher gliedert man in Hauptspeicher und Ergänzungsspeicher [4.1]. Ein Hauptspeicher ist derjenige Teil eines Zentralspeichers, dessen einzelne Speicherzellen durch Maschinenadressen aufgerufen werden können [4.1], während sinngemäß ein Ergänzungsspeicher diejenigen Speicherzellen enthält, die nicht durch Angabe von Maschinenadressen zugänglich sind. Rechenwerke, Leitwerke und gegebenenfalls Eingabe- und Ausgabewerke haben zum Zentralspeicher direkten Zugang.

Dem Eingabe-/Ausgabewerk oder gegebenenfalls den verschiedenen Eingabewerken und Ausgabewerken obliegt die Steuerung von Eingaben und Ausgaben von und zu den peripheren Geräten. Je nach der Selbständigkeit, mit der die Eingabe- und Ausgabewerke ihre Aufgaben abwickeln, spricht man auch von Eingabe- oder Ausgabeprozessoren oder von Peripherie-Prozessoren. Eingabe- und Ausgabewerke haben häufig auch die Aufgabe, die Übertragung größerer Mengen von Daten zwischen peripheren Geräten und dem Zentralspeicher zu steuern. In solchen Fällen kann zum Beispiel der Zentralprozessor oder ein externes Gerät eine solche Übertragung auslösen, ohne daß die letztgenannten Funktionseinheiten an der Steuerung des weiteren Ablaufs der Übertragung beteiligt sind.

Grundsätzlich ist die vorstehend angegebene Gliederung von Rechnern mehr funktionell zu sehen. Diese Gliederung eignet sich nur bedingt für eine räumliche Unterscheidung der Baueinheiten ausgeführter Datenverarbeitungsanlagen oder von Mikrorechnern.

Wichtige periphere Geräte sind

— *Periphere Speicher*
  Das sind Speicher, die keine Zentralspeicher sind. Technisch werden sie in der Regel so ausgeführt, daß man größere Mengen von Daten bei verhältnismäßig niedrigen Kosten speichern kann. Bekannte Ausführungsformen sind Magnetplatten, Magnetbänder, ‚Floppy-Disk‘-Speicher, Magnetkassetten.

— *Eingabegeräte*
  Sie ermöglichen die Eingabe von Programmen und zu verarbeitenden Daten in einen Rechner. Als Eingabegerät werden benutzt: Tastaturen, Lesegeräte für Datenträger wie Lochkarten oder Lochstreifen oder Datenträger mit magnetischer Datenspeicherung, Geräte zur Eingabe analoger Daten in digitale Rechner, zum Beispiel Analog-Digital-Umsetzer und Multiplexer, Einrichtungen zur Abfrage von Schalterstellungen u. a..

— *Ausgabegeräte*
  Sie ermöglichen die Ausgabe der vom Rechner verlangten Ergebnisse sowie von Informationen über die Arbeitsabläufe im Rechner, die zur Bedienung der Datenverarbeitungsanlage notwendig sind. Als Ausgabegeräte verwendet man unter anderem Sichtanzeigen, Drucker unterschiedlicher Konstruktion, Geräte für Ausgaben auf automatisch lesbaren Datenträgern, Geräte zur Ausgabe der Ergebnisse der digitalen Verarbeitung im Rechner in Form analoger Daten, also zum Beispiel Digital-Analog-Umsetzer und Multiplexer und Geräte zur Beeinflussung von technischen Prozessen in digitaler Form.

4.1.3 Bussysteme

Ein Mikrorechner entsteht nach obigem dadurch, daß verschiedene Funktionseinheiten wie Zentralprozessor, Zentralspeicher und Eingabe- und Ausgabewerke miteinander gekoppelt werden und zusammenarbeiten. Eine vor allem bei Mikrorechnern nahezu regelmäßig benutzte Methode der Kopplung solcher Funktionseinheiten besteht darin, diese über Bündel gemeinsam benutzter Leitungen miteinander in Verbindung treten zu lassen. Ein solches Leitungsbündel nennt man ‚Bus'. Einen Bus kann man, wie in Bild 4.2 dargestellt, weiter in Adreßbus, Datenbus und Steuerbus unterteilen. Die dargestellte Gliederung eines Mikrorechners ist lediglich ein Beispiel für die möglichen Strukturen eines Mikrorechners. In irgendeinem Zeitpunkt könnte das skizzierte System zum Beispiel die Aufgabe haben, ein in der Funktionseinheit „Eingabewerk, Teil 2" gespeichertes Datenwort zum Mikroprozessor zu übertragen. In der Regel ist dann nicht erlaubt, das dieses Datenwort gleichzeitig zu einer der übrigen Funktionseinheiten übertragen wird. Damit ein Bus also betriebsfähig ist, müssen Mittel vorhanden sein, durch die erreicht wird, daß die Nachrichten auf dem Bus jeweils vom richtigen Sender zum richtigen Empfänger, und nur zu diesem, gelangen. Entsprechende Schaltungen werden im allgemeinen dem Bus zugerechnet. Sie sind jedoch vor allem bei den meisten einfacheren Mikrorechnern nicht als besondere Baueinheiten vorhanden.

Bei Mikrorechnern ergibt sich die Anzahl der Leitungen, die insgesamt für Adreß-, Daten- und Steuerbus zur Verfügung stehen, aus der Anzahl der externen Anschlüsse des verwendeten Mikroprozessors sowie der Anzahl der auf verschiedenen solcher Anschlüsse nacheinander auftretenden unterschiedlichen Variablen. Die Mikroprozessor-Typen, die heute am weitesten verbreitet sind, werden mit 40 externen Anschlüssen ausgeführt. Einige dieser Anschlüsse sind für die Spannungsversorgung und den Takt erforderlich. Als unterschiedliche Variable erscheinen zum Beispiel auf Gruppen solcher Anschlüsse zuerst jeweils eine „Adresse", danach andere „Daten". Demnach umfaßt der Bus bei solchen Mikrorechnern mitunter auch mehr als 40 Leitungen.

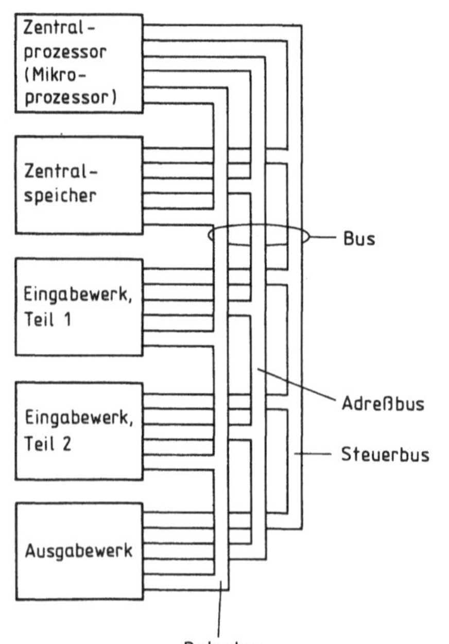

Bild 4.2

Beispiel für einen Mikrorechner mit Kopplung der Funktionseinheiten durch einen Bus

Die Anzahl der Leitungen des Datenbus ergibt sich aus der „Maschinenwortlänge", mit der ein Mikroprozessor arbeitet. Die Länge eines Maschinenwortes oder, was das gleiche bedeutet, die Anzahl der in einem Maschinenwort enthaltenen Binärzeichen entspricht der Anzahl von Speicherelementen, die jeweils eine Gruppe nur gemeinsam zugänglicher Speicherelemente des Zentralspeichers bilden. Zur Zeit gibt es Mikroprozessoren, die jeweils aus einem einzigen Baustein bestehen, mit Maschinenwortlängen von 4, 8, 12 oder 16 Bits. 4-Bit-Mikroprozessoren werden vor allem bei einfacheren Anwendungen, zum Beispiel bei automatischen Waagen, und dann in jeweils größerer Stückzahl eingesetzt. 12-Bit-Mikroprozessoren sind wenig verbreitet. Gut entwickelt und sehr vielseitig sind die Anwendungen der 8-Bit-Mikroprozessoren, während die Bedeutung von 16-Bit-Mikroprozessoren allmählich zunimmt.

Der Adreßbus dient zur Übertragung von „Adressen" (vgl. auch Abschnitt 3.7.2) vom Zentralprozessor zum Zentralspeicher oder zum Eingabe-/Ausgabewerk. Bei vielen Mikroprozessor-Typen hat der Adreßbus 16 Leitungen, so daß bis zu 2^{16} = 65536 (= 64 K) unterschiedliche Adressen zur Verfügung stehen.

Beim Steuerbus gibt es die größten Unterschiede zwischen den verschiedenen Mikroprozessor-Typen, und zwar hinsichtlich der Anzahl der Anschlüsse der Mikroprozessoren für den Steuerbus und hinsichtlich der Bedeutung der auf diesen Anschlüssen übertragenen Eingangs- und Ausgangsvariablen. Derartige Steuervariablen geben zum Beispiel an, ob im betrachteten Augenblick Daten in den Zentralspeicher zu schreiben sind oder aus einem Eingabegerät Daten in den Prozessor geholt werden müssen.

Die Anzahl der Leitungen von Steuerbus und Adreßbus und damit auch die Anzahl und Art der benutzten Mikroprozessor-Anschlüsse werden bei der Entwicklung eines Mikrorechnersystems meistens der speziell zu lösenden Aufgabe angepaßt. So wird der Hauptspeicher aus Gründen des Aufwandes in der Regel nur soweit ausgebaut, wie es zur Lösung der Aufgabe erforderlich ist. Bei einfachen Mikrorechnern kommt man dann auch mit weniger als 16 Adreßleitungen aus. In neuerer Zeit werden jedoch Standardisierungen für den Aufbau eines Bus innerhalb eines Mikrorechners angestrebt. In den USA gibt es inzwischen den IEEE-696-Bus als herstellerunabhängigen Standard, der 8-Bit- und 16-Bit-Datenübertragungen und 24-Bit-Adressen vorsieht. Der MULTIBUS von INTEL [4.8] wird voraussichtlich als IEEE-796-Bus standardisiert. Bei der Datenübertragung zwischen digitalen Datenverarbeitungsanlagen oder zwischen solchen und peripheren Geräten, zum Beispiel zwischen Mikrorechnern und Meßgeräten, haben standardisierte Formen der Kopplung rasch an Bedeutung gewonnen, so der IEEE-488-Bus („IEC-Bus").

In den Fällen, in denen an einem bestimmten Mikroprozessoranschluß unterschiedliche Variable auftreten können, muß mit geeigneten Mitteln außerhalb des betreffenden Bausteins eine „Busaufspaltung" durchgeführt werden. Diese beruht darauf, daß bestimmte Signale, die an einem Ausgang des Mikroprozessors abwechselnd mit anderen jeweils nur ganz kurze Zeit vorhanden sind, außerhalb des Mikroprozessors zwischengespeichert werden, so daß sie auch dann noch nicht verlorengegangen sind, wenn sie am Ausgang des Mikroprozessors nicht mehr zur Verfügung stehen.

4.2 Funktionsprinzip einfacher digitaler Rechner

4.2.1 Maschinenworte, Maschinenbefehle, Maschinenprogramm

In digitalen Datenverarbeitungsanlagen oder Mikrorechnern heute üblichen Aufbaus werden Informationen vor allem in Form von Binärworten übertragen und verarbeitet. Eine besondere Form von Binärworten hat jeweils eine herausragende Stellung, nämlich die „Maschinenwort" genannte Form. Ein Maschinenwort ist ein Binärwort, das in einer einzeln adressierbaren Speicherzelle des Hauptspeichers gespeichert ist, mit anderen Worten die kleinste Informationsmenge, die der Prozessor durch Angabe einer Adresse aus dem Hauptspeicher holen oder dorthin bringen kann.

Innerhalb eines Prozessors werden solche Maschinenworte, jedoch auch Gruppen solcher Maschinenworte oder auch nur Teile eines Maschinenworts im Zusammenhang verarbeitet oder anders benutzt.

Die in einem Hauptspeicher gespeicherten Informationen stellen entweder Maschinenbefehle oder zu verarbeitende oder verarbeitete Daten dar.

Ein Maschinenbefehl besteht aus einem Maschinenwort oder aus mehreren Maschinenworten. Derartige Maschinenworte nennt man ‚Befehlsworte' [4.1]. Ein Maschinenbefehl enthält einen Code für die auszuführende Maschinenoperation und weitere Informationen, hierunter häufig eine Adresse.

Eine Folge von Maschinenbefehlen stellt ein Maschinenprogramm dar. Ein Maschinenprogramm wird entwickelt, indem die Lösung einer vorgegebenen Aufgabe als Arbeitsvorschrift formuliert wird, die in Einzelschritte gegliedert ist. Diese Einzelschritte müssen so beschaffen sein, daß sie jeweils in Maschinenbefehle übersetzt werden können. Ein Maschinenprogramm wird dementsprechend entwickelt, indem ein Maschinenbefehl nach dem anderen ausgewählt und im einzelnen spezifiziert wird.

Ein Maschinenprogramm wird ausgeführt, indem seine Maschinenbefehle in bestimmten Reihenfolgen ausgeführt werden. Die bei der Ausführung eines Maschinenprogramms zu verarbeitenden Daten können entweder im Hauptspeicher stehen oder sie können im Zuge der Ausführung des Maschinenprogramms durch den Prozessor von den Eingabegeräten übernommen werden. Für die Ausgabe verarbeiteter Daten gilt Entsprechendes.

4.2.2 Funktionsabläufe auf Maschinenebene

Notwendige Register

Für die Funktion des Zentralprozessors der weitverbreiteten Standardausführung digitaler Datenverarbeitungsanlagen haben bestimmte seiner ‚Register' — gemeint sind Register in der im Abschnitt 4.1.1 angegebenen Funktion — herausragende Bedeutung. Bild 4.3 zeigt Prozessor und Zentralspeicher mit einer für die Funktions des Rechners erforderlichen Mindestausstattung an solchen Registern. Jedes dieser Register hat ganz besondere Aufgaben.

Leitwerksregister

— *Befehlszähler*
Dieses Register enthält die Adresse des als nächstes auszuführenden Maschinenbefehls oder allgemeiner die Adresse des als nächstes aus dem Hauptspeicher zu holenden Maschinenworts, das Bestandteil des als nächstes auszuführenden Maschinenbefehls ist.

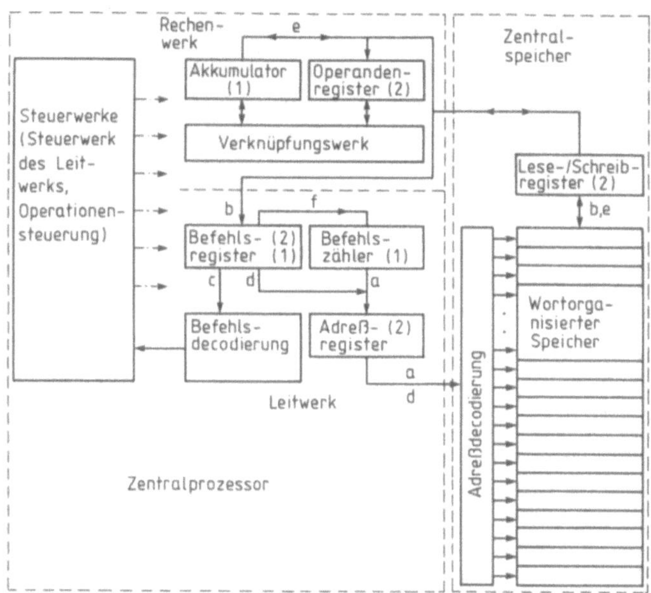

Bild 4.3 Zur Erläuterung der Funktionsabläufe beim Holen und
Ausführen von Maschinenbefehlen in digitalen Datenverarbeitungsanlagen
(1) Register ist dem Programmierer zugänglich
(2) Register ist dem Programmierer nicht zugänglich

— *Befehlsregister*
Dieses dient zur Speicherung des gerade im Prozessor bearbeiteten Maschinenbefehls.
Besteht ein Maschinenbefehl aus mehreren Maschinenworten (Mehr-Wort-Maschinen-
befehl), so sind mehrere Befehlsregister erforderlich, in die die Teile des Maschinenbefehls zu unterschiedlichen Zeitpunkten eingeschrieben werden.

— *Adreßregister*
Dieses enthält die momentan gültige Adresse der jeweils adressierten Hauptspeicherzelle.
Hierbei handelt es sich abwechselnd um Adressen von Speicherzellen mit Befehlsworten
oder mit sonstigen Daten.

Rechenwerksregister

— *Akkumulator*
Dies ist ein dem Programmierer zugängliches Rechenwerksregister, d. h. der Programmierer kann den Inhalt des Akkumulators durch Wahl geeigneter Maschinenbefehle
direkt beeinflussen. Jeder Prozessor muß mindestens einen Akkumulator besitzen.

— *Operandenregister*
Dies ist ein Hilfsregister, das dem Programmierer nicht zugänglich ist. Das Operandenregister ist bei Prozessoren, die nur einen Akkumulator besitzen, unentbehrlich.

Lese-/Schreibregister des Zentralspeichers

Im Bild 4.3 wird angenommen, daß die aus dem Hauptspeicher zu lesende Information oder die dorthin zu schreibende Information zunächst in ein besonderes Register, das Lese-/Schreibregister, übertragen wird. Dieses Register ist jedoch keineswegs immer erforderlich.

Funktionsabläufe beim Holen und Ausführen von Maschinenbefehlen

Ein digitaler Rechner arbeitet in der Weise, daß in ihm ein Maschinenprogramm abläuft. Dieses bedeutet, daß ein Maschinenbefehl nach dem anderen aus dem Zentralspeicher in den Prozessor geholt und ausgeführt wird.

Das Holen und Ausführen eines einzelnen Maschinenbefehls läuft bei einem einfachen digitalen Rechner folgendermaßen ab (Bild 4.3)

— Die Adresse des als nächstes auszuführenden Maschinenbefehls muß im Befehlszähler stehen. Diese Adresse sei ein Binärwort mit s Binärstellen. Sie wird in das Adreßregister übertragen (Pfeil a in Bild 4.3) und anschließend decodiert. Durch die Decodierung nimmt eine von 2^s verschiedenen Variablen am Ausgang des Decodierers den Wert L an. Hierdurch wird eine der (höchstens) 2^s Speicherzellen des Hauptspeichers ausgewählt bzw. „adressiert" (a).

— Der Inhalt dieser Hauptspeicherzelle wird in das Lese-/Schreibregister und von dort in das Befehlsregister übertragen (b). Besteht ein Maschinenbefehl nur aus einem Maschinenwort, so befindet sich jetzt der Maschinenbefehl vollständig im Prozessor. Bei „normalem" Befehlsablauf erhöht sich nun der Inhalt des Befehlszählers um 1. Damit erhält der Befehlszähler bei Ein-Wort-Maschinenbefehlen (s. u.) die Adresse des anschließend auszuführenden Maschinenbefehls.

— Zur Befehlsausführung muß der Operationsteil des gerade in das Befehlsregister gebrachten Maschinenbefehls decodiert und interpretiert werden (c).

— Die weiteren Funktionsabläufe hängen nun vom Ergebnis dieser Interpretation, d. h. von der Art des Maschinenbefehls, ab. So kann sich ergeben, daß der Adreßteil des Maschinenbefehls als Adresse einer Hauptspeicherzelle aufzufassen ist, deren Inhalt als Operand in ein Rechenwerksregister gebracht werden soll (d, e). Bei der Ausführung eines Maschinenbefehls anderer Art könnte umgekehrt auf dem Weg e auch ein Wort aus einem Rechenwerksregister in eine Hauptspeicherzelle übertragen werden. Bei der Decodierung des Operationsteils könnte sich auch ergeben, daß ein Sprungbefehl vorliegt, der ausgeführt wird, indem der Adreßteil des Maschinenbefehls in den Befehlszähler gebracht wird. Der Inhalt des Befehlszählers wird auf diese Weise geändert (f).

Nach vorstehendem ergibt sich die Adresse des jeweils als nächstes auszuführenden Maschinenbefehls entweder durch Erhöhen des Inhalts des Befehlszählers um 1 oder durch Änderung des Inhalts des Befehlszählers mittels eines Sprungbefehls. Dem entspricht eine bestimmte Belegung des Hauptspeichers durch Maschinenbefehle. Im erstgenannten Fall folgen die — durch Zahlen ausgedrückten — Adressen der einzelnen Maschinenbefehle in der Reihenfolge aufeinander, wie die Maschinenbefehle in den Prozessor geholt werden, vgl. Bild 4.4, Maschinenprogramm Teil 1. In digitalen Datenverarbeitungsanlagen muß aber auch die Möglichkeit bestehen, eine derartige Belegung des Hauptspeichers irgendwo zu unterbrechen, zum Beispiel weil bestimmte Speicherzellen (im Beispiel nach Bild 4.4 die Speicherzellen mit Adressen ab $N + 6$) bereits mit anderen Daten belegt sind. In solchen

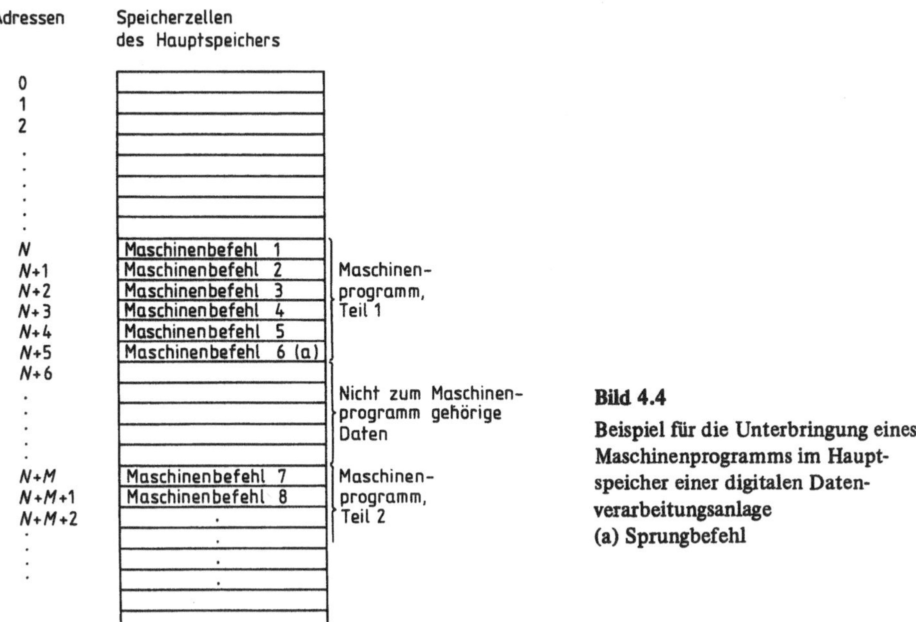

Bild 4.4
Beispiel für die Unterbringung eines Maschinenprogramms im Hauptspeicher einer digitalen Datenverarbeitungsanlage
(a) Sprungbefehl

Fällen sind Sprungbefehle erforderlich, um bei der beschriebenen Art des Zusammenwirkens von Zentralprozessor und Hauptspeicher das Maschinenprogramms auf jeden Fall fortsetzen zu können. Unter Verwendung eines Sprungbefehls kann das Maschinenprogramm im Beispiel nach Bild 4.4 im Hauptspeicher so abgelegt werden, daß der erste Teil dieses Programms bei der Adresse $N + 5$ endet und der zweite Teil des Programms mit einer durch die „Sprungadresse" im Sprungbefehl gegebenen neuen Befehlsadresse (Adresse $N + M$ in Bild 4.4) fortgesetzt wird.

Es gibt unbedingte Sprungbefehle, d. h. Sprungbefehle, die auf jeden Fall eine Änderung des Inhalts des Befehlszählers bewirken, und bedingte Sprungbefehle, d. h. Sprungbefehle, die nur ausgeführt werden, wenn eine bestimmte Bedingung erfüllt ist. Ein Beispiel für eine solche Bedingung ist das Ergebnis der Ausführung des vorangegangenen Maschinenbefehls. Ein Sprung könnte zum Beispiel ausgeführt werden, wenn dieses Ergebnis Null ist, und nicht ausgeführt werden, wenn dieses Ergebnis von Null verschieden ist.

Arten von Maschinenbefehlen

Digitale Datenverarbeitungsanlagen und auch Mikroprozessoren als Zentralprozessoren von Mikrorechnern haben bis zu einigen hundert verschiedene Maschinenbefehle. Diese Maschinenbefehle kann man in der Weise in Gruppen von Maschinenbefehlen zusammenfassen, daß Maschinenbefehle einer Gruppe jeweils ähnliche Aufgaben haben. Bei solcher Gliederung kann man vor allem folgende Gruppen von Maschinenbefehlen unterscheiden

— Maschinenbefehle, die den Inhalt von Hauptspeicherzellen benutzen, um ausschließlich den Inhalt von Registern des Leitwerks zu ändern, zum Beispiel also Sprungbefehle.

- Maschinenbefehle, die den Inhalt von Hauptspeicherzellen in Rechenwerksregister übertragen (Lesen von Operanden) oder den Inhalt von Rechenwerksregistern in den Hauptspeicher übertragen (Schreiben von Ergebnissen).
- Maschinenbefehle, die den Inhalt eines einzelnen Rechenwerksregisters aus dem bisherigen Inhalt neu bestimmen, zum Beispiel Rechts- oder Linksschieben des Inhalts, Komplementbildung.
- Maschinenbefehle, die bewirken, daß der Inhalt mehrerer Rechenwerksregister oder Hauptspeicherzellen zu einem neuen Ergebnis verknüpft wird, zum Beispiel durch eine arithmetische Operation.
- Eingabe- und Ausgabebefehle.
- Maschinenbefehle, die ausschließlich und unmittelbar die Funktionsabläufe im Prozessor steuern, zum Beispiel den Prozessor für bestimmte Zeit anhalten.

4.3 Der Mikroprozessor INTEL 8085

4.3.1 Kompatibilität von Mikroprozessoren

In den Jahren seit 1971 sind verschiedene Typen von Mikroprozessoren auf den Markt gekommen, die unterschiedliche Verbreitung gefunden haben. Gerätetechnisch sind die verschiedenen Typen von Mikroprozessoren nicht kompatibel, und zwar vor allem deswegen, weil in den Mikroprozessoren unterschiedliche Funktionen und Arbeitsweisen realisiert wurden und weil an den Anschlüssen der Mikroprozessoren Variable in teilweise völlig verschiedener Bedeutung auftreten. Das hat zur Folge, daß der Aufbau des zur Lösung einer bestimmten Aufgabe zu entwickelnden Mikrorechners wesentlich von der Wahl des verwendeten Mikroprozessor-Typs abhängt.

Im allgemeinen besitzen die verschiedenen marktgängigen Mikroprozessor-Typen auch voneinander völlig verschiedene Sätze von Maschinenbefehlen. Von dieser Regel gibt es jedoch eine wichtige Ausnahme, und zwar bei einigen Mikroprozessor-Typen von INTEL und dem Mikroprozessor Z 80 von Zilog. Hierzu gibt Tabelle 4.1 einen Überblick. Eine Weiterentwicklung des in dieser Tabelle angeführten Mikroprozessors 8086 ist der neue Mikroprozessor 80286.

Im Jahr 1978 konnte INTEL feststellen, daß mehr Mikroprozessoren des Typs 8080 als Mikroprozessoren anderer Typen und anderer Hersteller verkauft worden waren. Grundlage der folgenden Ausführungen ist der gegenüber dem INTEL 8080 in verschiedener Hinsicht verbesserte Mikroprozessor INTEL 8085. Der Satz von Maschinenbefehlen des Mikroprozessors INTEL 8085 ist mit dem des INTEL 8080 nahezu identisch (vgl. Tabelle 4.1).

4.3.2 Der Aufbau des Mikroprozessors INTEL 8085

Der innere Aufbau des Bausteins INTEL 8085 ist einschließlich seiner 40 externen Anschlüsse schematisch in Bild 4.5 dargestellt. Bild 4.5 stellt also die Funktionseinheit eines digitalen Rechners dar, die im Bild 4.3 als „Zentralprozessor" bezeichnet wurde.

Besondere Register und Operationsblöcke des INTEL 8085

Gegenüber dem im Abschnitt 4.2.2 besprochenen Aufbau eines einfachen Zentralprozessors (vgl. Bild 4.3) bietet der Mikroprozessor INTEL 8085 erheblich weitergehende technische Möglichkeiten. Hervorzuheben sind folgende Register und andere Operationsblöcke

Tabelle 4.1 Einige aufeinander aufbauende Mikroprozessoren mit Organisation des Hauptspeichers nach achtstelligen Binärworten und deren Kompatibilität auf Programmebene

Mikroprozessor	Verfügbar seit	Externe Anschlüsse	Adreßbus	Datenbus	Programm-kompatibilität
INTEL 8008	Dez. 1971	18	14 Bits/8 Anschlüsse (zeit-multiplex 8 Bits, dann 6 Bits, dann 8 Bits Daten)	8 Bits, zeit-multiplex mit Adreßbus	Befehle auf Assemblierer-ebene eine Unter-menge der 8080-, 8085-Befehle
INTEL 8080 INTEL 8080A	Dez. 1973 1975	40	16 Bits	8 Bits, zeit-multiplex mit Zustands-daten	8080-Programm auf 8085 und Z 80 lauffähig
INTEL 8085	1977	40	16 Bits, davon 8 Bits zeit-multiplex mit Datenbus	8 Bits, zeit-multiplex mit Adreßbus	8085-Programme bei Verzicht auf zwei Befehle und Unterbrechungen *TRAP, RST 7.5 .. 5.5* auf 8080/Z 80 lauffähig
INTEL 8086	1978	40	20 Bits, davon 16 Bits zeit-multiplex mit Datenbus	16 Bits, zeit-multiplex mit Adreßbus	8080-Register eine Untermenge der 8086-Register, da-her 8080-Pro-gramme auf Assembliererebene in 8086-Program-me übertragbar
Z 80	1976	40	16 Bits	8 Bits	8080-Programme auf Z 80 lauffähig; Z 80-Programme laufen nur bei beschränktem Befehlssatz auf 8080

Zusätzliche Register mit den Funktionen von Rechenwerks- und Leitwerksregistern

Der 8085-Baustein besitzt drei Paare von 8-Bit-Registern B-C, D-E, H-L, in denen in Form von 8-Bit-Worten oder von 16-Bit-Worten Operanden, Ergebnisse und Adressen gespeichert werden können. Diese Register können mit den Inhalten anderer Register oder von Hauptspeicherzellen geladen werden. Ihre Inhalte können in andere Register oder in Hauptspeicherzellen übertragen werden. Zu den ,anderen Registern' zählt auch der Akkumulator.

Möglichkeit des Aufbaus eines Kellerspeichers

Der 8085-Baustein besitzt verschiedene auf einen Kellerspeicher bezogene Maschinenbefehle und einen Kellerspeicheradreßanzeiger (*Stack Pointer*) zur Adressierung des Keller-

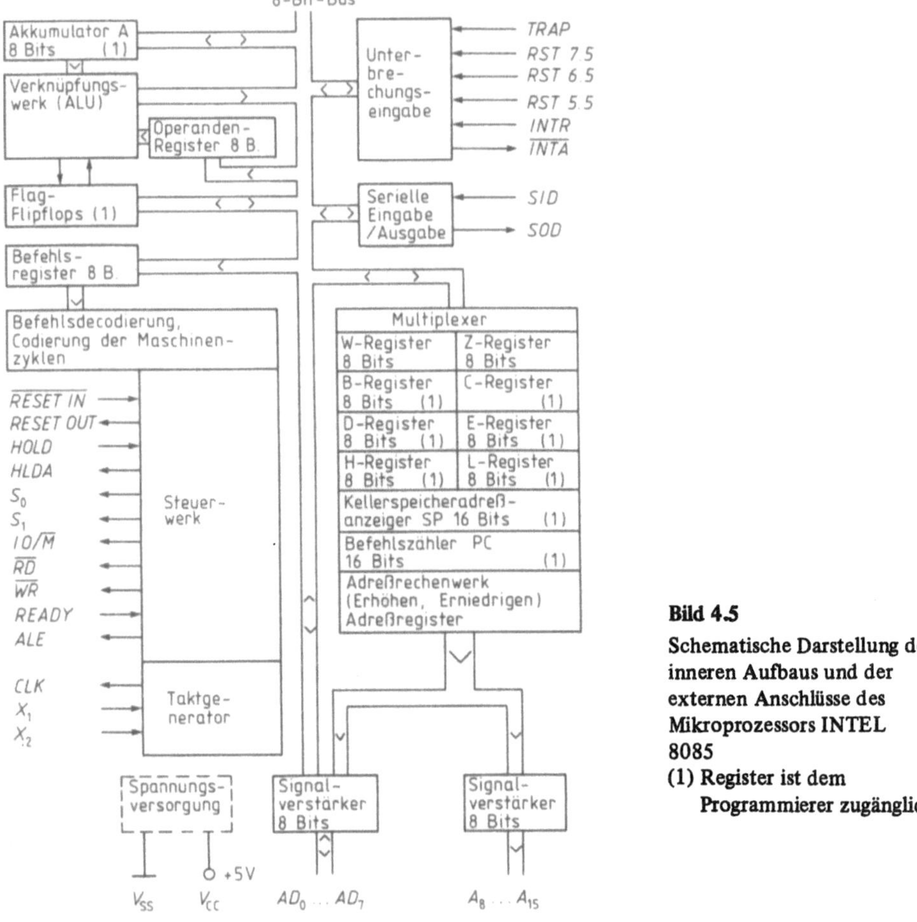

Bild 4.5

Schematische Darstellung des inneren Aufbaus und der externen Anschlüsse des Mikroprozessors INTEL 8085

(1) Register ist dem Programmierer zugänglich

speichers. Der Kellerspeicher wird als Bestandteil des Hauptspeichers außerhalb des Bausteins 8085 aufgebaut, indem durch Programm eine geeignete Adresse in den Kellerspeicheradreßanzeiger geschrieben wird.

Zusätzlich vorhandenes Adreßrechenwerk

Ein zusätzlich zum Rechenwerk vorhandenes Adreßrechenwerk ermöglicht das Erhöhen oder Erniedrigen der Inhalte von Registerpaaren oder von Adressen bei nichtarithmetischen Maschinenbefehlen.

Serielle Eingabe und Ausgabe

Besondere Anschlüsse ermöglichen die Eingabe oder Ausgabe einzelner Bits durch Verwendung zugeordneter Maschinenbefehle.

Unterbrechungseingabe

Sie ermöglicht die Verwendung von fünf Unterbrechungsvariablen unterschiedlichen Ranges und die Ausgabe einer Quittiervariablen. Die Unterbrechungsvariable niedrigsten Ranges und die Quittiervariable entsprechen der Unterbrechungseingabe beim Mikroprozessor INTEL 8080. Die Gestaltung der Programme unter Benutzung der Unterbrechungseingabe wird im Abschnitt 4.6 behandelt.

„Flag"-Register als Zusatzregister des Rechenwerks

Der Inhalt der fünf Flipflops des Flag-Registers wird bei verschiedenen Maschinenbefehlen in Abhängigkeit von den erzielten Ergebnissen verändert. Die Inhalte der Flag-Flipflops werden unter anderem als Bedingungen für bedingte Sprungbefehle und bedingte Unterprogrammsprünge benutzt. Die genaue Bedeutung und Verwendung der Inhalte der Flag-Flipflops geht aus der ausführlichen Beschreibung der Maschinenbefehle in [4.2] hervor, die die nachfolgende Übersicht ergänzt.

S *Sign*

Dieses Flag-Flipflop wird bei arithmetischen oder booleschen Operationen in Übereinstimmung mit dem höchstwertigen Bit des Akkumulators gesetzt oder rückgesetzt.

Z *Zero*

Dieses Flag-Flipflop erhält den Inhalt L, wenn das Ergebnis der Ausführung bestimmter Maschinenbefehle Null ist; andernfalls wird es zurückgesetzt.

AC *Auxiliary Carry*

Dieses Flag-Flipflop wird gesetzt, wenn bei arithmetischen Operationen an der viertletzten Binärstelle eines aus acht Binärstellen bestehenden Ergebnisses ein Übertrag erzeugt wird.

P *Parity*

Dieses Flag-Flipflop wird gesetzt, wenn das Ergebnis einer arithmetischen oder booleschen Operation im Verknüpfungswerk eine gerade Anzahl von L aufweist. Andernfalls wird es rückgesetzt.

CY *Carry*

Dieses Flag-Flipflop wird − unter anderem − bei arithmetischen Operationen gesetzt, wenn an der höchstwertigen Binärstelle im Verknüpfungswerk ein Übertrag entsteht oder wenn bei Subtraktionen ein „Borgen" erforderlich ist. Andernfalls wird das Flipflop rückgesetzt.

Mittels eines besonderen Maschinenbefehls können die Inhalte der Flag-Flipflops in der in Bild 4.6 angegebenen Weise zu einem Zustandswort zusammengestellt und im Kellerspeicher gespeichert werden oder man kann die Flag-Flipflops durch ein aus dem Kellerspeicher geholtes Zustandswort setzen.

Binärstelle:	D_7	D_6	D_5	D_4	D_3	D_2	D_1	D_0
	S	Z	X	AC	X	P	X	CY

Bild 4.6 Zusammenstellung der Inhalte der Flag-
Flipflops zu einem Zustandswort.
X Wert ohne Bedeutung, d. h. beliebiger Wert

Taktgenerator

Die Taktfrequenz (Taktvariable) wird durch eine auf dem Baustein 8085 vorhandene Schaltung erzeugt. Dazu muß ein Schwingquarz mit der doppelten Frequenz der benötigten Taktfrequenz an den Anschlüssen X_1 und X_2 angeschlossen werden. Ist die Frequenz des Schwingquarzes kleiner als oder gleich 4 MHz, so ist je ein Kondensator 20 pF von X_1 und X_2 nach V_{SS} („Masse") zu schalten. Die intern erzeugte Taktvariable kann dem Baustein am Anschluß *CLK* entnommen werden. *CLK* wird nach Bedarf als Taktvariable für andere Bausteine des Mikrorechnersystems verwendet.

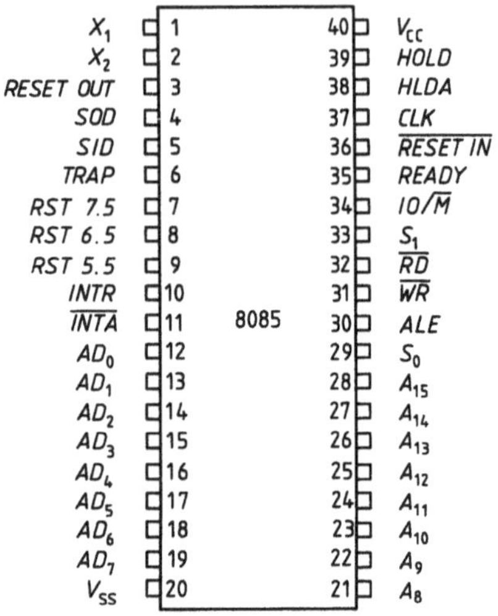

```
            X₁  ⊏ 1        40 ⊐  V_CC
            X₂  ⊏ 2        39 ⊐  HOLD
     RESET OUT  ⊏ 3        38 ⊐  HLDA
           SOD  ⊏ 4        37 ⊐  CLK
           SID  ⊏ 5        36 ⊐  RESET IN
          TRAP  ⊏ 6        35 ⊐  READY
       RST 7.5  ⊏ 7        34 ⊐  IO/M
       RST 6.5  ⊏ 8        33 ⊐  S₁
       RST 5.5  ⊏ 9        32 ⊐  RD
          INTR  ⊏ 10       31 ⊐  WR
          INTA  ⊏ 11  8085 30 ⊐  ALE
          AD₀   ⊏ 12       29 ⊐  S₀
          AD₁   ⊏ 13       28 ⊐  A₁₅
          AD₂   ⊏ 14       27 ⊐  A₁₄
          AD₃   ⊏ 15       26 ⊐  A₁₃
          AD₄   ⊏ 16       25 ⊐  A₁₂
          AD₅   ⊏ 17       24 ⊐  A₁₁
          AD₆   ⊏ 18       23 ⊐  A₁₀
          AD₇   ⊏ 19       22 ⊐  A₉
          V_SS  ⊏ 20       21 ⊐  A₈
```

Bild 4.7
Anschlüsse des Mikroprozessors INTEL 8085

Innerhalb der winzigen Schaltungen des Mikroprozessors werden Signale mit sehr kleiner Leistung verarbeitet. An den Ausgängen des Mikroprozessors sind demzufolge Signalverstärker erforderlich. Sie sind im Mikroprozessor enthalten. Die Anordnung der Anschlüsse des Bausteins 8085 ist im Bild 4.7 wiedergegeben.

Die Variablen des Steuerbus

Die Funktionsabläufe im Mikroprozessor können durch Vorgabe externer Steuervariabler auf den hierfür vorgesehenen Anschlüssen beeinflußt werden. Der Mikroprozessor erzeugt selbst Steuervariable, die in den anderen Teilen des jeweiligen Mikrorechnersystems Verwendung finden. Diese Variablen werden im folgenden erläutert.

Bestimmter Anfangszustand des Mikroprozessors
$\overline{RESET\ IN}$ (Eingang)

Hat diese Variable bei einer fallenden Flanke von *CLK* den Wert Null, so geht der Prozessor in einen Zustand T_{RESET} über. Das Befehlsregister und der Befehlszähler sowie verschiedene Flipflops des 8085 erhalten hierdurch den Inhalt Null. Die Masken der Unterbrechungseingabe werden gesetzt. Die Register A, B, C, D, E, H, L und die Flag-Flipflops erhalten einen unbestimmten Inhalt.

Nimmt danach $\overline{RESET\ IN}$ wieder den Wert L an, so interpretiert der Prozessor das im Hauptspeicher unter der Adresse 0 gespeicherte Binärwort als den als erstes auszuführenden Maschinenbefehl oder als erstes Befehlswort des als erstes auszuführenden Maschinenbefehls. Das bedeutet, daß man den Mikroprozessor nur dann richtig starten kann, wenn unter der Adresse 0 ein geeigneter Maschinenbefehl steht.

RESET OUT (Ausgang)

Der Mikroprozessor erzeugt *RESET OUT* = L, wenn er festgestellt hat, daß $\overline{RESET\ IN}$ = 0 geworden ist. *RESET OUT* kann zum Rücksetzen von Funktionseinheiten eines Mikrorechnersystems außerhalb des Mikroprozessors benutzt werden.

Angabe des jeweiligen Maschinenzyklus durch den Mikroprozessor

S_0, S_1 (Ausgänge)

Diese beiden Variablen beschreiben den gerade im Prozessor laufenden Maschinenzyklus im Umfang der folgenden Übersicht

S_1	S_0	Maschinenzyklus
0	0	Im Zuge der Ausführung eines Maschinenbefehls HLT (Halt) ist der Prozessor in den Zustand T_{HALT} gegangen. (T_{HALT} kann durch *HOLD* = L vorübergehend und nur durch $\overline{RESET\ IN}$ = 0 oder durch eine gültige Programmunterbrechung endgültig verlassen werden.)
0	L	Schreibzyklus, d. h. ein Maschinenzyklus, in dem der Prozessor Daten über den Datenbus ausgibt.
L	0	Lesezyklus, d. h. ein Maschinenzyklus, während dem der Prozessor Daten auf den Datenbus „liest", also hereinholt; vgl. auch $S_1 = S_0 = $ L.
L	L	Lesezyklus zum Holen des Operationscodes, also Maschinenzyklus, in dem das erste Wort eines Maschinenbefehls gelesen wird.

$IO/\overline{M}$ (Ausgang)

$IO/\overline{M}$ = L

Auf dem Datenbus werden im laufenden Maschinenzyklus Daten zwischen dem Prozessor und einem Eingabe- oder Ausgabegerät übertragen.

$IO/\overline{M}$ = 0

Auf dem Datenbus werden im laufenden Maschinenzyklus Daten zwischen dem Prozessor und dem Zentralspeicher übertragen (zeitlicher Ablauf vgl. Abschnitt 4.3.3).

$\overline{RD}$ (Ausgang)

$\overline{RD}$ = 0 gibt das Zeitintervall an, in dem Eingabedaten für den Prozessor in einem Lesezyklus gültig sind.

$\overline{WR}$ (Ausgang)

Mit $\overline{WR}$ = 0 kennzeichnet der Prozessor das Zeitintervall, in dem er in einem Schreibzyklus gültige Ausgabedaten (nicht Adressen) auf den Datenbus legt. Aufgrund dieses Wertes von $\overline{WR}$ können die Daten von angeschlossenen Funktionseinheiten übernommen werden.

$\overline{INTA}$ (Ausgang)

$\overline{INTA}$ wird vom Prozessor während eines *INTERRUPT-ACKNOWLEDGE*-Maschinenzyklus (INA-Zyklus) an Stelle von $\overline{RD}$ ausgesendet, um eine spezielle externe Funktionseinheit zu veranlassen, einen geeigneten Maschinenbefehl auf den Datenbus zu schicken.

Variable zur Aufspaltung des 8-Bit-Adreß-/Datenbus
ALE (Ausgang)
ALE nimmt während des ersten Maschinenzustandes jedes Maschinenzyklus für kurze Zeit
den Wert L an. Damit ist es möglich, den niederwertigen Teil der Adresse, der vom Prozessor während des ersten Maschinenzustandes des laufenden Maschinenzyklus auf dem
Adreß- und Datenbus $AD_0 \dots AD_7$ ausgegeben wird, bei fallender Flanke von *ALE* extern
zu speichern. Dadurch ist es möglich, den Adreß-/Datenbus, wie erforderlich, extern aufzuspalten.

*Unterbrechung der Arbeitsabläufe im 8085 und Freigabe des Datenbus für externe
Funktionseinheiten*
READY (Eingang)
Durch *READY* = 0 können in einen Maschinenzyklus beliebig viele Zustände T_{WAIT} eingeschoben werden, sofern sich der Prozessor in keinem „*Bus-Idle*-Zyklus" (BI-Zyklus) befindet. Hierdurch wird jeweils nach dem zweiten Maschinenzustand die Ausführung des
laufenden Maschinenzyklus unterbrochen, bis wieder *READY* = L. Auf diese Weise kann
zum Beispiel die Arbeitsgeschwindigkeit des Prozessors an die Arbeitsgeschwindigkeiten
langsamer arbeitender Eingabe- oder Ausgabegeräte angepaßt werden.

HOLD (Eingang)
Bei *HOLD* = L geht der Prozessor nach Beendung des gerade laufenden Maschinenzyklus
in einen Zustand T_{HOLD} und bleibt in diesem, solange *HOLD* = L. Während der Zustände
T_{HOLD} dürfen externe Geräte den Bus steuern und unter Umgehung des Prozessors Daten
zum Zentralspeicher übertragen oder aus diesem holen. (Die entsprechenden Übertragungswege sind in den Bildern 4.1 und 4.2 allgemein mit dargestellt.)

HLDA (Ausgang)
Der Prozessor teilt durch *HLDA* = L mit, daß er *HOLD* = L erhalten hat und in der folgenden Taktperiode den Adreß- und Datenbus zur Ausführung vom Prozessor unabhängiger
Zugriffe zum Hauptspeicher freigeben wird. Sobald wieder *HOLD* = 0, wird auch *HLDA*
= 0. Eine halbe Taktperiode später übernimmt der Prozessor wieder den Bus.

Serielle Eingabe und Ausgabe
SID (Eingang)
Das auf dem Eingang *SID* anliegende Signal wird während des dritten Maschinenzustandes
bei der Ausführung eines Maschinenbefehls **RIM** während *CLK* = 0 abgefragt und als Binärzeichen in die höchstwertige Binärstelle des Akkumulators gebracht.

SOD (Ausgang)
Der Ausgang *SOD* gibt den Zustand eines SOD-Flipflops an. Dieses Flipflop wird durch
Ausführung eines Maschinenbefehls **SIM** entsprechend dem Wert der höchstwertigen Binärstelle des Akkumulators gesetzt, falls die zweithöchste Binärstelle des Akkumulators den
Wert L enthält. Das SOD-Flipflop wird während *CLK* = 0 im zweiten Maschinenzustand des
ersten Maschinenzyklus *nach* Ablauf des Befehls **SIM** gesetzt.

Variablen der Unterbrechungseingabe
Diese Variablen ermöglichen die Unterbrechung eines gerade ablaufenden Programms und
den Übergang zu einem anderen Programm. Der Baustein 8085 hat die folgenden Unterbrechungseingänge

TRAP

Dies ist ein nicht maskierbarer Unterbrechungseingang, der mit höchster Priorität wirksam
wird.

RST 7.5
Dieser Unterbrechungseingang wird mit zweithöchster Priorität wirksam. Er ist durch die
Maschinenbefehle **SIM** und **DI** maskierbar. Maskieren bewirkt, daß die Unterbrechungs-
anforderung (zunächst) nicht bearbeitet wird, doch wird die Unterbrechungsanforderung
aufgrund einer ansteigenden Flanke des Eingangssignals am Anschluß *RST 7.5* gespeichert.
Durch die Maschinenbefehle **SIM** und **EI** können die Masken entfernt werden.

RST 6.5
Dieser Unterbrechungseingang wird mit dritthöchster Priorität wirksam. Die Unterbrechungsanforderung wird nicht gespeichert. Maskieren und Entfernen der Masken erfolgt
entsprechend dem Unterbrechungseingang *RST 7.5*.

RST 5.5
Unterbrechungseingang vierthöchster Priorität, sonst entsprechend dem Unterbrechungseingang *RST 6.5*.

INTR
Unterbrechungseingang niedrigsten Ranges, der durch **DI** maskiert wird. Die Maske wird
durch den Maschinenbefehl **EI** entfernt. Ist *INTR* die einzige gültige, nicht maskierte Unterbrechungsanforderung, so führt der Prozessor einen *INTERRUPT-ACKNOWLEDGE*-
Maschinenzyklus aus. In diesem Maschinenzyklus sendet er $\overline{INTA}$ = 0 aus (vgl. Angabe des
jeweiligen Maschinenzyklus durch den Mikroprozessor) und erwartet, daß als Antwort darauf eine
externe Funktionseinheit einen geeigneten Maschinenbefehl auf den Datenbus gibt. Der
Prozessor übernimmt diesen Maschinenbefehl und führt ihn aus.

4.3.3 Aufbau und Ablauf der Ausführung der Maschinenbefehle des Mikroprozessors INTEL 8085

Aufbau der Maschinenbefehle
Die Maschinenworte des Mikroprozessors INTEL 8085 sind achtstellige Binärworte. Ein
Maschinenbefehl besteht aus einem, aus zwei oder aus drei solchen Maschinenworten. In
den Datenbüchern des Herstellers wird das zweite Befehlswort eines Maschinenbefehls als
„2. Byte", das dritte Befehlswort als „3. Byte" bezeichnet.
Ein-Wort-Maschinenbefehle (*"Single Byte Instructions"*) des 8085 bestehen nur aus dem
„Operationscode". Je nach Art des Maschinenbefehls sind in diesen jedoch zusätzliche In-
formationen, vor allem Registeradressen oder Bedingungen, eingebaut. Das Format dieser
Maschinenbefehle ist in Bild 4.8a angegeben.

Bei Zwei-Wort-Maschinenbefehlen (*"Two Byte Instructions"*) enthält das erste Befehlswort
den Operationscode, das zweite Befehlswort „Daten" — d. h. einen Operanden — oder bei
Eingabe-/Ausgabebefehlen die Adresse des Eingabegerätes, von dem Daten geholt, oder des
Ausgabegerätes, zu dem Daten übertragen werden. Das Format dieser Maschinenbefehle ist
in Bild 4.8b angegeben.

Bei Drei-Wort-Maschinenbefehlen (*"Three Byte Instructions"*) enthält das erste Befehlswort den Operationscode, das zweite Befehlswort die niederwertigen 8 Bits eines 16-Bit-

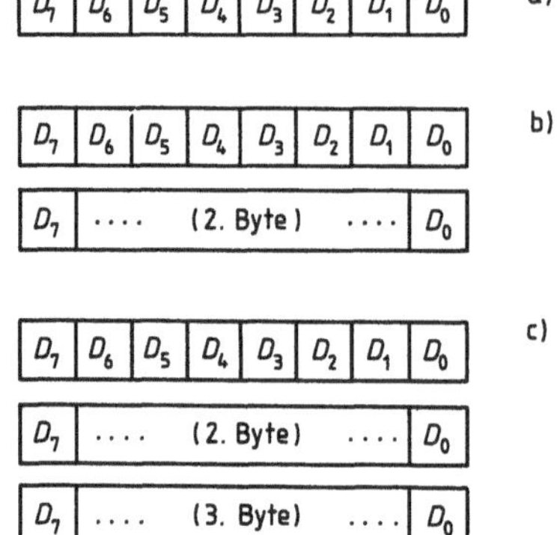

Bild 4.8

Formate der Maschinenbefehle des
Mikroprozessors INTEL 8085
a) Ein-Wort-Maschinenbefehle
b) Zwei-Wort-Maschinenbefehle
c) Drei-Wort-Maschinenbefehle

Operanden oder einer 16-Bit-Adresse, das dritte Befehlswort die höherwertigen 8 Bits eines
16-Bit-Operanden oder einer 16-Bit-Adresse. Das Format dieser Maschinenbefehle ist in
Bild 4.8c angegeben.

Holen von Befehlsworten aus dem Hauptspeicher

Da der Befehlssatz des Mikroprozessors 8085 Maschinenbefehle umfaßt, die aus einem, aus
zwei oder aus drei Befehlsworten zusammengesetzt sind, ergibt sich ein komplizierterer
Ablauf der Ausführung der verschiedenen Maschinenbefehle, als im Abschnitt 4.2.2 dargestellt wurde. Die zu einem Maschinenbefehl des 8085 gehörenden Befehlsworte stehen in
aufeinanderfolgenden Speicherzellen des Hauptspeichers, also Zwei-Wort-Maschinenbefehle
zum Beispiel unter den Adressen N und $N + 1$, Drei-Wort-Maschinenbefehle unter den
Adressen N, $N + 1$, $N + 2$.

Der Mikroprozessor holt immer zuerst das erste Wort eines Maschinenbefehls — den Operationscode — und erkennt an diesem, ob der Maschinenbefehl aus einem, aus zwei oder aus
drei Befehlsworten besteht. Bei einem Zwei-Wort-Maschinenbefehl wird der Hauptspeicher
mit einer um 1 erhöhten Adresse erneut adressiert und so das zweite Wort des Maschinenbefehls geholt. Bei einem Drei-Wort-Maschinenbefehl wird der Hauptspeicher erst mit einer
um 1 und danach mit einer um 2 erhöhten Adresse erneut adressiert und damit erst das
zweite und dann das dritte Befehlswort des Maschinenbefehls über den Datenbus in den
Prozessor gebracht.

Maschinenzyklen und Maschinenzustände

Das Holen, Interpretieren und Ausführen eines Maschinenbefehls läuft jeweils in einer
Reihe von Schritten ab, deren Anzahl und Art je nach dem vorliegenden Maschinenbefehl
unterschiedlich ist.

Zur Darstellung dieses zeitlichen Ablaufs unterscheidet man:

— „Maschinenzustände": Dies sind Zeitabschnitte, deren Dauer mit der Dauer einer Periode des Taktes *CLK* übereinstimmt. Beim Mikroprozessor 8085 werden diese Maschinenzustände mit T1, T2, T3, T4, T5, T6, T_{RESET}, T_{WAIT}, T_{HALT} und T_{HOLD} bezeichnet.
Die Bedeutung der vier letztgenannten Maschinenzustände geht aus Abschnitt 4.3.2
Die Variablen des Steuerbus hervor.

— „Maschinenzyklen": Ein Maschinenzyklus besteht beim Mikroprozessor 8085 aus drei, aus vier oder aus sechs Maschinenzuständen, falls der normale Ablauf der Befehlsausführung nicht durch externe Variable unterbrochen wird (Abschnitt 4.3.2 serielle Eingabe und Ausgabe) oder falls nicht besondere Maschinenbefehle ausgeführt werden. Je nach Art des Maschinenbefehls sind für das Holen und Ausführen des Maschinenbefehls 1 bis 5 Maschinenzyklen erforderlich.

Die wichtigsten Maschinenzyklen sind:

Lesezyklus zum Holen des Operationscodes (vgl. Abschnitt 4.3.2 Angabe des jeweiligen Maschinenzyklus durch den Mikroprozessor)
Je nach Art des Maschinenbefehls besteht dieser Maschinenzyklus entweder aus vier oder aus sechs Maschinenzuständen. Den zeitlichen Verlauf der wichtigsten Variablen während eines solchen Maschinenzyklus gibt das Signal-Zeit-Diagramm nach Bild 4.9 an, und zwar zum Beispiel für den Maschinenbefehl **DCX rp** (*"Decrement register pair"*, d. h. Erniedrige den Inhalt des im Maschinenbefehl spezifizierten Registerpaares um 1). Während des Maschinenzustandes T4 wird der Operationscode decodiert. Während der Maschinenzustände T5 und T6 wird der Inhalt des spezifizierten Registerpaares wie vorgeschrieben erniedrigt. In der Darstellung in Bild 4.9 sind sowohl Werte 0 als auch Werte L eingezeichnet, wenn der zeitliche Verlauf für mehrere Anschlüsse gleichzeitig gezeichnet ist und an den verschiedenen Anschlüssen unterschiedliche Werte der Variablen auftreten oder auftreten könnten. In bestimmten Zeitintervallen erzeugt der Mikroprozessor an unterschiedlichen Anschlüssen einen hohen Eingangswiderstand. In diesen Zeitintervallen ist der Prozessor an den betreffenden Anschlüssen durch von außen an die Anschlußleitungen gelegte Signale nicht zu beeinflussen bzw. der Prozessor bemerkt solche Signale nicht. Man bezeichnet diesen Zustand des Prozessoranschlusses als dritten Wert der an dem betreffenden Anschluß definierten Variablen (,*Tristate*', abgekürzt bezeichnet mit TS). Bei den im Bild 4.9 dargestellten Variablen haben AD_0 bis AD_7 zeitweilig den Wert TS.

Während der erste (und einzige) Maschinenzyklus des Maschinenbefehls **DCX rp** sechs Maschinenzustände T1 ... T6 umfaßt, besteht bei den meisten anderen Maschinenbefehlen der erste Maschinenzyklus aus vier Maschinenzuständen, d. h. auf den Maschinenzustand T4 folgt ein Maschinenzustand T1 als erster Maschinenzustand des folgenden Maschinenzyklus.

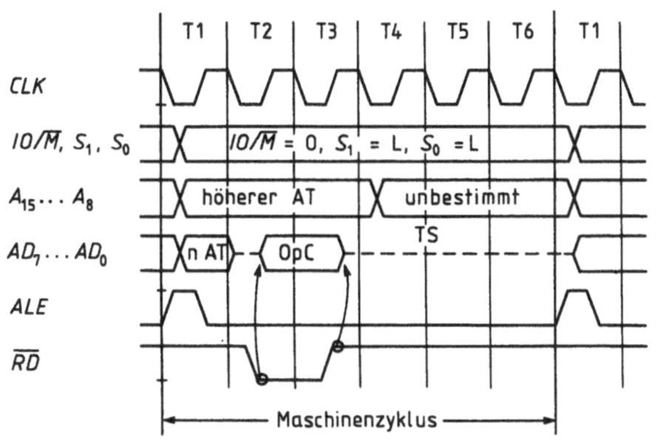

Bild 4.9

Signal-Zeit-Diagramm des Lesezyklus zum Holen des Operationscodes beim Mikroprozessor INTEL 8085

n AT niedrigerer Adreßteil,
OpC Operationscode,
TS 'Tristate'

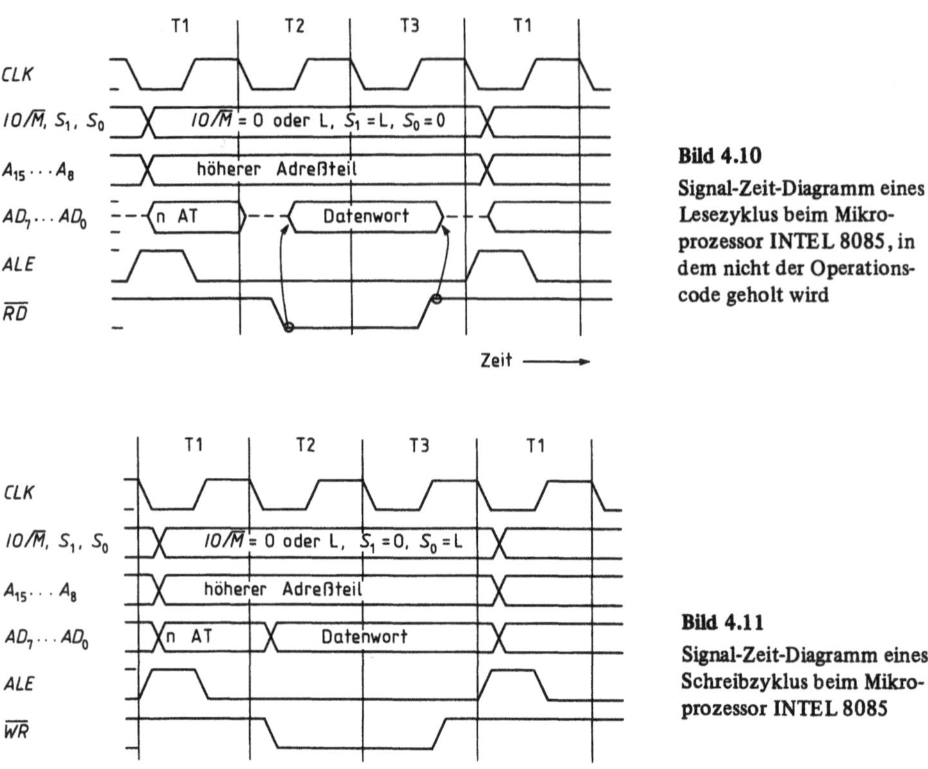

Bild 4.10
Signal-Zeit-Diagramm eines
Lesezyklus beim Mikro-
prozessor INTEL 8085, in
dem nicht der Operations-
code geholt wird

Bild 4.11
Signal-Zeit-Diagramm eines
Schreibzyklus beim Mikro-
prozessor INTEL 8085

Lesezyklus, bei dem kein Operationscode geholt wird (Abschnitt 4.3.2, Angabe des jeweiligen
Maschinenzyklus durch den Mikroprozessor*)*
Lesezyklen, bei denen das zweite oder dritte Befehlswort eines Maschinenbefehls oder
andere 8-Bit-Worte aus dem Hauptspeicher oder einem Eingabewerk geholt werden, dauern
beim Mikroprozessor 8085 im Normalfall drei Maschinenzustände, wie im Bild 4.10 dargestellt ist.

Schreibzyklus (Abschnitt 4.3.2 Angabe des jeweiligen Maschinenzyklus durch den Mikroprozessor*)*
Schreibzyklen zum Speichern jeweils eines achtstelligen Binärwortes im Hauptspeicher oder
in einem Ausgabewerk laufen beim Mikroprozessor 8085 gemäß der Darstellung in Bild
4.11 ab. Ihre Dauer entspricht der Dauer von drei Maschinenzuständen, sofern der Ablauf
des Maschinenzyklus nicht auf besondere Weise unterbrochen wird.

Verlängerung der Dauer eines Maschinenzyklus durch READY = 0

Im Abschnitt 4.3.2 Unterbrechung der Arbeitsabläufe im 8085 und Freigabe des Datenbus für externe
Funktionseinheiten wurde angegeben, daß das Arbeiten des Mikroprozessors 8085 verlangsamt
werden kann, indem am Eingang *READY* der Wert 0 angelegt wird. Hierdurch werden anschließend an den Maschinenzustand T2 eines Maschinenzyklus Maschinenzustände T_{WAIT}
eingeschoben. Die genaue Wirkungsweise der Eingangsvariablen *READY* zeigt das Signal-
Zeit-Diagramm in Bild 4.12.

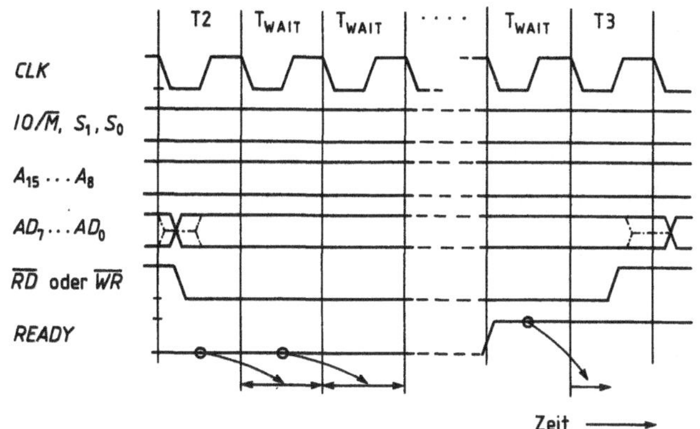

Bild 4.12
Signal-Zeit-Diagramm mit den wichtigsten Variablen in einem zeitlichen Ausschnitt aus einem Maschinenzyklus des Mikroprozessors 8085 mit eingeschobenen Maschinenzuständen T_{WAIT}

Beispiel für den zeitlichen Ablauf des Holens und Ausführens eines Maschinenbefehls

In diesem Beispiel werden, sofern nicht anders erwähnt, alle Adressen und Inhalte von Speicherzellen sedezimal („hexadezimal") angegeben, wie schon im Abschnitt 3.7.2 beschrieben.

Betrachtet wird ein Maschinenbefehl mit dem Operationscode 32 und dem Adreßteil 13A9, der also aus drei Befehlsworten besteht. Diese sollen im Hauptspeicher unter den Adressen 269 bis 26B gespeichert sein (mit 269 als abgekürzte Schreibweise für 0269 usw.). Im Mikroprozessor tritt der Operationscode 32 als Binärwort 00LL 00L0 (oder 0011 0010) auf. Gemäß der Anwenderanleitung des Herstellers [4.2] ist dies der Operationscode für den mit *"Store Accumulator direct"* oder **STA** bezeichneten Maschinenbefehl. Durch Ausführung dieses Maschinenbefehls wird der Inhalt des Akkumulators in diejenige Speicherzelle gebracht, deren Adresse im zweiten und dritten Befehlswort des Maschinenbefehls angegeben ist, also in die Speicherzelle mit der Adresse 13A9.

In den hier interessierenden Speicherzellen des Hauptspeichers stehen also folgende Daten

Adresse	Inhalt	Bemerkung
.	.	
269	32	Operationscode
26A	A9	Niederwertiger Teil der Adresse (!)
26B	13	Höherwertiger Teil der Adresse
.	.	
13A9	UU	Vor der Befehlsausführung: UU nicht bekannt; nach der Befehlsausführung: UU = Inhalt des Akkumulators.
.	.	

Der gesamte Ablauf des Maschinenbefehls STA erfordert vier Maschinenzyklen mit insgesamt 4 + 3 + 3 + 3 = 13 Maschinenzuständen und geht im einzelnen wie folgt vor sich

Erster Maschinenzyklus = Lesezyklus zum Holen des Operationscodes (vgl. Bild 4.9)

T1: Der Mikroprozessor gibt den Inhalt des Befehlszählers, also die Adresse 269, an den Hauptspeicher aus, und zwar während der Maschinenzustände T1 bis T3 den höheren Adreßteil 02 auf den Ausgängen $A_8 \ldots A_{15}$ und nur während des Maschinenzustandes T1 den niedrigeren Adreßteil 69 auf AD_0 bis AD_7.

T2 und T3: Der Mikroprozessor gibt $\overline{RD} = 0$ aus, der Hauptspeicher legt den Inhalt seiner
Speicherzelle mit der Adresse 0269 auf $AD_0 \ldots AD_7$, dieser Wert 32 wird vom Mikroprozessor gelesen und in sein Befehlsregister übernommen.

T4: Der Prozessor interpretiert den eingelesenen Operationscode 32 und erkennt, daß zum
Einlesen des vollständigen Maschinenbefehls noch zwei weitere Lesezyklen erforderlich sind. Der Inhalt des Befehlszählers wird um 1 auf 026A erhöht.

Zweiter Maschinenzyklus = Lesezyklus (vgl. Bild 4.10)

T1: Der Mikroprozessor gibt den Inhalt des Befehlszählers, also die Adresse 026A, an den
Hauptspeicher aus. Während T1 bis T3 steht der Adreßteil 02 auf $A_8 \ldots A_{15}$ und nur
während T1 der Adreßteil 6A auf $AD_0 \ldots AD_7$ zur Verfügung.

T2 und T3: Der Mikroprozessor gibt $\overline{RD} = 0$ aus, der Hauptspeicher legt den Inhalt seiner
Speicherzelle mit der Adresse 026A auf $AD_0 \ldots AD_7$, diese Daten, d. h. der niederwertige Adreßteil A9 im Maschinenbefehl, werden vom Prozessor in eines seiner dem Programmierer nicht zugänglichen Register gebracht. Der Inhalt des Befehlszählers wird
um 1 auf 026B erhöht.

Dritter Maschinenzyklus = Lesezyklus (vgl. Bild 4.10)

T1 bis T3: Ablauf entsprechend dem zweiten Maschinenzyklus, wobei auf dem Adreßbus
jetzt die Adresse 026B ausgegeben und schließlich auf $AD_0 \ldots AD_7$ der höherwertige
Adreßteil 13, der das dritte Befehlswort des Maschinenbefehls bildet, eingelesen
wird. Der Inhalt des Befehlszählers wird um 1 auf 062C erhöht.

Vierter Maschinenzyklus = Schreibzyklus (vgl. Bild 4.11)

T1: Der Mikroprozessor gibt das zweite Befehlswort des Maschinenbefehls, also A9, als
niederwertigen Adreßteil auf $AD_0 \ldots AD_7$, das dritte Befehlswort des Maschinenbefehls, also 13, als höherwertigen Adreßteil auf $A_8 \ldots A_{15}$ an den Hauptspeicher aus,
und zwar den niederwertigen Adreßteil während T1, den höherwertigen Adreßteil
während T1 bis T3.

T2 und T3: Der Prozessor setzt $\overline{WR} = 0$ und gibt den Inhalt des Akkumulators auf $AD_0 \ldots$
AD_7 aus. Der Hauptspeicher übernimmt diese Daten und speichert sie in der adressierten Speicherzelle des Hauptspeichers.

Damit ist die Ausführung des Maschinenbefehls **STA** abgeschlossen. Der Mikroprozessor
kann mit der Ausführung des nächsten Maschinenbefehls beginnen, indem er in einem
neuen ersten Maschinenzyklus dessen Operationscode aus einer Hauptspeicherzelle mit der
Adresse 026C holt.

4.3.4 Die Maschinenbefehle des Mikroprozessors INTEL 8085

Die vollständige Beschreibung sämtlicher Maschinenbefehle des Mikroprozessors INTEL
8085 geht über den Rahmen dieses Buches hinaus. Eine tabellarische Übersicht gibt die
Tabelle 4.2 [4.2]. Ferner wird nachfolgend eine Beschreibung der Arten der Maschinenbefehle des INTEL 8085 gegeben. Für die Anwendung dieser Maschinenbefehle ist die Kenntnis vieler weiterer Einzelheiten erforderlich, so daß die Benutzung der Anwenderanleitung
des Herstellers [4.2] unumgänglich ist.

Transportbefehle

Das sind Maschinenbefehle, durch die Datenübertragungen von Register zu Register sowie zwischen Hauptspeicher und Registern bewirkt werden. Hervorzuheben sind folgende Gruppen:

— *MOV-Befehle*
Ein-Wort-Maschinenbefehle, die Datenübertragungen jeweils zwischen zwei 8-Bit-Registern oder zwischen einem 8-Bit-Register und einer Hauptspeicherzelle bewirken. Als Binärwort geschrieben lautet der Operationscode

0LDDDSSS.

Tabelle 4.2 Maschinenbefehle der Mikroprozessoren INTEL 8080 und 8085 in der Reihenfolge des Operationscodes, der sedezimal geschrieben ist (* nur INTEL 8085)

Abgekürzte Schreibweise der Maschinenbefehle gemäß INTEL-Anwenderanleitung [4.2], unter anderem mit folgenden Abkürzungen:

Maschinenbefehle gemäß Abschnitt 4.3.4,

Additions- und	**ADD** r	$(A) \leftarrow (A) + (r)$
Subtraktionsbefehle	**ADC** r	$(A) \leftarrow (A) + (r) + (CY)$
mit 8-Bit-Operanden:	**SUB** r	$(A) \leftarrow (A) - (r)$
	SBB r	$(A) \leftarrow (A) - (r) - (CY)$
Maschinenbefehle	**CMP** r	$(Z) = 1$, wenn $(A) = (r)$, und
zum Vergleichen:		$(CY) = 1$, wenn $(A) < (r)$
Maschinenbefehle	**ANA** r	$(A) \leftarrow (A) \wedge (r)$
zur Ausführung	**XRA** r	$(A) \leftarrow (A) \oplus (r)$
boolescher	**ORA** r	$(A) \leftarrow (A) \vee (r)$
Verknüpfungen:		

Für r kann **A, B, C, D, E, H, L** oder **M** gesetzt werden

Allgemeine Abkürzungen in der folgenden Tabelle:

A, B, C, D, E, H, L	Inhalte der entsprechenden Register.
M	Inhalt einer Speicherzelle des Hauptspeichers, deren Adresse in den Registern H, L steht.
PSW	Inhalt von A und Zustandswort nach Bild 4.6.
addr	2. und 3. Befehlswort als 16-Bit-Adresse.
port	2. Befehlswort als Eingabe-/Ausgabeadresse.
D16	2. und 3. Befehlswort als neuer Inhalt von B, C, oder D, E oder H, L oder SP.
D8	2. Befehlswort als Operand oder neuer Inhalt eines Registers oder einer Hauptspeicherzelle, deren Adresse in H, L steht.
SP	Inhalt des Kellerspeicheradreßanzeigers (Stack Pointer).
NZ, Z, NC, C, PO, PE, P, M	condition zu *Sprung- und Verzweigungsbefehle:*

	(Z)	(CY)	(P)	(S)
NZ NC PO P	0	0	0	0
Z C PE M	1	1	1	1

Fortsetzung der Tabelle 4.2 auf Seite 118 und 119

Tabelle 4.2 (Fortsetzung)

Operations-code	Befehl		Operations-code	Befehl		Operations-code	Befehl	
00	NOP		32	STA	addr	64	MOV	H, H
01	LXI	B, D16	33	INX	SP	65	MOV	H, L
02	STAX	B	34	INR	M	66	MOV	H, M
03	INX	B	35	DCR	M	67	MOV	H, A
04	INR	B	36	MVI	M, D8	68	MOV	L, B
05	DCR	B	37	STC		69	MOV	L, C
06	MVI	B, D8	38			6A	MOV	L, D
07	RLC		39	DAD	SP	6B	MOV	L, E
08			3A	LDA	addr	6C	MOV	L, H
09	DAD	B	3B	DCX	SP	6D	MOV	L, L
0A	LDAX	B	3C	INR	A	6E	MOV	L, M
0B	DCX	B	3D	DCR	A	6F	MOV	L, A
0C	INR	C	3E	MVI	A, D8	70	MOV	M, B
0D	DCR	C	3F	CMC		71	MOV	M, C
0E	MVI	C, D8	40	MOV	B, B	72	MOV	M, D
0F	RRC		41	MOV	B, C	73	MOV	M, E
10			42	MOV	B, D	74	MOV	M, H
11	LXI	D, D16	43	MOV	B, E	75	MOV	M, L
12	STAX	D	44	MOV	B, H	76	HLT	
13	INX	D	45	MOV	B, L	77	MOV	M, A
14	INR	D	46	MOV	B, M	78	MOV	A, B
15	DCR	D	47	MOV	B, A	79	MOV	A, C
16	MVI	D, D8	48	MOV	C, B	7A	MOV	A, D
17	RAL		49	MOV	C, C	7B	MOV	A, E
18			4A	MOV	C, D	7C	MOV	A, H
19	DAD	D	4B	MOV	C, E	7D	MOV	A, L
1A	LDAX	D	4C	MOV	C, H	7E	MOV	A, M
1B	DCX	D	4D	MOV	C, L	7F	MOV	A, A
1C	INR	E	4E	MOV	C, M	80	ADD	B
1D	DCR	E	4F	MOV	C, A	81	ADD	C
1E	MVI	E, D8	50	MOV	D, B	82	ADD	D
1F	RAR		51	MOV	D, C	83	ADD	E
20	RIM	*	52	MOV	D, D	84	ADD	H
21	LXI	H, D16	53	MOV	D, E	85	ADD	L
22	SHLD	addr	54	MOV	D, H	86	ADD	M
23	INX	H	55	MOV	D, L	87	ADD	A
24	INR	H	56	MOV	D, M	88	ADC	B
25	DCR	H	57	MOV	D, A	89	ADC	C
26	MVI	H, D8	58	MOV	E, B	8A	ADC	D
27	DAA		59	MOV	E, C	8B	ADC	E
28			5A	MOV	E, D	8C	ADC	H
29	DAD	H	5B	MOV	E, E	8D	ADC	L
2A	LHLD	addr	5C	MOV	E, H	8E	ADC	M
2B	DCX	H	5D	MOV	E, L	8F	ADC	A
2C	INR	L	5E	MOV	E, M	90	SUB	B
2D	DCR	L	5F	MOV	E, A	91	SUB	C
2E	MVI	L, D8	60	MOV	H, B	92	SUB	D
2F	CMA		61	MOV	H, C	93	SUB	E
30	SIM	*	62	MOV	H, D	94	SUB	H
31	LXI	SP, D16	63	MOV	H, E	95	SUB	L

Fortsetzung Tabelle 4.2

Operations code	Befehl		Operations-code	Befehl		Operations-code	Befehl	
96	SUB	M	BA	CMP	D	DD		
97	SUB	A	BB	CMP	E	DE	SBI	D8
98	SBB	B	BC	CMP	H	DF	RST	3
99	SBB	C	BD	CMP	L	E0	RPO	
9A	SBB	D	BE	CMP	M	E1	POP	H
9B	SBB	E	BF	CMP	A	E2	JPO	addr
9C	SBB	H	C0	RNZ		E3	XTHL	
9D	SBB	L	C1	POP	B	E4	CPO	addr
9E	SBB	M	C2	JNZ	addr	E5	PUSH	H
9F	SBB	A	C3	JMP	addr	E6	ANI	D8
A0	ANA	B	C4	CNZ	addr	E7	RST	4
A1	ANA	C	C5	PUSH	B	E8	RPE	
A2	ANA	D	C6	ADI	D8	E9	PCHL	
A3	ANA	E	C7	RST	0	EA	JPE	addr
A4	ANA	H	C8	RZ		EB	XCHG	
A5	ANA	L	C9	RET		EC	CPE	addr
A6	ANA	M	CA	JZ	addr	ED		
A7	ANA	A	CB			EE	XRI	D8
A8	XRA	B	CC	CZ	addr	EF	RST	5
A9	XRA	C	CD	CALL	addr	F0	RP	
AA	XRA	D	CE	ACI	D8	F1	POP	PSW
AB	XRA	E	CF	RST	1	F2	JP	addr
AC	XRA	H	D0	RNC		F3	DI	
AD	XRA	L	D1	POP	D	F4	CP	addr
AE	XRA	M	D2	JNC	addr	F5	PUSH	PSW
AF	XRA	A	D3	OUT	port	F6	ORI	D8
B0	ORA	B	D4	CNC	addr	F7	RST	6
B1	ORA	C	D5	PUSH	D	F8	RM	
B2	ORA	D	D6	SUI	D8	F9	SPHL	
B3	ORA	E	D7	RST	2	FA	JM	addr
B4	ORA	H	D8	RC		FB	EI	
B5	ORA	L	D9			FC	CM	addr
B6	ORA	M	DA	JC	addr	FD		
B7	ORA	A	DB	IN	port	FE	CPI	D8
B8	CMP	B	DC	CC	addr	FF	RST	7
B9	CMP	C						

DDD und SSS sind dreistellige Binärworte, die die Adressen von Registern angeben. Übertragen wird vom Register mit der Adresse SSS zum Register mit der Adresse DDD. Wird zwischen einem Register und einer Hauptspeicherzelle übertragen, so ist SSS oder DDD gleich LL0. In einem solchen Fall müssen die höheren 8 Bits der Adresse der Hauptspeicherzelle im Register H („High‘), die niederwertigen 8 Bits im Register L („Low‘) stehen.

— *Unmittelbares Laden*
Diese Gruppe von Maschinenbefehlen bewirkt, daß ihr zweites oder ihr zweites und drittes Befehlswort unmittelbar („immediate“) in ein im Maschinenbefehl spezifiziertes

8-Bit-Register oder den Hauptspeicher oder in ein Paar von 8-Bit-Registern geladen
wird.

— *Transportbefehle mit direkter Adressierung*
Das zweite und dritte Befehlswort des Maschinenbefehls enthält eine Hauptspeicher-
adresse. Damit können 8-Bit-Worte einzeln zwischen Akkumulator und Hauptspeicher
oder je zwei 8-Bit-Worte paarweise zwischen dem Hauptspeicher und den Registern H
und L übertragen werden.

Arithmetische Maschinenbefehle

Sie werden im Verknüpfungswerk des Prozessors ausgeführt und beeinflussen die Zustände
der Flag-Flipflops. Es gibt:

— *Additions- und Subtraktionsbefehle mit 8-Bit-Operanden aus Registern oder Speicherzellen des Hauptspeichers;*
das Ergebnis steht im Akkumulator; durch Wahl des Maschinenbefehls wird bestimmt,
ob der Inhalt des Flag-Flipflops CY als „Übertrag" einer vorangegangenen Rechenopera-
tion berücksichtigt wird;

— *Additionsbefehle mit 16-Bit-Operanden*
die Operanden stehen im Registerpaar H, L und in einem weiteren Registerpaar, das Ergebnis steht im Registerpaar H, L;

— *Maschinenbefehl zum Aufteilen*
ein Maschinenbefehl, der den Inhalt des Akkumulators in zwei 8-4-2-1-Codewörter für
Dezimalziffern aufteilt;

— *Maschinenbefehle zum Erhöhen oder Erniedrigen*
Maschinenbefehle zum Erhöhen oder Erniedrigen der Inhalte von 8-Bit-Registern, von
Paaren solcher Register oder von spezifizierten Speicherzellen des Hauptspeichers je-
weils um 1;

— *Maschinenbefehle zum Vergleichen*
verglichen wird der Inhalt des Akkumulators mit dem Inhalt eines anderen 8-Bit-Re-
gisters, einer Speicherzelle des Hauptspeichers oder mit dem zweiten Befehlswort des
Maschinenbefehls; bei Gleichheit erhält der Inhalt des Flag-Fliplops Z den Wert L; ist
der Inhalt des Akkumulators der kleinere der beiden verglichenen Inhalte, so erhält
CY den Wert L.

Maschinenbefehle zur Ausführung boolescher Verknüpfungen

Der Inhalt des Akkumulators kann durch UND, ODER oder ANTIVALENZ bitweise mit
dem Inhalt eines anderen 8-Bit-Registers, einer Speicherzelle des Hauptspeichers oder dem
zweiten Befehlswort des Maschinenbefehls verknüpft werden; das Ergebnis steht im Akkumulator. Außerdem kann der Inhalt des Akkumulators komplementiert (negiert) werden.

Verschiebebefehle

Der Inhalt des Akkumulators kann jeweils um eine Binärstelle nach rechts oder nach links,
unter Einbeziehung des Inhalts des Flag-Flipflops CY oder ohne diese, ringförmig verschoben werden. CY kann selbständig gesetzt oder auch komplementiert werden.

Sprung- und Verzweigungsbefehle

- *Sprungbefehle* **JMP addr** *oder* **Jcondition addr** (Abschnitt 4.2.2 Funktionsabläufe beim Holen und Ausführen von Maschinenbefehlen)
  Die neue Befehlsadresse wird als zweites und drittes Befehlswort im Maschinenbefehl angegeben. Bedingte Sprünge finden in Abhängigkeit vom jeweiligen Inhalt der Flag-Flipflops Z, CY, P oder S statt.

- *Sprung ins Unterprogramm* **CALL addr** *oder* **Ccondition addr**
  Auch Sprünge ins Unterprogramm können in Analogie zu Sprungbefehlen unbedingt oder bedingt erfolgen. Der um 1 erhöhte Inhalt des Befehlszählers, d. h. die im Hauptprogramm folgende Adresse eines Maschinenbefehls, wird in den Kellerspeicher gebracht (vgl. Kellerspeicherbefehle). Das zweite und dritte Befehlswort des Maschinenbefehls werden in den Befehlszähler übertragen.

- *Rücksprung aus dem Unterprogramm* **RET** *oder* **Rcondition**
  Der Rücksprung erfolgt unbedingt oder bedingt zu der Befehlsadresse, die man im jeweiligen Zeitpunkt in den beiden „obersten" Speicherzellen des Kellerspeichers findet. Der bedingte Rücksprung findet je nach der Spezifikation im Maschinenbefehl in Abhängigkeit vom jeweiligen Zustand der Flag-Flipflops Z, CY, P oder S statt.

- *Verzweigungsbefehl* **RST n**
  Durch diesen Maschinenbefehl kann auf die acht verschiedenen Befehlsadressen $8n$ mit dem im Maschinenbefehl zu spezifizierenden Wert von $n = 0, 1, ..., 7$ verzweigt werden.

Kellerspeicherbefehle

Der Kellerspeicher beim Mikroprozessor 8085 ist gemäß Abschnitt 4.3.2 ein Teil des Hauptspeichers und muß als solcher „initialisiert" werden, d. h. durch Setzen des anfänglichen Inhalts des Kellerspeicheradreßanzeigers (*Stack Pointer*) wird die höchste der Adressen festgelegt, unter der sich der Kellerspeicher im Hauptspeicher befindet; der Kellerspeicher erstreckt sich von der Adresse ‚Anfänglicher Inhalt des Kellerspeicheradreßanzeigers − 1' zu niedrigeren Adressen hin.

Geschrieben wird in den Kellerspeicher mittels besonderer Maschinenbefehle (PUSH-Befehle), ferner bei den Maschinenbefehlen **CALL addr** und **RST n** sowie bei „automatischem Restart" nach den Unterbrechungen TRAP, RST 7.5, RST 6.5 und RST 5.5. Gelesen wird aus dem Kellerspeicher mittels besonderer Maschinenbefehle (POP-Befehle), ferner beim Maschinenbefehl **RET** (Return). Außerdem können die Inhalte des Registerpaares H, L und der beiden Speicherzellen des Kellerspeichers, in die zuletzt eingeschrieben wurde, ausgetauscht werden.

In den Kellerspeicher werden immer zwei 8-Bit-Worte geschrieben. Das Einschreiben beginnt damit, daß der Inhalt des Kellerspeicheradreßanzeigers um 1 erniedrigt und unter dieser Adresse das erste Wort, dann nochmals um 1 erniedrigt und unter dieser Adresse das zweite Wort geschrieben wird. Es werden auch immer zwei 8-Bit-Worte hintereinander aus dem Kellerspeicher gelesen, und zwar bei POP-Befehlen in die Registerpaare B-C, D-E, H-L oder in den Akkumulator A und in die Flag-Flipflops, bei **RET** in den Befehlszähler. Gelesen wird jeweils unter der Adresse ‚Inhalt des Kellerpseicheradreßanzeigers'; nach dem Lesen eines Wortes wird der Inhalt des Kellerspeicheradreßanzeigers jeweils um 1 erhöht.

Eingabe- und Ausgabe-Befehle

Die Eingabe erfolgt durch den Maschinenbefehl **IN**, die Ausgabe durch den Maschinenbefehl **OUT**. Die Verwendung dieser beiden Maschinenbefehle setzt voraus, daß der Mikroprozessor durch Ausgabe der Steuervariablen $IO/\overline{M}$ (Abschnitt 4.3.2) zwischen Hauptspeicheradressen und Eingabe-/Ausgabeadressen unterscheidet. **IN** und **OUT** sind Zwei-Wort-Maschinenbefehle. Das zweite Befehlswort enthält jeweils eine 8-Bit-Geräteadresse, d. h. es sind 256 verschiedene Eingabe- und Ausgabegeräte adressierbar. Diese 8-Bit-Adresse wird auf dem 16-Bit-Adreßbus doppelt ausgegeben, d. h. auf $AD_7 \dots AD_0$ und auf $A_{15} \dots A_8$ erscheint jeweils die gleiche Adresse.

Durch Auswahl von Eingabe- und Ausgabeadressen aus dem möglichen Adreßraum des Hauptspeichers und gleichzeitigem Verzicht auf eine Verwendung der Variablen $IO/\overline{M}$ ist es auch möglich, Eingaben und Ausgaben ohne Verwendung der Befehle **IN** und **OUT** durchzuführen (*Memory Mapped Input/Output*). Dann können Eingaben und Ausgaben mit allen Maschinenbefehlen durchgeführt werden, die in geeigneter Weise auf den Hauptspeicher Bezug nehmen. Die als Eingabe-/Ausgabeadressen festgelegten Adressen gehen jedoch als Adressen des Hauptspeichers verloren.

Prozessorsteuerung

SIM Ermöglicht die serielle Ausgabe einzelner Bits (Abschnitt 4.3.2 Serielle Eingabe und Ausgabe) und das Setzen von Masken der Unterbrechungseingabe u. ä. (Abschnitt 4.3.2 Variablen der Unterbrechungseingabe).

RIM Ermöglicht die serielle Eingabe einzelner Bits (Abschnitt 4.3.2, serielle Eingabe und Ausgabe) und das Lesen der Masken der Unterbrechungseingabe u. ä..

DI Maschinenbefehl, durch den unmittelbar nach seiner Ausführung die Unterbrechungseingänge $RST\ 7.5$, $RST\ 6.5$, $RST\ 5.5$ und $INTR$ maskiert werden.

EI Maschinenbefehl, durch den die Unterbrechungseingänge $RST\ 7.5$, $RST\ 6.5$, $RST\ 5.5$ und $INTR$, die durch den Maschinenbefehl **DI**, durch $\overline{RESET\ IN} = 0$ oder durch eine wirksam gewordene Programmunterbrechung $TRAP$, $RST\ 7.5$, $RST\ 6.5$, $RST\ 5.5$ oder $INTR$ unwirksam gemacht wurden (indem das interne ''*Interrupt Enable Flipflop*'' rückgesetzt wurde), nach Ablauf der Ausführung des auf **EI** folgenden Maschinenbefehls wieder wirksam werden. (Die Unterbrechungseingänge $RST\ 7.5$, $RST\ 6.5$, $RST\ 5.5$ werden außerdem einzeln durch **SIM** und durch $\overline{RESET\ IN} = 0$ maskiert, vgl. oben.)

HLT Im Zuge der Ausführung dieses Maschinenbefehls gelangt der Prozessor im zweiten Maschinenzyklus nach Ablauf des Maschinenzustandes T1 in den Maschinenzustand T_{HALT} (Abschnitt 4.3.2, Angabe des jeweiligen Maschinenzyklus durch den Mikroprozessor)

NOP In Ausführung dieses Maschinenbefehls führt der Prozessor keinerlei Operation durch. Die Inhalte der Register und der Flag-Flipflops ändern sich nicht.

4.4 Hochintegrierte Speicherbausteine in Mikrorechnersystemen

4.4.1 Arten hochintegrierter Speicherbausteine

Ein Mikroprozessor wird dadurch zum funktionierenden Mikrorechnersystem, daß ein Zentralspeicher — in aller Regel als Hauptspeicher — und ein Eingabe-/Ausgabewerk an ihn angeschlossen und geeignete Programme entwickelt und eingegeben werden. Der Haupt-

speicher wird aus einem oder meistens aus mehreren oder gar vielen hochintegrierten
Speicherbausteinen aufgebaut. Folgende Arten von Speichern kommen in Frage:

— *Lesespeicher* (Nur-Lesespeicher; vgl. auch Abschnitt 3.7.2)
  Reine Lesespeicher: ROM (*Read Only Memory*).
  Programmierbare Lesespeicher, das sind Lesespeicher, in die man die Daten auf besondere Weise elektrische einschreiben kann: PROM (*Programmable ROM*).
  Programmierbare und löschbare Lesespeicher: EPROM (*Erasable PROM*).

— *Schreib-/Lesespeicher:* RAM (*Random Access Memory*)
  in den Ausführungsformen:
  RAM vom Flipflop-Typ (statischer RAM): Die gespeicherten Daten bleiben im Speicher,
  sofern sie nicht überschrieben werden, ständig vorhanden, gehen aber bei Spannungsausfall verloren.

  Dynamischer RAM (RC-Speichertyp): Die gespeicherten Daten müssen in Zeitabständen von etwa 1 bis 2 ms während einer Reihe eingeschobener „Auffrisch-Maschinenzyklen" erneuert werden.

Übersichten über einige Typen solcher hochintegrierten Speicherbausteine, die teils vor
einigen Jahren auf den Markt kamen, teils erst in neuester Zeit verfügbar wurden, geben die
Tabellen 4.3 und 4.4.

Andere Arten von Speichern haben für die Realisierung von Hauptspeichern von Mikrorechnern bislang kaum Bedeutung erlangt.

Beim Aufbau des Hauptspeichers können zur Speicherung der Maschinenbefehle der Programme ROM-Bausteine verwendet werden, während immer dann, wenn sich im Zuge des
Programmablaufs gespeicherte Daten ändern, RAM-Bausteine verwendet werden müssen.
Sind die Programme eines Mikrorechnersystems noch zu entwickeln, so baut man den
Hauptspeicher am besten aus EPROM-Bausteinen auf, deren Inhalt man mit UV-Licht oder
auch — bei neu auf den Markt gekommenen Bausteinen — elektrisch löschen kann. Hat man

Tabelle 4.3 Einige Typen hochintegrierter Lesespeicher-Bausteine (‚ROM' und ‚EPROM')

Typ	Umfang (Bits) (1)	Art	Zugriffszeit (ns)	Leistungsbedarf (mW)		Anschlüsse	Löschen
IM 6604 I	512 × 8	EPROM	280	0,5	(passiv)	24	UV 20 min
IM 6604 AI	512 × 8	EPROM	150	1	(passiv)	24	UV 20 min
INTEL 2716-1	2 k × 8	EPROM	350	525	(aktiv)	24	UV 20 min
				132	(passiv)		
INTEL 2732	4 k × 8	EPROM	450	800	(aktiv)	24	UV 20 min
				125	(passiv)		
INTEL 2816	2 k × 8	EPROM	250	550	(aktiv)	24	21 V, 10 ms
INTEL 2364	8 k × 8	ROM	300	200	(aktiv)	28	–
				75	(passiv)		

(1) $k = 2^{10} = 1024$.

Tabelle 4.4 Einige Typen hochintegrierter Schreib-Lese-Speicherbausteine („RAM"). Lese-/Schreibzyklus: (1) 380 ns; (2) 320 ns; (3) 270 ns

Typ	Umfang (Bits)	Art	Zugriffszeit (ns)	Leistungsbedarf (mW)		Anschlüsse
INTEL 8101	256×4	statisch	1300			22
INTEL 8101-2	256×4	"	850	350		22
INTEL 2101A-2		"	250			
INTEL 2114	$1\,k \times 4$	"	450	525		18
INTEL 2114-3	$1\,k \times 4$	"	300	525		18
INTEL 2114-2	$1\,k \times 4$	"	200	525		18
INTEL 2114L	$1\,k \times 4$	"	450	370		18
INTEL 2114L2	$1\,k \times 4$	"	200	370		18
HITACHI HM6116P-4	$2\,k \times 8$	"	200	180		24
TMS 4060-3	$4\,k \times 1$	dynamisch	150 (1)	420	(aktiv) 0,2 (passiv)	22
TMS 4050-3	$4\,k \times 1$	"	150 (1)	420	(aktiv 0,1 (passiv)	18
NEC μDP416-5	$16\,k \times 1$	"	120 (2)	420	(aktiv) 18 (passiv)	16
HM 4864-2	$64\,k \times 1$	"	150 (3)	330	(aktiv) 20 (passiv)	16

ein fehlerhaftes Programm eingeschrieben, so löscht man den Inhalt des betreffenden Bausteins und kann diesen dann weiterhin verwenden. Auch bei Mikrorechnern, die man in Kleinserien fertigt, verwendet man bevorzugt EPROM- oder zumindest PROM-Bausteine. Erst wenn man Mikrorechner in größeren Stückzahlen fertigt, kommen aus wirtschaftlichen Gründen ROM-Bausteine in Frage.

4.4.2 Beispiele für hochintegrierte Speicherbausteine

Im folgenden soll je ein Beispiel eines EPROM-Speicherbausteins und eines RAM-Speicherbausteins behandelt werden.

EPROM-Baustein IM 6604 von Intersil

Der Baustein ist in den Ausführungen IM 6604 I und IM 6604 AI seit Ende 1977 verfügbar [4.3]. Eine schematische Darstellung des Aufbaus dieses Bausteins zeigt Bild 4.13. Der zeitliche Ablauf des Lesens von Daten aus diesem Baustein ist in Bild 4.14 dargestellt. Mit der fallenden Flanke von *STR* wird die am Baustein anliegende Adresse und eine Variable $\overline{CE}$ in den Adreßspeicher des Bausteins übernommen. In einem Mikrorechner mit einem Mikroprozessor 8085 kann man *ALE* als *STR* verwenden. $\overline{CE}$ muß in dem in Bild 4.14 angegebenen Zeitintervall den Wert 0 haben, damit der Speicherbaustein den Inhalt der adressierten Speicherzelle ausgibt. Zu diesem Zweck ist $\overline{CE}$ in geeigneter Weise aus den noch freien Ausgangsvariablen des Mikroprozessors, in der Regel aus A_9 bis A_{15}, abzuleiten, und zwar so, daß der Baustein dann und nur dann angewählt wird, wenn der jeweilige Adreßteil $A_8 \ldots A_0$ sich auf den vorliegenden Speicherbaustein bezieht.

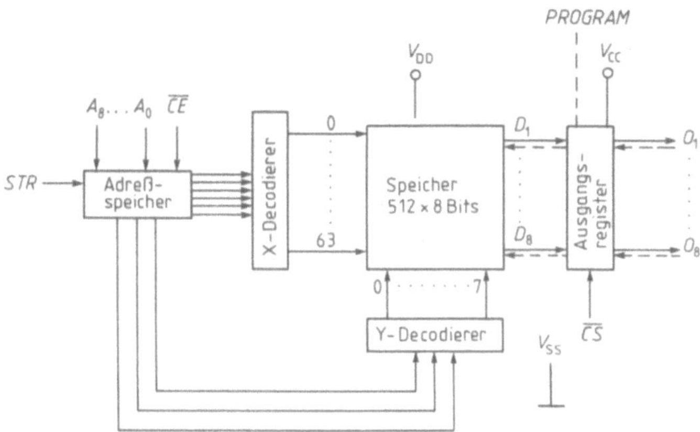

Bild 4.13 Schematische Darstellung des Aufbaus des hochintegrierten
Lese-/Schreibspeicher-Bausteins IM 6604 (Intersil)
Anschlüsse „Ausgangsregister": Lesen   →
                                Programmieren ←-

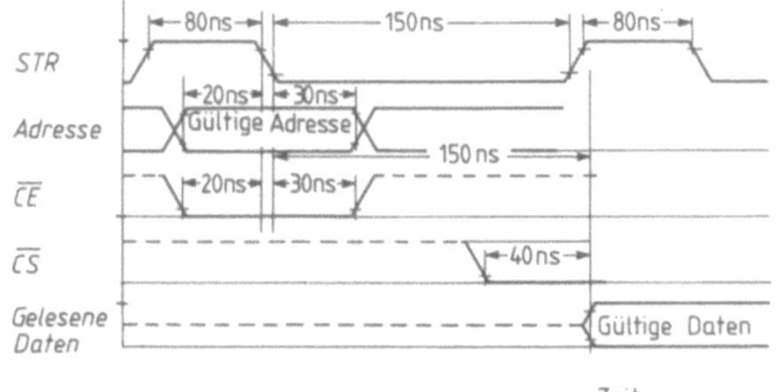

Bild 4.14

Signal-Zeit-Diagramm für die
maßgebenden Variablen beim
Lesen des EPROM IM 6604 AI

Werden die Adresse und $\overline{CE}$ in der im Bild 4.14 angegebenen Form angelegt, so können
etwa 170 ns, nachdem eine gültige Adresse am Eingang des Bausteins eingetroffen war,
gültige Daten an den Ausgängen $O_8 \ldots O_1$ zur Verfügung stehen, sofern die Variable $\overline{CS}$
— üblicherweise mit $\overline{RD}$ beschaltet — rechtzeitig den Wert 0 erhalten hat. In den Zeit-
räumen, in denen der Speicherbaustein nicht angewählt wird, liegen seine Ausgänge auf
hohem Widerstand (TS).

Die zu speichernden Daten können in den Baustein IM 6604 elektrisch eingeschrieben werden, man sagt auch, der Baustein wird „programmiert". Dazu wird der Baustein wie beim
normalen Lesen adressiert und die einzuschreibenden Daten werden jeweils in 8-Bit-Worten
an den Leseausgang, der jetzt Eingang ist, gelegt. Für die Spannungsversorgung an den Anschlüssen V_{DD} und V_{CC} sind beim Programmieren jeweils + 10 V erforderlich. Schließlich
wird, wenn alle Eingänge wie angegeben stabil anliegen, der Anschluß *PROGRAM* für die
Dauer von 3 ms von + 10 V auf − 40 V gezogen.

Statischer RAM-Baustein INTEL 2114

Den inneren Aufbau des Bausteins INTEL 2114 zeigt schematisch Bild 4.15. Der eigentliche Speicher besteht hier aus einer Matrix mit 64 × 64 binären Speicherelementen. Jede

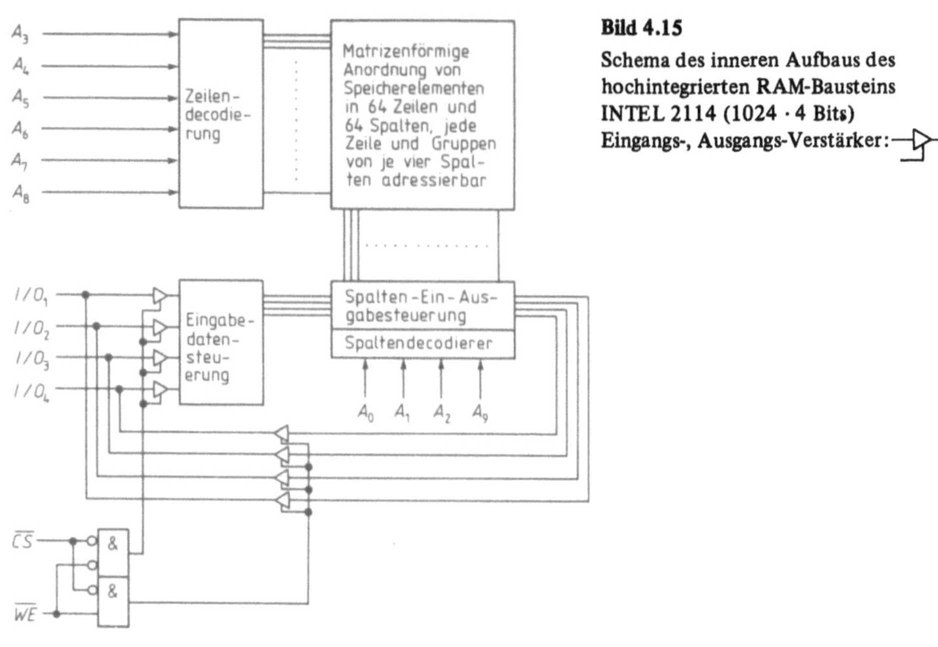

Bild 4.15

Schema des inneren Aufbaus des hochintegrierten RAM-Bausteins INTEL 2114 (1024 · 4 Bits)
Eingangs-, Ausgangs-Verstärker:

Tabelle 4.5 Anwahl des hochintegrierten RAM-Bausteins INTEL 2114

Eingangsvariablen $\overline{CS}$	$\overline{WE}$	Arbeitsweise
L	L.	Eingangs-/Ausgangsverstärker sperren den Zugang zu
L	0	den Speicherelementen.
0	L	Der Inhalt der adressierten Speicherzelle kann gelesen werden. Die vier Ausgänge der Speicherzelle werden über die geöffneten Ausgangsverstärker zu den Anschlüssen I/O_1 bis I/O_4 durchgeschaltet, so daß die gespeicherte Information auf einem dort angeschlossenen Datenbus zur Verfügung steht.
0	0	In den Speicher kann geschrieben werden, während die Ausgangsverstärker die Augänge sperren. Die von außen an den Anschlüssen I/O_1 bis I/O_4 angelegten Daten werden in die durch die angelegte Adresse ausgewählte Speicherzelle mit vier Speicherelementen geschrieben.

einzelne Speicherzelle umfaßt vier Bits. Die Speicherzellen werden durch einen Zeilende-codierer mit den Eingängen A_3 bis A_8 und einen Spaltendecodierer mit den Eingängen A_0, A_1, A_2, A_9 angewählt. Der Zeilendecodierer wählt jeweils eine der 64 Zeilen aus, der Spaltendecodierer jeweils eine Gruppe von vier Spalten der Matrix.

Damit man zum Baustein 2114 in gewünschte Weise zugreifen kann, müssen die Variablen $\overline{CS}$ (*Chip Select*, also Bausteinauswahl) und $\overline{WE}$ geeignete Werte annehmen, wie in Tabelle 4.5 erläutert wird.

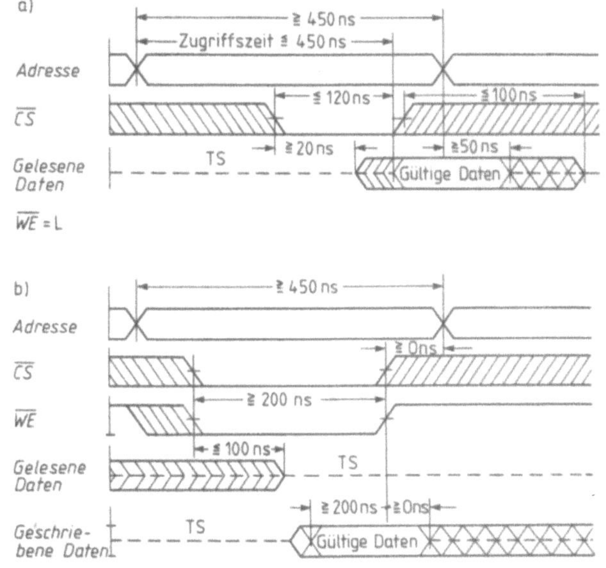

Bild 4.16
Signal-Zeit-Diagramm mit den Werten der für das Lesen und Schreiben beim statischen RAM Typ INTEL 2114 notwendigen Variablen. (Beliebige Werte: schraffiert; Tristate: TS). (Während Änderungen von Adressen muß $\overline{WE}$ = L sein).
a) Lesen
b) Schreiben

Den zeitlichen Ablauf der maßgebenden Variablen beim Lesen und Schreiben von Daten aus oder in einem RAM-Speicherbaustein INTEL 2114 zeigt Bild 4.16.

Andere statische RAM-Bausteine sind im inneren Aufbau dem Baustein INTEL 2114 ziemlich ähnlich. Kennzeichnende Unterschiede sind der Tabelle 4.4 zu entnehmen. Die Anzahl und Anordnung der Speicherelemente ergibt die Anzahl der bei einer Anwendung erforderlichen Speicherbausteine und die jeweilige Anzahl der Adreßbits. Unterschiede zwischen Speicherbausteinen unterschiedlichen Typs bestehen auch hinsichtlich des Zusammenfassens oder Trennens der Eingangs- und Ausgangsleitungen für Daten sowie hinsichtlich der Anzahl und Bedeutung der Variablen zur Auswahl und Steuerung des Speicherbausteins.

4.4.3 Aufbau vollständiger Hauptspeicher

Ausgeführte Hauptspeicher von Mikrorechnern können hochintegrierte Speicherbausteine recht unterschiedlicher Typen enthalten.

Anpassen der Organisation des Hauptspeichers an die Länge der Maschinenworte des Mikroprozessors

Der Mikroprozessor INTEL 8085 arbeitet mit 8-Bit-Maschinenworten, der RAM-Baustein INTEL 2114 ist nach 4-Bit-Worten organisiert. Um einen für einen Mikrorechner mit einem Mikroprozessor 8085 geeigneten Hauptspeicher aufzubauen, schaltet man daher jeweils zwei Bausteine INTEL 2114 in der Weise parallel, daß man sowohl alle Adreßleitungen als auch die Steuerleitungen $\overline{CS}$ und $\overline{WE}$ parallel anschließt. Von den acht Datenleitungen, auf denen die in den Speicher zu schreibenden oder aus diesem gelesenen Daten übertragen werden, verbindet man zum Beispiel die mit den niederwertigen 4 Binärstellen (also AD_0 bis AD_3) mit dem einen Baustein, die mit den höherwertigen 4 Binärstellen (also AD_4 bis AD_7) mit dem anderen Baustein (Bild 4.17).

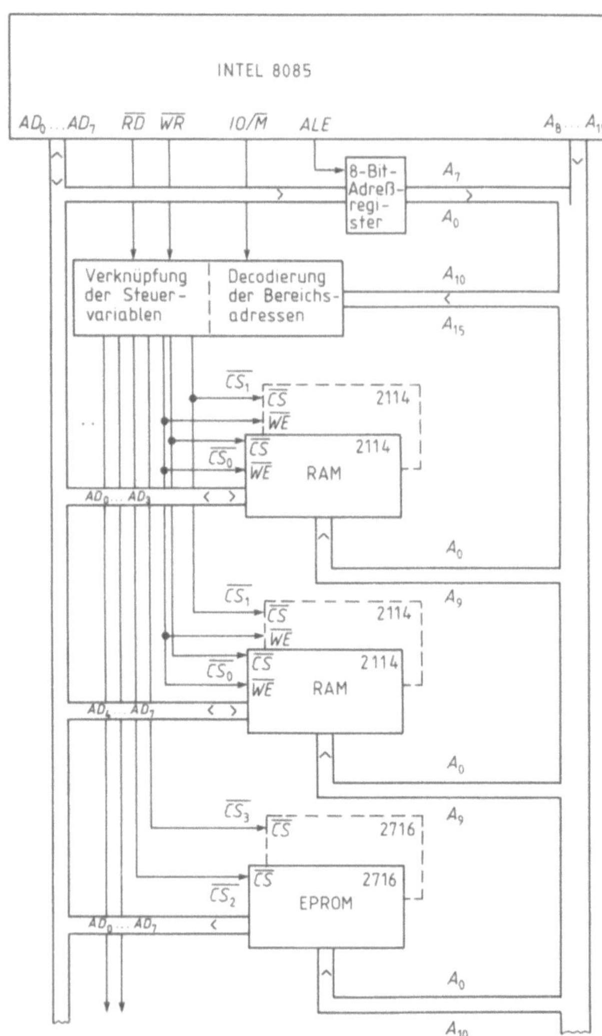

Bild 4.17
Beispiel für den Aufbau eines vollständigen Hauptspeichers eines Mikrorechners mit einem Mikroprozessor INTEL 8085

Für die Anwahl der Bausteine ist die Verwendung der Ausgangsvariablen $\overline{WR}$ und $\overline{RD}$ des Mikroprozessors wesentlich, da nur mittels der Werte 0 dieser beiden Variablen die Zeitintervalle, in denen auf dem Adreßbus $AD_0 \ldots AD_7$ des Mikroprozessors 8085 gültige gelesene oder zu schreibende Daten übertragen werden, genau bestimmt werden können.

Hauptspeicher mit einer größeren Anzahl von Speicherbausteinen

Bei dem soeben erläuterten Vorgehen kann man mit zwei Bausteinen INTEL 2114 einen Hauptspeicher mit 1024 8-Bit-Worten aufbauen. Reicht dieser Umfang des Speichers nicht aus, so muß man weitere Bausteine paarweise so parallel schalten, daß die Adreß- und Datenanschlüsse der verschiedenen Bausteine jeweils an denselben Leitungen des Adreß- und Datenbus liegen. Jeder Baustein erhält eine eigene $\overline{CS}$-Variable, durch die entschieden wird, auf welchen Baustein sich jeweils die ausgegebene Adresse bezieht.

Die $\overline{CS}$-Variablen oder entsprechende Variablen bei anderen Speichertypen werden im Normalfall aus den vom Mikroprozessor ausgegebenen Adreßvariablen abgeleitet. Soll zum Beispiel der Hauptspeicher eines Mikrorechners mit einem Mikroprozessor 8085 vollständig aus Bausteinen 2114 aufgebaut, der Adreßraum vollständig genutzt und die Adressierung von Eingaben und Ausgaben unter Verwendung der Variablen $IO/\overline{M}$ des Mikroprozessors erfolgen, so ergeben sich die $\overline{CS}$-Variablen der verschiedenen Speicherbausteine wie folgt:

Zur Adressierung der 1024 Adressen eines Paares von Bausteinen 2114 werden, wie unter Ziffer 1 beschrieben, die Adreßleitungen A_9 bis A_0 benötigt. Frei sind also noch die Adreßleitungen A_{15} bis A_{10}. Mit diesen sechs noch freien Variablen kann man folgende 64 Minterme bilden:

$$
\begin{aligned}
M_0 &= \overline{A}_{15} \wedge \overline{A}_{14} \wedge \overline{A}_{13} \wedge \overline{A}_{12} \wedge \overline{A}_{11} \wedge \overline{A}_{10}, \\
M_1 &= \overline{A}_{15} \wedge \overline{A}_{14} \wedge \overline{A}_{13} \wedge \overline{A}_{12} \wedge \overline{A}_{11} \wedge A_{10}, \\
& \\
M_{63} &= A_{15} \wedge A_{14} \wedge A_{13} \wedge A_{12} \wedge A_{11} \wedge A_{10}.
\end{aligned}
\tag{4.1}
$$

Mit diesen Mintermen erhält man 64 verschiedene $\overline{CS}$-Variablen, indem man zusätzlich noch die vom 8085 ausgegebenen Variablen $\overline{RD}$ und $\overline{WR}$ benutzt: $\overline{CS}_\nu = \overline{M}_\nu \vee (\overline{RD} \wedge \overline{WR})$, $\nu = 0, 1, 2, \ldots, 63$. Die $\overline{CS}_\nu$ sind jeweils an Paare von Bausteinen 2114 anzulegen. Auf diese Weise wird der vollständige Adreßraum von $64 \cdot 1024 = 65536$ Speicherzellen adressiert, es ist allerdings auch eine verhältnismäßig aufwendige Decodierung erforderlich.

Bei den meisten Anwendungen ist es nicht erforderlich, den gesamten Adreßraum auszunutzen. Dann kann man, vor allem wenn man darauf verzichtet, daß die Adressen der benutzten Teile des Adreßraumes vollständig zusammenhängen, die notwendigen $\overline{CS}$-Variablen einfacher realisieren. So gibt es die Möglichkeit einer „linearen Adressierung": Man benutzt die freien Adreßvariablen direkt als $\overline{CS}$-Variablen. Für die obige Beispiel ergibt sich $\overline{CS}_0 = A_{15} \vee (\overline{RD} \wedge \overline{WR}), \ldots, \overline{CS}_5 = A_{10} \vee (\overline{RD} \wedge \overline{WR})$. Der mögliche Speicherausbau würde dann $6 \cdot 1024$ Speicherzellen betragen.

Bei Mikrorechnern bestehen die Hauptspeicher häufig aus Speicherbausteinen unterschiedlicher Art. Es werden also EPROM-, ROM- und RAM-Bausteine usw. gemischt, wie im Bild 4.17 teilweise angedeutet ist. Damit auch dann gewährleistet ist, daß bei jeder vom Mikroprozessor ausgesandten Adresse immer genau ein Speicherbaustein über seinen $\overline{CS}$-Anschluß zugänglich gemacht wird, müssen die vorstehend angegebenen Entwicklungen dahingehend ergänzt werden, daß die unterschiedlichen Adreßräume und die unterschiedlichen Bausteinanwahl-Variablen der einzelnen Speicherbausteine berücksichtigt werden.

4.5 Eingabe- und Ausgabewerke

4.5.1 Anschluß und Arten von Eingabe- und Ausgabebausteinen in Mikrorechnersystemen

Prinzip des Anschlusses

Ein Ausgabewerk stellt in einfachster Ausführung ein Register dar, das vom Mikroprozessor über den Datenbus, beim Mikroprozessor INTEL 8085 also über $AD_7 \ldots AD_0$, mit den auszugebenden Daten geladen wird. Bei einem 8 Bits „breiten" Datenbus könnte man in einfachster Ausführung ein 8-Bit-Register wählen. Mit den acht binären Schaltvariablen am Ausgang des Registers könnte man ein einzelnes externes Gerät, aber auch zum Beispiel acht verschiedene externe Geräte mit Daten versorgen, je nach der Form, in der die externen Geräte die Daten erhalten müssen. Ein Eingabewerk kann grundsätzlich so aufgebaut werden, daß es je einzugebender Binärstelle ein UND-Gatter mit zwei Eingängen erhält. Einer diesen beiden Eingänge wird vom externen Eingabegerät mit einer binären Schaltvariablen versorgt. Der andere Eingang jedes UND-Gatters erhält während der Ausführung eines Eingabebefehls durch den Prozessor den Wert L, so daß die einzugebenden Daten in einem geeigneten Zeitintervall auf dem Datenbus erscheinen.

Die Prinzipien, nach denen Speicherbausteine an den Adreß-, Daten- und Steuerbus des Mikrorechnersystems angeschlossen werden, sind auch beim Anschluß der Eingabe- und Ausgabewerke anzuwenden.

Ähnlich wie bei Speicherbausteinen wird die Variable, die bei den vorstehend erwähnten einfachen Ausführungen ein bestimmtes Ausgaberegister setzt oder ein oder mehrere UND-Gatter für die Eingabe öffnet, aus den vom Prozessor auf dem Adreß- und dem Steuerbus ausgesandten Variablen abgeleitet. Bedient das Eingabe-/Ausgabewerk verschiedene periphere Geräte, so muß gewährleistet sein, daß bei jeder Eingabe und jeder Ausgab immer auf den einen richtigen Eingabe-/Ausgabeanschluß zugriffen wird.

Adressierung bei der Eingabe und Ausgabe

Folgende Arten der Adressierung von Eingabe- und Ausgabe-Werken und Geräten sind zu unterscheiden:

Standardadressierung der Eingabe und Ausgabe

Bei der Adressierung wird die vom Mikroprozessor 8085 ausgegebene Variable $IO/\overline{M}$ verwendet. Diese Variable nimmt in Maschinenzyklen, in denen der Mikroprozessor unter Ausgabe einer 16-Bit-Adresse zum Hauptspeicher zugreift, den Wert 0 an, bei den Maschinenbefehlen **IN** und **OUT** hingegen den Wert L. Bei der Adressierung stehen 256 Geräteadressen zur Verfügung (Abschnitt 4.3.4, Eingabe- und Ausgabe-Befehle).

Abbildung der Eingabe-/Ausgabeadressen auf den Adreßraum des Hauptspeichers

Zur Unterscheidung von Eingabe-/Ausgabeadressen und Hauptspeicheradressen muß man nicht unbedingt die Variable $IO/\overline{M}$ benutzen. Man kann vielmehr Eingabe-/Ausgabeadressen auf den Adreßraum des Hauptspeichers abbilden, d. h. man kann einen Teil der Hauptspeicheradressen als Eingabe-/Ausgabeadressen reservieren. Dadurch hat man einerseits bei Bedarf auch mehr als 256 Eingabe-/Ausgabeadressen zur Verfügung, schränkt aber anderei seits den für den Hauptspeicher verfügbaren Adreßraum ein.

Ein übliches Vorgehen besteht darin, zum Beispiel durch die höchstwertige Adreßvariable A_{15} zwischen Hauptspeicheradressen und Eingabe-/Ausgabeadressen zu unterscheiden, also etwa so:

Hauptspeicher: $A_{15} = 0$, d. h. Adreßraum $32 \cdot 1024 = 32768$ Adressen.
Eingabe-/Ausgabe: $A_{15} = L$, d. h. bis zu 32768 Eingabe-/Ausgabeadressen.

Zu beachten ist, daß die Variable A_{15} bei Verwendung von gemischten Speicher-/Eingabe Ausgabe-Bausteinen (vgl. Abschnitt 4.5.2) auch dazu dient, die entsprechenden $IO/\overline{M}$-Anschlüsse an derartigen Bausteinen zu versorgen.

Ein Vorteil der besprochenen Adressierungstechnik liegt auch darin, daß man die auf den Hauptspeicher bezogenen Maschinenbefehle in gleicher Weise wie auf den Hauptspeicher auch auf die Eingabe- und Ausgabeanschlüsse anwenden kann. Da man gegenüber der Verwendung der Maschinenbefehle **IN** und **OUT** nunmehr aber 16-Bit-Adressen, also jeweils zwei Adreßworte statt eines Adreßwortes bei **IN** und **OUT**, ausgeben muß, nehmen Eingaben und Ausgaben etwas längere Zeit in Anspruch. Unter Umständen kann man die Maschinenbefehle **IN** und **OUT** auch bei dieser Adressierungsart benutzen, nämlich dann, wenn der höherwertige Adreßteil von 8 Bits mit dem niederwertigen identisch ist.

Es gibt Mikroprozessor-Typen, bei denen im Gegensatz zum INTEL 8085 ausschließlich die Adressierungstechnik mit Abbildung der Eingabe-/Ausgabeadressen auf den Adreßraum des Hauptspeichers angewandt wird.

Übersicht über hochintegrierte Bausteine für Eingabe- und Ausgabewerke

Neben hochintegrierten Bausteinen zur Realisierung von Eingabe-/Ausgabewerken mit einfacheren Funktionen sind hochintegrierte Schaltungen verfügbar, die verschiedene Funktionen in sich vereinigen und die daher mitunter recht komplizierte Schaltungen darstellen.

Für Mikrorechner-Systeme MCS-85 (d. h. innerhalb der Mikrorechner-Systemfamilie, zu der der Mikroprozessor INTEL 8085 gehört) gibt es Bausteine, die sowohl eine Reihe wahlweise für Eingaben oder für Ausgaben verwendbare Anschlüsse mit Schaltungen für deren Auswahl als auch — jeweils auf dem gleichen Baustein — RAM- oder ROM-Speicher enthalten, zum Beispiel:

INTEL 8155 und 8156 mit statischem RAM 256 · 8 Bits, drei Gruppen von Eingabe-/Ausgabeanschlüssen (8, 8, 6 Bits) und Binärzähler ('Timer', 14 Bits), vgl. Abschnitt 4.5.2. INTEL 8355 mit ROM 2048 · 8 Bits und 16 Anschlüssen, von denen jeder einzeln für Eingabe oder Ausgabe programmierbar ist, in Gruppen von 8 Anschlüssen adressierbar.

Als Peripherie-Prozessoren in Mikrorechnersystemen mit Mikroprozessoren INTEL 8080 oder 8085 sind die Bausteine INTEL 8041 und 8741 geeignet, die jeweils einen Prozessor, einen PROM-Speicher 1 k · 8 Bits als Programmspeicher, Anschlüsse an den Bus des 8080 oder 8085 und 2 · 8 Eingabe-/Ausgabeanschlüsse enthalten.

Auch für die Realisierung der Funktionen bei verschiedenen genormten oder standardisierten Verfahren der Datenübertragung sind hochintegrierte Bausteine verfügbar. So gibt es hochintegrierte Bausteine von INTEL zur Realisierung von IEC-Bus-Schnittstellen (d. h. Schnittstellen nach dem IEEE-Standard 488) in Mikrorechnern, zum Beispiel solchen mit Mikroprozessoren 8080 und 8085 (INTEL 8291 GPIB Talker/Listener; INTEL 8292 GPIB Controller).

Erwähnt sei ferner die Aufgabe, die auf einem Datenbus parallel übertragenen Daten bei der weiteren Ausgabe oder bei der Eingabe seriell, Bit nach Bit, zu übertragen. Die für diesen Zweck verfügbaren Parallel-/Serien-Wandler bzw. Serien-/Parallel-Wandler werden in der englischsprachigen Abkürzung USARTs (*Universal Synchronous/Asynchronous Receiver Transmitter*) genannt (zum Beispiel INTEL 8251/8251A).

Schließlich gibt es vielfältige hochintegrierte Steuerschaltungen für den Anschluß spezieller Peripheriegeräte wie Tastaturen, Anzeigen, Bildschirme und Floppy-Disk-Speicher.

Mikrorechner kann man auch zur Meßwerterfassung einsetzen. Allerdings können aus dem Meßsignal häufig direkt nur analoge Daten gewonnen werden. Um diese Daten in einem digitalen System verarbeiten zu können, sind Analog-Digital-Umsetzer erforderlich. Bei weitergehenden Aufgaben in der Automatisierungstechnik, zum Beispiel bei digitalen Regelungen, benötigt man im allgemeinen auch Digital-Analog-Umsetzer.

4.5.2 Beispiele für hochintegrierte Eingabe- und Ausgabebausteine

Grundsätzlich muß zu den folgenden wie zu allen anderen Beschreibungen von hochintegrierten Bausteinen bemerkt werden, daß der Anwender nie umhin kommt, sich jeweils das neueste ausführliche Datenbuch des Bausteinherstellers zu beschaffen. Im Zuge der Weiterentwicklung der Bausteine führen die Hersteller nicht selten Änderungen auch an eingeführten Bausteinen aus, meistens erkennbar an Zusätzen zu Typenbezeichnung, deren Beachtung für die Anwendung wesentlich sein kann.

Baustein INTEL 8155 mit 256 · 8 Bits RAM, Eingabe-/Ausgabeanschlüssen und 14-Bit-Zähler/Impulsgenerator [4.2]

Dieser Baustein wird bei der Entwicklung eines Beispiels im Abschnitt 4.7 benutzt. Ein Schema des inneren Aufbaus dieses Bausteins zeigt Bild 4.18.

Der RAM-Speicher des Bausteins 8155 ist zugänglich, wenn der Baustein angewählt ist ($\overline{CE}$ = 0) und wenn die Eingangsvariable $IO/\overline{M}$ des Bausteins den Wert 0 erhält. Adressiert werden die 256 Speicherzellen dieses RAM wie auch dessen Eingabe-/Ausgabeanschlüsse durch den niederwertigen Adreßteil des INTEL 8085. Der Adreß-/Datenbus $AD_7 \ldots AD_0$ wird direkt an den Baustein 8155 angeschlossen und dieser Bus innerhalb des Bausteins 8155 aufgespalten. Hierzu wird das Eingangsregister des 8155 durch ALE getaktet.

COMMAND-Register, STATUS-Register, PORT A bis C und TIMER-Register (Zähler-Register) sind zugänglich, wenn der Baustein angewählt ist und $IO/\overline{M}$ den Wert L hat. Die genannten Register werden mit den Adressen gemäß Tabelle 4.6 adressiert, d. h. es werden die niederwertigsten drei Adreßbits benutzt. Vor der Benutzung von PORT A bis C und des TIMER muß jedoch deren Betriebsweise festgelegt werden. Das geschieht, indem vorher das COMMAND-Register in geeigneter Weise gesetzt wird, d. h. indem unter Angabe seiner Adresse ein entsprechendes Datenwort vom Mikroprozessor 8085 zum COMMAND-Register übertragen wird. Eine Auswahl der verschiedenen Möglichkeiten, das COMMAND-Register zu setzen, gibt Bild 4.19 an.

Das COMMAND-Register kann nicht gelesen werden, sondern beim Lesen unter der betreffenden Adresse liest der Prozessor den Inhalt des STATUS-Registers. Dieser ist vor allem im Zusammenhang mit der hier nicht ausführlich dargestellten getakteten Eingabe/Ausgabe von Bedeutung, durch die eine Datenübertragung im Quittierungsverfahren ('Handshake') zwischen dem Mikrorechner und einem angeschlossenen Peripheriegerät möglich wird. Bei dieser Betriebsart wird zum Beispiel erwartet, daß der Eingang PC_2 auf 0 geht ($PORT\ A\ STROBE$), wenn an PORT A gültige Eingabedaten anliegen. Ist dies geschehen, so meldet der Baustein 8155 durch einen Wert L auf PC_1, daß der Eingangsspeicher von PORT A nunmehr gefüllt ist ($PORT\ A\ BUFFER\ FULL$). Sobald am Eingang PC_2 wieder der Wert L anliegt, erzeugt der 8155 auf PC_0 eine Unterbrechungsvariable $PORT\ A\ INTERRUPT$, sofern im COMMAND-Register zuvor IEA = L gesetzt worden war. Diese Unterbrechungsvariable kann auf einen Unterbrechungseingang des Mikroprozessors INTEL 8085 geleitet werden.

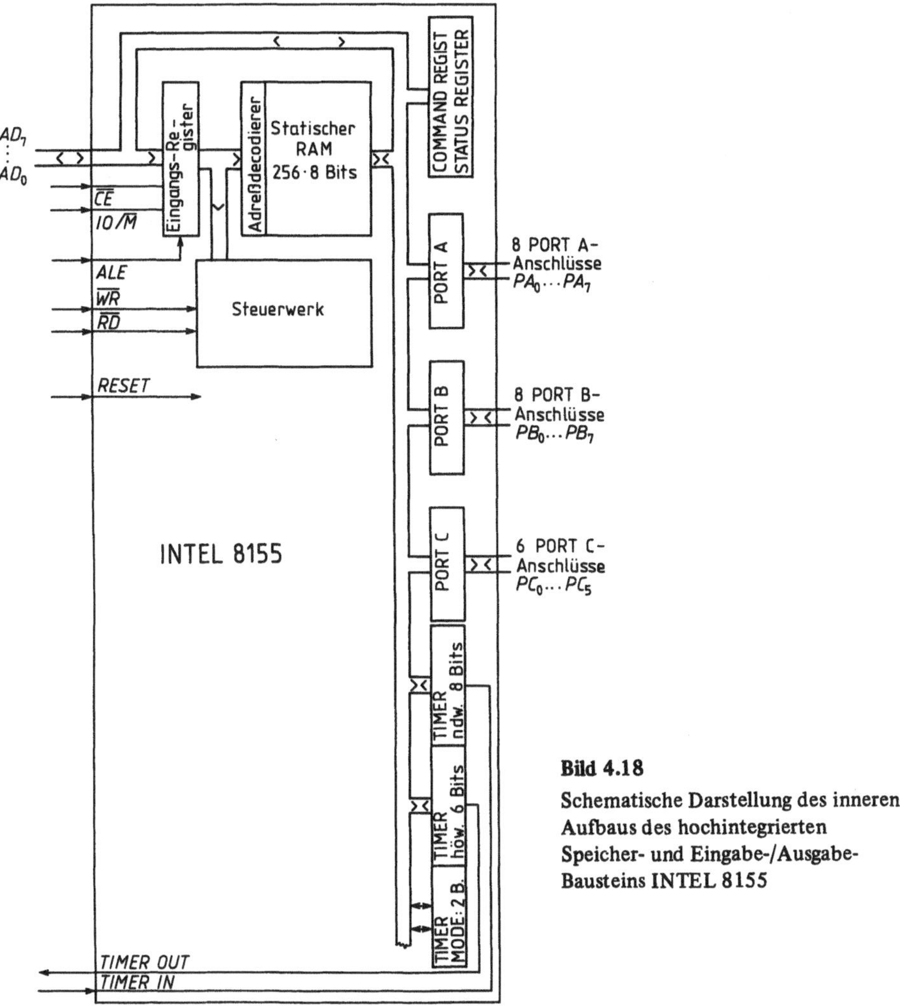

Bild 4.18
Schematische Darstellung des inneren Aufbaus des hochintegrierten Speicher- und Eingabe-/Ausgabe-Bausteins INTEL 8155

Tabelle 4.6 Adressierung von Eingabe und Ausgabe sowie vom Zähler-Register beim Baustein INTEL 8155

A_7	A_6	A_5	A_4	A_3	A_2	A_1	A_0	Adressierte Register
X	X	X	X	X	0	0	0	COMMAND REGISTER, STATUS REGISTER
X	X	X	X	X	0	0	L	PORT A
X	X	X	X	X	0	L	0	PORT B
X	X	X	X	X	0	L	L	PORT C
X	X	X	X	X	L	0	0	TIMER (Zähler-Register), niederwertige 8 Bits
X	X	X	X	X	L	0	L	TIMER, höherwertige 6 Bits, und TIMER MODE (Betriebsart), 2 Bits

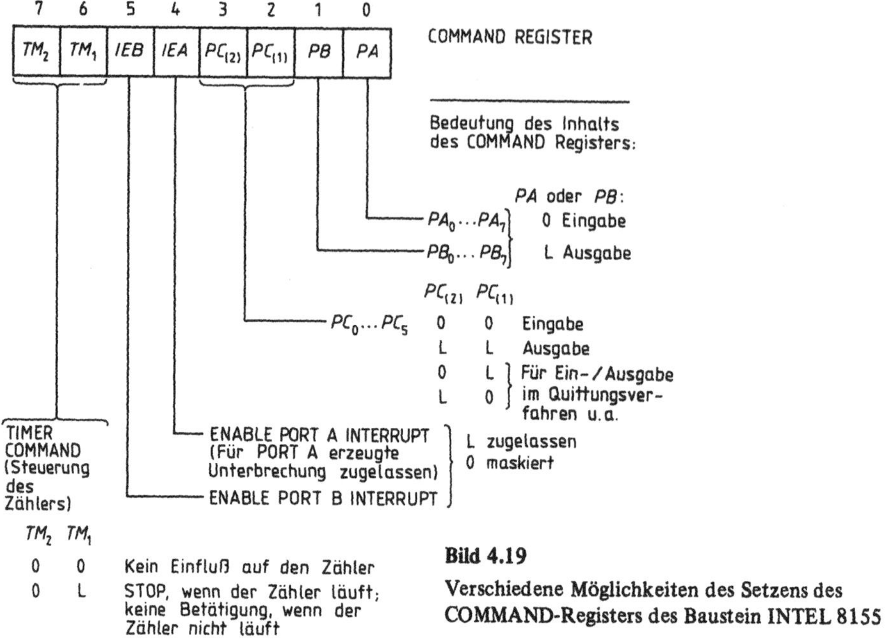

Bild 4.19

Verschiedene Möglichkeiten des Setzens des COMMAND-Registers des Baustein INTEL 8155

Analog-Digital-Umsetzer

Für eine erste Auswahl eines Analog-Digital-Umsetzers (ADU) sind die erforderliche Auflösung am digitalen Ausgang und die notwendige Arbeitsgeschwindigkeit maßgebende Kriterien. Übliche meßtechnische Anforderungen erfüllt zum Beispiel der Baustein ICL 7109 CMOS 12 Bit von Intersil [4.4].

Ein Anschlußschema des ADU ICL 7109 mit einer auf einen 3,5795-MHz-Schwingquarz bezogenen Beschaltung der Anschlüsse ist im Bild 4.20 dargestellt. Die Bedeutung der ver-

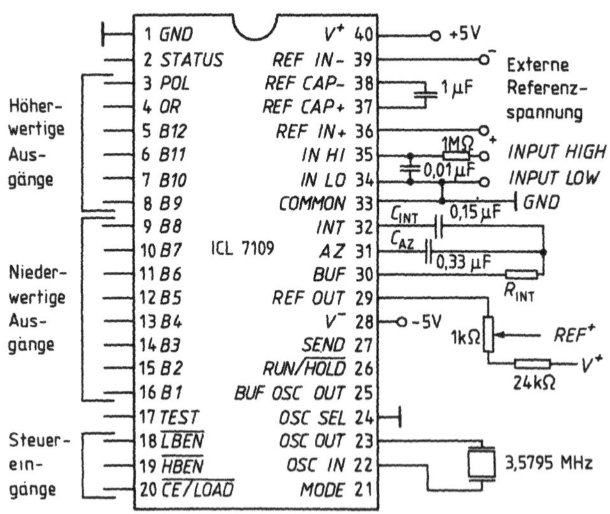

Bild 4.20

Anschlußschema des Analog-Digital-Umsetzers ICL 7109
$R_{INT} = 0{,}5 \cdot 10^5\ V_{IN}/[V]$, V_{IN} voller Bereich der umzusetzenden Eingangsspannung

Tabelle 4.7 Beschreibung der Funktionen der Anschlüsse des Analog-Digital-Umsetzers ICL 7109

Anschluß	Benennung	Beschreibung
1	GND	„Masse" (0 V)
2	$STATUS$	Ausgangsvariable: Während Analog-Digital-Umsetzung L, sonst 0
3	POL	Ausgangsvariable (Tristate): Polarität des Analogeinganges
4	OR	Ausgangsvariable (Tristate): Bereichsüberschreitung
5	$B\,12$	(Höchstwertige Binärstelle)
6	$B\,11$	
7	$B\,10$	
8	$B\,9$	
9	$B\,8$	Ausgangsvariable (Tristate): Ergebnisse der Analog-Digital-Umsetzung
10	$B\,7$	
11	$B\,6$	
12	$B\,5$	
13	$B\,4$	
14	$B\,3$	
15	$B\,2$	
16	$B\,1$	(Niedrigstwertige Binärstelle)
17	$TEST$	Eingangsvariable: L normaler Betrieb 0 $B\,12..B\,1$ werden L
18	$\overline{LBEN}$	Eingangsvariable, wenn $MODE = 0$: $\overline{LBEN} \vee \overline{CE/LOAD} = 0$: $B\,8 ... B\,1$ werden aktiviert. Ausgangsvariable, wenn $MODE = $ L: Gibt beim Betrieb im Quittungsverfahren an, wann $B\,8 ... B\,1$ gültig sind
19	$\overline{HBEN}$	Eingangsvariable, wenn $MODE = 0$: $\overline{HBEN} \vee \overline{CE/LOAD} = 0$: $B\,12..B\,9$, POL, OR werden aktiviert. Ausgangsvariable, wenn $MODE = $ L: $\overline{HBEN} = 0$ gibt beim Betrieb im Quittungsverfahren an, wann $B\,12..B\,9$, OR, POL gültig sind
20	$\overline{CE/LOAD}$	Eingangsvariable, wenn $MODE = 0$: Vgl. $\overline{LBEN}$, $\overline{HBEN}$. Ausgangsvariable, wenn $MODE = $ L: Beim Betrieb im Quittungsverfahren als Taktvariable für das Laden von POL, OR, $B\,12..B\,9$ oder $B\,8..B\,1$ in das angeschlossene Gerät verwendbar
21	$MODE$	$0 \to $ L-Übergang von $MODE$ bewirkt unmittelbar den Übergang in den Betrieb nach einem Quittungsverfahren; vgl. $\overline{LBEN}$, $\overline{HBEN}$, $\overline{CE/LOAD}$
22	$OSC\,IN$	Eingang des (internen) Oszillators
23	$OSC\,OUT$	Ausgang des (internen) Oszillators
24	$OSC\,SEL$	$OSC\,SEL = $ L: Legt die Anschlüsse $OSC\,IN$, $OSC\,OUT$, $BUF\,OSC\,OUT$ des Oszillators als Anschlüsse eines mit externer RC-Schaltung betriebenen Oszillators fest. $OSC\,SEL = 0$: Legt $OSC\,IN$, $OSC\,OUT$ als Anschlüsse für einen Schwingquarz fest
25	$BUF\,OSC\,OUT$	Ausgabe der internen Taktfrequenz zur Steuerung des Analog-Digital-Umsetzers, bei Anschluß eines Schwingquarzes 1/58 der Quarzfrequenz

Fortsetzung Tab. 4.7

Anschluß	Benennung	Beschreibung
26	$RUN/\overline{HOLD}$	Eingangsvariable: $RUN/\overline{HOLD}$ = L: Je 8192 Perioden des internen Taktes eines A-D-Umsetzung. $RUN/\overline{HOLD}$ = 0: Angefangene A-D-Umsetzung wird beendet, danach geht ADU in einen Wartezustand
27	SEND	Eingangsvariable: Beim Betrieb im Quittungsverfahren gibt externes Gerät hierdurch an, daß es bereit ist, Daten zu empfangen
28	V^-	Spannungsversorgung: -5 V bezogen auf GND
29	REF OUT	Ausgang: Referenzspannung ($V^+ - 2{,}8$ V)
30	BUFFER (BUF)	Ausgang des Pufferverstärkers der analogen Eingangsstufe
31	AUTO-ZERO	Anschluß AZ (vgl. Bild 4.20)
32	INT	Ausgang des Integrators
33	COMMON	Bezugspotential für analoge Eingangsstufe
34	IN LO	Niedriges Potential der umzusetzenden Spannung(s-differenz
35	IN HI	Hohes Potential der umzusetzenden Spannung(sdifferenz)
36	REF IN +	Referenzspannungseingang +
37	REF CAP +	Referenzkapazität +
38	REF CAP −	Referenzkapazität −
39	REF IN −	Referenzspannungseingang −
40	V^+	Spannungsversorgung: $+5$ V bezogen auf GND

schiedenen Anschlüsse geht aus Tabelle 4.7 hervor. Hieraus sind auch die wesentlichen Betriebsmöglichkeiten sowie verschiedene Bedingungen für diese verschiedenen Betriebsarten zu entnehmen. Die notwendige Referenzspannung beträgt genau die halbe Eingangsspannungsdifferenz, die dem vorgesehenen vollen Meßbereich entspricht. Dann ergibt sich beim größten vorgesehenen Wert auf $B_{12} \ldots B_1$ in allen Stellen der Wert L.

Dieser Baustein setzt das analoge Eingangssignal in 12-Bit-Datenworte um. Er integriert die das analoge Signal darstellende Spannungsdifferenz während eines durch 2048 Perioden einer internen Taktfrequenz gegebenen Zeitintervalls und zählt die Impulse während des Zeitintervalls, das erforderlich ist, um die am Ausgang des Integrators zuvor entstandene Spannung bei vorgegebener fester Eingangsspannung (= Referenzspannung) mit einer der Meßspannung entgegengesetzten Polarität, d. h. unter immer gleichem zeitlichen Spannungsabfall am Integratorausgang, wieder auf den Wert 0 absinken zu lassen (Zweirampenverfahren). Bis zu 30 Analog-/Digital-Umsetzungen je s sind möglich. Der Oszillator des ICL 7109 kann entweder mit einem Widerstand R zwischen OSC IN und OSC OUT und einem Kondensator C zwischen OSC IN und BUFFERED OSC OUT beschaltet werden. Dann beträgt die interne Taktfrequenz $0{,}45/RC$. Oder man kann Schwingquarze im Bereich 1 bis 5 MHz verwenden. Bei Anschluß eines 3,5795-MHz-Schwingquarzes beträgt die interne Taktfrequenz 61,72 kHz, es erfolgen 7,5 Umsetzungen je s. Mit einem 2,9696 MHz-Schwingquarz ergibt sich eine Integrationszeit von fast genau 40 ms, d. h. eine Abschwächung von 50 Hz-Störungen um 40 dB.

An einen Mikroprozessor INTEL 8085 — und in entsprechender Weise an andere Typen von Mikroprozessoren — kann man den ADU ICL 7109 entweder über einen USART-Baustein, über einen Eingabe-/Ausgabebaustein etwa der Art des INTEL 8155 — mit der Möglichkeit einer parallelen Übergabe der gesamten umgesetzten Daten — oder auch direkt angeschlossen werden. Bei Wahl der letztgenannten Möglichkeit kann man die Anschlüsse $B_1 \ldots B_8$ und die Anschlüsse $B_9 \ldots B_{12}$, *OR, POL* parallel mit dem 8-Bit-Datenbus zum Beispiel eines Mikroprozessors INTEL 8085 verbinden. Die richtige zeitliche Folge der verschiedenen zur Übertragung erforderlichen Signale muß in diesem Fall jedoch genau überprüft werden und ist nicht einfach zu gewährleisten. Wenn ein Mikrorechner sehr schnell arbeiten muß, ist daher die Lösung mit zwischengeschalteten Eingabe-/Ausgabebausteinen von der Art des Bausteins 8155 zuverlässiger oder schließlich unumgänglich.

Digital-Analog-Umsetzer

Digital-Analog-Umsetzer (DAU) dienen dazu, die digitalen Daten, die ein digital arbeitender Rechner ausschließlich verarbeitet und übertragen kann, in analoge Daten bzw. in Signale umzusetzen, denen Informationen als analoge Daten eingeprägt sind. Heute ist es weitgehend üblich, nur solche Digital-Analog-Umsetzer zu verwenden, denen der Digitalrechner (Mikrorechner) die auszugebenden Daten parallel zuführt.

Einfacheren Anforderungen hinsichtlich der Auflösung des analogen Signals genügen Digital-Analog-Umsetzer, die 8-Bit-Worte in analoge Daten umsetzen, also eine Auflösung von 1/256 haben. Integrierte Bausteine zur Digital-Analog-Umsetzung mit dieser Auflösung sind zum Beispiel der integrierende DAU Typ AD 559 (Analog Devices) — mit externer Referenzspannungsquelle — und der DAU Typ ZN425E (Ferranti [4.5]). Letzterer arbeitet mit interner Referenzspannungsquelle und bipolaren Schaltern in einem $2R$-R-Netz von Widerständen. Der Baustein setzt entsprechend dem Wert einer Eingangsvariablen *LOGIC SELECT* entweder den Zählerstand eines internen achtstelligen Binärzählers oder ein über acht Anschlüsse eingegebenes digitales Datenwort in eine Spannung von 0–2,4 V um.

Für den Offsetabgleich und das Kalibrieren des ZN425E ist es erforderlich, einen Verstärker (Operationsverstärker) mit geeigneter zusätzlicher Schaltung hinzuzufügen. Mit dem Operationsverstärker ZN741E ergibt sich dann die in Bild 4.21 angegebene Schaltung. Zum Kalibrieren und Nullabgleich setzt man erst alle Digitaleingänge auf die Werte 0 und stellt

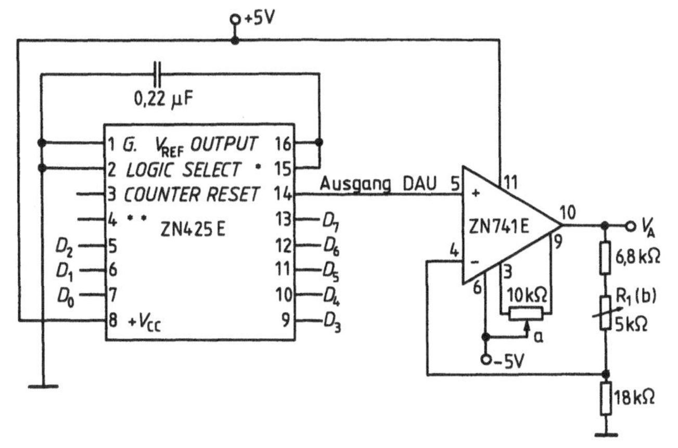

Bild 4.21

Digital-Analog-Umsetzer ZN425E (Ferranti) mit Operationsverstärkerschaltung zum Offsetabgleich und Kalibrieren.
a) Nulleinstellung
b) Kalibrieren
* V_{REF} *INPUT*
** *CLOCK*

den Abgriff a so ein, daß die Ausgangsspannung V_A = 0,000 V. Danach setzt man alle Digitaleingänge auf die Werte L und stellt den Widerstand R_1 so ein, daß die Ausgangsspannung dem vorgesehenen Nennbetrag entspricht. Diese Schritte werden wechselweise wiederholt, bis der digitale und der analoge Wert Null gleichzeitig mit den entsprechenden Größtwerten übereinstimmen.

Der Baustein ZN425E kann im übrigen auch als Bestandteil eines Analog-Digital-Umsetzers benutzt werden, wobei allerdings gegenüber dem unter Analog-Digital-Umsetzer besprochenen Baustein eine etwas umfangreichere zusätzliche Schaltung erforderlich ist.

4.6 Programmierung von Mikrorechnern

4.6.1 Ebenen des Programmierens

Es gibt viele Aufgaben, die man durch Ausführung voneinander abhängiger und in bestimmter Reihenfolge zu bewerkstelligender Arbeitsschritte lösen kann. Dies gilt auch für Aufgaben, bei denen Informationen zu verarbeiten sind. Beispiele für solche Aufgaben sind alle mit numerisch-mathematischen Methoden auszuführenden Berechnungen, so die Bestimmung der Lösung einer Differentialgleichung durch eine numerische Methode, sind Aufgaben, bei denen irgendwelche Daten nach besonderen Merkmalen zu sortieren sind, oder Aufgaben, die darin bestehen, aus einer Menge von Daten besondere Daten herauszusuchen und die Fundstelle anzugeben.

Soll zum Beispiel in einem Fachbuch nach einem bestimmten Fachwort und möglichen Synonymen dieses Fachwortes gesucht werden, so könnte eine schrittweise auszuführende Arbeitsvorschrift so formuliert werden: Beginnend mit dem ersten Wort des Fachbuches ist ein Wort nach dem anderen zu lesen. Nach dem Lesen jedes Wortes wird dieses mit dem jeweils zu suchenden Fachwort und dessen in einer Liste festgehaltenen Synonymen verglichen. Ergibt dieser Vergleich eine Übereinstimmung, so wird die Fundstelle festgehalten, also etwa Seite und Zeile notiert. Auf jeden Fall wird die Suche mit dem nächsten Arbeitsschritt, d. h. mit dem Holen des nächsten Wortes aus dem Fachbuch, fortgesetzt. Die angegebene Arbeitsvorschrift enthält im übrigen eine Verzweigung. Nur dann, wenn ein Vergleich Übereinstimmung ergibt, muß die Fundstelle festgehalten werden.

Zur Informationsverarbeitung mittels solcher Arbeitsvorschriften benötigt man keineswegs eine digitale Datenverarbeitungsanlage, sondern als Hilfsmittel genügen durchaus Bleistift und Papier. Andererseits kann man Aufgaben vom Typ der angeführten Beispiele immer auch mittels einer digitalen Datenverarbeitungsanlage lösen. Hat man dies vor, so muß man die vorliegende Arbeitsvorschrift so umformen, daß sich eine von der zu verwendenden Datenverarbeitungsanlage interpretierbare und ausführbare Fassung der Arbeitsvorschrift ergibt. Mit anderen Worten heißt das, daß man ein auf der verfügbaren Datenverarbeitungsanlagen lauffähiges Programm zu entwickeln hat, das die schrittweise Lösung der gestellten Aufgabe mittels der Datenverarbeitungsanlage zuläßt.

Es liegt auf der Hand, daß man beim Entwurf von Arbeitsvorschriften, die mittels Bleistift und Papier ausgeführt werden sollen, hinsichtlich der Wahl der einzelnen Arbeitsschritte sehr frei ist, während man beim „Programmieren" einer digitalen Datenverarbeitungsanlage deren Arbeitsmöglichkeiten genau beachten muß. Da digitale Datenverarbeitungsanlagen und somit auch Mikrorechner schrittweise einen Maschinenbefehl nach dem anderen ausführen, muß man also die Lösung der gestellten Aufgabe letztlich in Arbeitsschritte zerlegen, die mit den Maschinenbefehlen der verfügbaren Datenverarbeitungsanlage identisch sind. In einem für einen Mikrorechner mit einem Mikroprozessor INTEL 8085 entwickelten Programm dürfen als einzelne Arbeitsschritte also ausschließlich die in der Tabelle 4.2 angeführten Maschinenbefehle vorkommen.

Maschinenbefehle werden in digitale Datenverarbeitungsanlagen durch elektrische Spannungen auf den Drähten von Leitungsbündeln und dergleichen dargestellt. Der Informationsgehalt dieser Signale wird direkt durch Muster von Binärzeichen beschrieben. Bereits in der Tabelle 4.2 sind die Maschinenbefehle des Mikroprozessors INTEL 8085 jedoch nicht in Gestalt derartiger Bitmuster angegeben. Statt dessen wurden dort einerseits die Operationscodes, d. h. jeweils das erste Befehlswort jedes Maschinenbefehls, in sedezimaler Form und andererseits die gesamten Maschinenbefehle zusammengezogen in einer „mnemotechnisch" übersichtlicheren Form geschrieben.

Auch in dieser zusammengezogenen Schreibweise entsprechen die in Tabelle 4.2 angegebenen Maschinenbefehle jedoch genau den Maschinenbefehlen, die der Mikroprozessor bearbeiten kann. Man kann also ein zu entwickelndes Programm zunächst auch mittels dieser zusammengezogenen und übersichtlicheren Schreibweise der Maschinenbefehle formulieren, muß dann aber anschließend die so geschriebenen Maschinenbefehle in die Bitmuster übersetzen, die man allein als auszuführendes Programm in den Hauptspeicher des Mikrorechners schreiben kann.

Eine solche Übersetzung braucht man nicht selbst durchzuführen. Man kann diese Aufgabe auch zum Beispiel dem gleichen Mikrorechner übertragen, auf dem später das Programm laufen soll, das die gestellte Aufgabe löst. Man braucht dann ein weiteres Programm, das die Aufgabe hat, ein mit mnemotechnisch zusammengezogenen Maschinenbefehlen geschriebenes Programm in eine Form zu bringen, die vom Mikrorechner ausführbar ist. Ein solches Programm nennt man Assemblierer (englisch: *assembler*). Benutzt man PROM-Speicherbausteine und ein „PROM-Programmiergerät" (vgl. Abschnitt 3.7.2), so übersetzt der Assemblierer die mnemotechnisch abgekürzt geschriebenen Maschinenbefehle am zweckmäßigsten in den sedezimalen Code, der als Eingabe für das PROM-Programmiergerät geeignet ist.

Assemblierer erleichtern die Programmentwicklung auch in anderer Weise. So ermöglichen sie den Gebrauch „symbolischer Adressen" oder „Namen", d. h. zunächst nur in allgemeiner Form angegebener Adressen, für Operanden und bei Sprungbefehlen, ferner Dimensionsangaben zur Beschreibung des Umfanges bestimmter Grundmengen von Daten, das Einfügen von Kommentaren, die das Programm erläutern, jedoch bei der Übersetzung in Maschinenbefehle unbeachtet bleiben müssen, und besondere Anweisungen an den Assemblierer, durch die zum Beispiel die Anfangsadresse angegeben wird, unter der der Anfang des übersetzten Programms im Hauptspeicher gespeichert werden soll (vgl. [4.6]).

Schreibt man ein Programm so, daß das Maschinenprogramm durch Übersetzung des ursprünglichen Programms mittels eines Assemblierers gewonnen wird, so spricht man von Programmieren auf Assembliererebene. Beim Programmieren auf Assembliererebene muß der Programmierer auch bei Gebrauch aller genannten Hilfen die direkte Zuordnung der von ihm niedergeschriebenen Anweisungen zu den von der Datenverarbeitungsanlage auszuführenden Maschinenbefehlen beachten. Dieses Programmierverfahren erfordert also zwangsläufig eine recht genaue Kenntnis der Arbeitsweise des Rechners, für den das betreffende Programm entwickelt wird.

Seit einer Reihe von Jahren gibt es jedoch „höhere Programmiersprachen", bei deren Verwendung je nach der zu lösenden Aufgabe die Arbeitsweise des verfügbaren Rechners auf Maschinenebene nicht beachtet werden muß. Bei der Formulierung der Lösung einer gestellten Aufgabe kann man dann statt der Maschinenbefehle die innerhalb der gewählten höheren Programmiersprache zugelassenen Anweisungen und sonstigen Beschreibungsmöglichkeiten verwenden. Die Definitionen solcher höherer Programmiersprachen lassen in der Regel allgemeinere und den Aufgabenstellungen bei vielen Anwendungen nähere Formulierungen der Lösungen zu, als dies bei einer Programmierung auf maschinennaher Ebene der Fall ist.

Eine digitale Datenverarbeitungsanlage kann ein in einer höheren Programmiersprache geschriebenes Programm erst recht nicht ausführen, sondern es ist auch hier ein Übersetzungsvorgang erforderlich. Programme, die derartige Übersetzungen ausführen, nennt man Kompilierer (englisch: *compiler*), vgl. zum Beispiel [4.6]. Der Nutzen der Anwendung von höheren Programmiersprachen bei Mikrorechnern hängt sehr stark von der speziellen Aufgabenstellung ab. Die Programme von Mikrorechnern mit verhältnismäßig kleinem Hauptspeicherausbau entwickelt man heute weitgehend auf Assembliererebene. Derartige Mikrorechner dienen häufig dem Zweck, die Arbeitsmöglichkeiten eines anderen Gerätes zu verbessern, zum Beispiel in diesem Gerät irgendwelche Vorgänge zu steuern. Der Fachmann kann bei Aufgaben, bei denen es auf die Abstimmung der Funktionen eines externen Gerätes mit der Arbeitsweise eines Mikrorechners ankommt, auf Assembliererebene ein erheblich effizienter arbeitendes System als auf der Ebene einer höheren Programmiersprache entwickeln.

Bei umfangreicheren Aufgaben, bei denen das gerätetechnische Zusammenspiel nicht so im Vordergrund steht, und vor allem dann, wenn ein Mikrorechner für wechselnde Aufgaben der allgemeinen Datenverarbeitung Verwendung findet, kommt auch bei Mikrorechnern der Gebrauch höherer Programmiersprachen in Frage. Es gibt heute wohl für jede gängige Programmiersprache Kompilierer, mit denen man Programme von Mikrorechnern entwickeln kann. Jedoch sind bei Mikrorechnern die Gewichte anders verteilt als bei größeren digitalen Datenverarbeitungsanlagen. Die höheren Programmiersprachen PL/M, BASIC und PASCAL werden anscheinend überwiegend benutzt.

4.6.2 Programmentwicklung

Programmablaufpläne

Nach obigem kann man jede Aufgabe, die eine digitale Datenverarbeitungsanlage lösen kann, an sich, d. h. wenn es auf die Arbeitsgeschwindigkeit nicht ankommt, auch mit Bleistift und Papier lösen. Demzufolge kann man die Arbeitsvorschriften, die später in ein Programm für eine digitale Datenverarbeitungsanlage übersetzt werden sollen, vollkommen unabhängig von den Eigenschaften irgendwelcher Datenverarbeitungsanlagen und den Vereinbarungen und Definitionen irgendwelcher Programmiersprachen formulieren. Grundsätzlich ist zu empfehlen, dies bei der Entwicklung von Programmen für digitale Datenverarbeitungsanlagen auch zu tun, und zwar besonders dann, wenn Programme zur Lösung komplizierterer Aufgaben zu entwickeln sind.

Bei einem solchen, von den Eigenschaften von speziellen Datenverarbeitungsanlagen oder Programmiersprachen unabhängigen Entwurf von Programmen hat sich die Verwendung zeichnerischer Darstellungen bewährt. Man kann zum Beispiel die Sinnbilder nach DIN

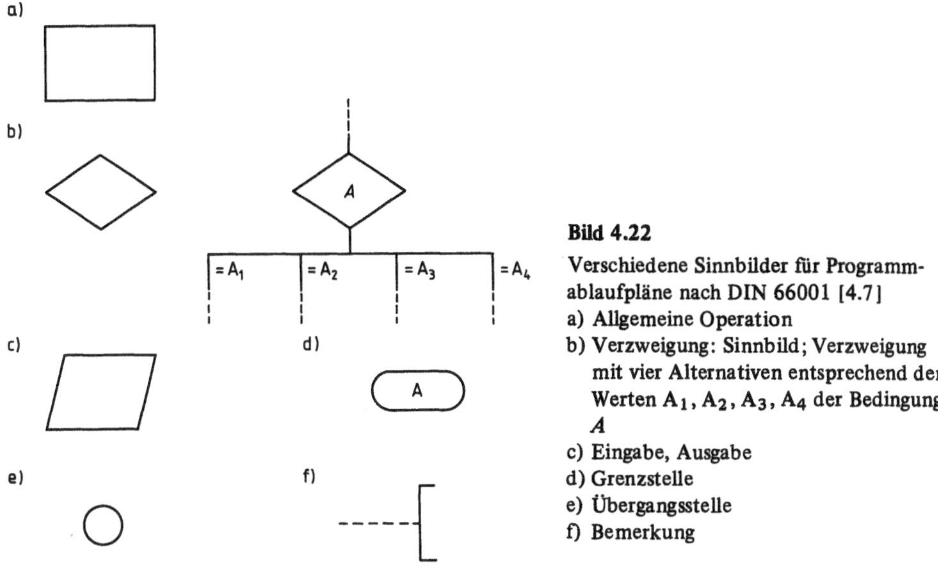

Bild 4.22

Verschiedene Sinnbilder für Programmablaufpläne nach DIN 66001 [4.7]
a) Allgemeine Operation
b) Verzweigung: Sinnbild; Verzweigung
    mit vier Alternativen entsprechend den
    Werten A_1, A_2, A_3, A_4 der Bedingung
    A
c) Eingabe, Ausgabe
d) Grenzstelle
e) Übergangsstelle
f) Bemerkung

66001 [4.7] verwenden. Einige dieser Sinnbilder, die für die Darstellung von Programmablaufplänen besonders wichtig sind und von denen im Abschnitt 4.7.1 (vgl. Bild 4.25 und
4.26) Gebrauch gemacht wird, sind in Bild 4.22 wiedergegeben. Im folgenden sei die Verwendung dieser Sinnbilder erläutert

Allgemeine Operation

Innerhalb dieses Sinnbildes wird durch knappen Text oder in mathematischer Formulierung
eine durchzuführende Operation beschrieben. Dieses Sinnbild wird benutzt, soweit für die
Darstellung der Operation nicht ein spezielles Sinnbild anzuwenden ist.

Verzweigung

Der Ablauf eines Arbeitsvorganges oder eines Programms kann sich in Abhängigkeit vom
jeweiligen Wert einer Bedingung verzweigen, d.h. die Art der folgenden Arbeitsschritte
wird durch den Wert dieser Bedingung aus mindestens zwei Alternativen ausgewählt. Der
jeweilige Wert der Bedingung kann entweder das Ergebnis vorangegangener Arbeitschritte
sein oder auf einer Eingabe beruhen. Das Sinnbild nach Bild 4.22b wird im Bild 4.25 zur
Darstellung einer Verzweigung mit zwei Alternativen benutzt. Man könnte dieses Sinnbild
unmittelbar auch zur Darstellung von Verzweigungen mit drei Alternativen anwenden. Bei
mehr als drei Alternativen kommt die in Bild 4.22b neben dem allgemeinen Sinnbild angegebene Darstellung in Frage.

Im Programm einer digitalen Datenverarbeitungsanlage wird eine Verzweigung durch einen
bedingten Sprungbefehl realisiert.

Eingabe, Ausgabe

Operationen, durch die Eingaben in das Rechensystem oder Ausgaben aus diesem bewirkt
werden, stellt man durch ein besonderes Sinnbild gemäß Bild 4.22c dar.

Grenzstelle

Mit diesem Sinnbild (Bild 4.22d) werden Begrenzungen eines Programms dargestellt, also
zum Beispiel dessen Anfang oder dessen Ende. Für A kann zum Beispiel Beginn, Ende oder
Zwischenhalt eingeschrieben werden.

Übergangsstelle

Es kommt häufig vor, daß man aus Platzgründen die zeichnerische Darstellung eines Programms an irgendeiner Stelle abbrechen und an einer anderen Stelle, zum Beispiel auf
einem anderen Blatt, fortsetzen muß. Den Übergang kennzeichnet man, indem man an zu
einander gehörenden Enden und Anfängen von Programmteilen jeweils das Sinnbild nach
Bild 4.22e anbringt und darin die gleiche Bezeichnung einträgt. Der Übergang kann jeweils
von mehreren Stellen aus, aber nur zu einer Stelle hin erfolgen.

Bemerkung

Zur Erläuterung eines Programms können Bemerkungen („Kommentare") eingefügt werden, die an sich zur Beschreibung der einzelnen Arbeitsschritte nicht erforderlich wären,
die aber den Programmablauf verständlich machen (Bild 4.22f).

Die Sinnbilder nach Bild 4.22a bis f und die übrigen Sinnbilder zur Darstellung von Programmablaufplänen nach DIN 66001 sind, mit den erläuterten Beschriftungen versehen,
durch Linien mit Pfeilen zur Angabe der zeitlichen Folge der Arbeitsschritte zu einem
Programmablaufplan zu verbinden. Beispiele zeigen die Bilder 4.25 und 4.26.

Programmentwicklungssysteme, In-Circuit-Emulatoren und Logikanalysatoren

Ein als Programmablaufplan — zum Beispiel entsprechend obigem mit den Sinnbildern nach
DIN 66001 — formuliertes Programm muß im nächsten Schritt der Programmentwicklung
in eine Formulierung gebracht werden, die sich in ein bei der verfübaren Datenverarbeitungsanlage brauchbares Maschinenprogramm übersetzen läßt. Gemäß Abschnitt 4.6.1 muß
man also entweder unter Verwendung einer höheren Programmiersprache eine Fassung des
Programms auf Kompiliererebene oder unter Verwendung mnemotechnischer Abkürzungen
der Maschinenbefehle usw. eine Fassung auf Assembliererebene entwickeln. Zwar kann
man sich vorstellen, daß es Programme geben müßte, die die Formulierung eines Programms
durch einen fehlerfreien Programmablaufplan in das Maschinenprogramm der zu verwendenden Datenverarbeitungsanlage übersetzen und hierbei zusätzlich erforderliche Angaben
beim Anwender abfragen. Die heutige Praxis sieht jedoch anders aus. Der Programment-
wickler muß eigenhändig eine Fassung des Programms auf Kompiliererebene oder auf
Assembliererebene niederschreiben.

Das Ergebnis ist in der Regel nicht frei von Fehlern, die an verschiedenen Stellen des vorangehenden Entwicklungssprozesses entstanden sein können. Ein beachtlicher Teil einer Programmentwicklung besteht daher darin, die Fehler in den vorliegenden Programmentwürfen
zu finden und zu beseitigen. Hierbei entstehen nicht selten neue Fehler. Es gibt komplizierte Programmsysteme, in denen über die gesamte Benutzungsdauer manche Fehler nie
beseitigt werden können.

Bei der Lösung einer Aufgabe mit einer bestehenden Datenverarbeitungsanlage ist lediglich
ein Programm zu entwickeln. Fehler können allein im Programm entstehen. Bei Mikrorechnern muß man häufig den gerätetechnischen Aufbau und die Programme zur gleichen
Zeit entwickeln. Bemerkt man einen Fehler, so muß man dann sowohl auf gerätetechni-

scher Ebene als auch in den Programmen nach seiner Ursache suchen. Die Fehlersuche ist also komplizierter. Daher wurden zur Unterstützung der Entwicklung von Mikrorechnern auch weitergehende Entwicklungshilfen eingeführt.

Marktgängige „Entwicklungssysteme" unterstützen in der Regel die Programmentwicklung. Diese Entwicklungssysteme sind eigenständige Mikrorechner. Als Zentralprozessor besitzen sie in der Regel einen Mikroprozessor gleichen Typs wie diejenigen Mikrorechner („Anwendersysteme" oder „Prototypen"), auf denen die zu entwickelnden Programme laufen sollen. Wenn ein Entwicklungssystem zur Verfügung steht, erprobt man die zu entwickelnden Programme also zunächst nicht auf dem Anwendersystem, sondern im für diesen Zweck besonders ausgestatteten Entwicklungssystem.

Zur Ausstattung eines Entwicklungssystems gehören verschiedene Programme, die bei einer Programmentwicklung benötigt werden oder die dabei hilfreich sind. In erster Linie handelt es sich hierbei um einen Assemblierer für die Maschinenbefehle des zu verwendenden Mikroprozessors, zum Beispiel des INTEL 8085, und um einen Editor. Assemblierer erzeugen Maschinenprogramme häufig in der Weise, daß alle Adressen eines Programms sich auf eine bestimmte Bezugsadresse beziehen, so daß solche Programme mittels besonderer Maßnahmen in frei wählbaren Bereichen des Hauptspeichers untergebracht werden können. Die Aufgabe des Verschiebens von Programmen unter Umwwandlung von relativen Adressen in absolute Adressen übernimmt meistens ein besonderes Bindeprogramm (*„Linker'*), das hierbei auch verschiedene, getrennt entwickelte Programme zu einem geschlossenen Programmsystem verbinden kann.

Ein Editor ermöglicht die Eingabe und Korrektur irgendwelcher Texte in eine Datenverarbeitungsanlage, zum Beispiel also der Version eines Programms auf Assembliererebene. Hierbei benutzt der Anwender die Tastatur eines an das Entwicklungssystem angeschlossenen Sichgerätes, mit der er den Text zeichenweise eingibt. Der eingetastete Text erscheint auf dem Bildschirm des Sichtgerätes. Erscheint er dem Bediener fehlerhaft, so kann dieser den Text mittels gleichfalls über die Tastatur eingegebener Korrekturbefehle — die durch den jeweiligen Editor im einzelnen festgelegt sind — ändern.

Verschiedene Mikrorechner-Entwicklungssysteme unterstützen auch die Programmierung in höheren Programmiersprachen, verfügen also insbesondere über entsprechende Kompilierer. So ist bei einigen der INTEL-Entwicklungssysteme der Gebrauch von PL/M und von FORTRAN möglich.

Entwicklungssysteme der bisher beschriebenen Art erlauben es nicht, die zu entwickelnden Programme mit dem realen Hauptspeicher und den realen Eingabe-/Ausgabewerken des Anwendersystems zu erproben. Um dieses zu ermöglichen, hat man "In-Circuit-Emulatoren" entwickelt, die entweder Zusatzgeräte zu Entwicklungssystemen oder eigenständige Systeme darstellen. Der In-Circuit-Emulator ersetzt — gegebenenfalls in Zusammenarbeit mit einem Entwicklungssystem — den Mikroprozessor des Anwendersystems und im allgemeinen bei Bedarf und wahlweise auch andere Baueinheiten desselben. Diese verschiedenen Bau- oder Funktionseinheiten werden innerhalb des In-Circuit-Emulators nachgebildet oder „emuliert".

Zum Anschluß eines In-Circuit-Emulators an ein Anwendersystem wird im letzteren der Mikroprozessor, der den Zentralprozessor des Anwendersystems bildet, entfernt und statt dessen in den Sockel, auf den der Mikroprozessor montiert war, ein Stecker eingesteckt.

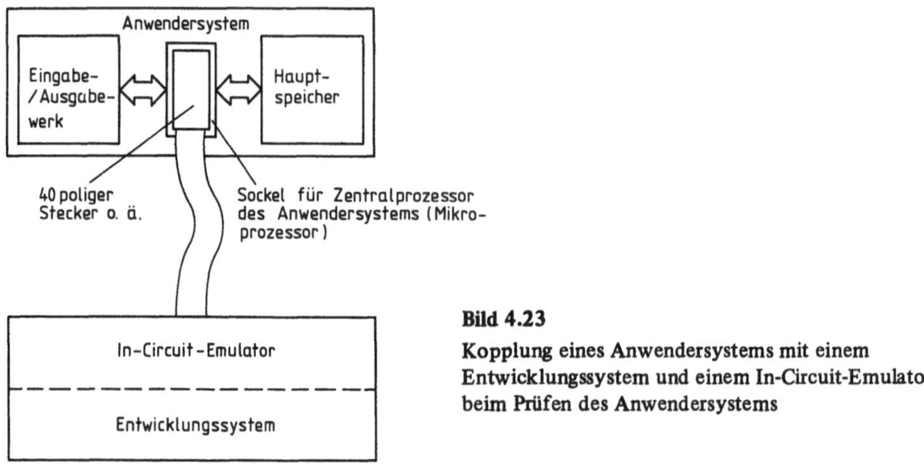

Bild 4.23
Kopplung eines Anwendersystems mit einem
Entwicklungssystem und einem In-Circuit-Emulator
beim Prüfen des Anwendersystems

Von diesem Stecker führt ein Verbindungskabel zum In-Circuit-Emulator (Bild 4.23), das
so viele Adern hat, wie der entfernte Mikroprozessor externe Anschlüsse. Der In-Circuit-
Emulator hat im Anwendersystem dann alle Signale zu erzeugen oder zu empfangen, die
im späteren Betrieb des Anwendersystems dessen Zentralprozessor zu erzeugen oder zu
empfangen hat, und er muß auf solche Signale in gleicher Weise reagieren wie der Zentralprozessor des Anwendersystems.

Eine gängige Methode zum Überprüfen des Ablaufs von Programmen mittels eines in der
dargestellten Weise mit dem Anwendersystem verbundenen In-Circuit-Emulators besteht
darin, bestimmte Testpunkte festzulegen, die das ablaufende Programm irgendwann erreichen sollte. Das kann zum Beispiel durch Eingabe bestimmter Adressen von Maschinenbefehlen als Testadressen geschehen. Der In-Circuit-Emulator vergleicht laufend die Adressen der tatsächlich bearbeiteten Maschinenbefehle mit den Testadressen und speichert
außerdem fortlaufend für eine bestimmte Anzahl von Maschinenzyklen die Werte wichtiger
Variabler, zum Beispiel die Werte sämtlicher auf Adreß-, Daten- und Steuerbus auftretenden Variablen. Wird eine der dem In-Circuit-Emulator vorgegebene Testadresse erreicht,
so werden die Werte der interessierenden Variablen während eines bestimmten, durch die
Testadresse festgelegten Abschnitts von Maschinenzyklen ausgegeben. In der Regel umfaßt
ein solcher Abschnitt eine bestimmte Anzahl von Maschinenzyklen, die der durch den In-
Circuit-Emulator emulierte Zentralprozessor des Anwendersystems vor Erreichen der
Testadresse ausgeführt hat, und eine bestimmte Anzahl von Maschinenzyklen, die er nach
Erreichen der Testadresse ausführt. Durch passende Wahl der Testadressen können nach
und nach alle interessierenden Stellen des Programmablaufs untersucht werden. Aus den
Folgen der Werte der betrachteten Variablen während der erfaßten Abschnitte nacheinan-
der ablaufender Maschinenzyklen gewinnt man wertvolle Hinweise auf Fehler in den Programmen und im gerätetechnischen Aufbau.

Die vorstehend beschriebene Möglichkeit einer Fehlersuche mittels fortlaufender Speicherung der Werte interessierender Variabler während eines sich mit dem Programmablauf ver-
schiebenden Abschnitts von Maschinenzyklen und der Ausgabe dieser Werte bei Erreichen
einer Testadresse oder eines anders vorgegebenen Testpunktes wurde bei In-Circuit-Emula-

toren von den „Logikanalysatoren" übernommen, die in unterschiedlichen Ausführungsformen schon längere Zeit in Gebrauch sind. Gerade weil Logikanalysatoren nicht die
Flexibilität der Emulation von wählbaren Teilen des Anwendersystems der In-Circuit-
Emulatoren besitzen, können sie, da einfacher zu handhaben, in geeigneten Ausführungsformen auch heute noch nützliche Entwicklungshilfen bei Mikrorechnern darstellen.

Weitere Hinweise über die Arbeitsmöglichkeiten insbesondere mit Logikanalysatoren findet
man in [4.9].

4.6.3 Verarbeitung von Programmunterbrechungs-Anforderungen

Bei bestimmten Aufgabenstellungen ist es in ausgeführten Rechnersystemen erforderlich,
daß ein gerade ablaufendes Programm unterbrochen wird, um ein anderes, inzwischen wichtig gewordenes Programm zuvor ablaufen zu lassen. Dieses letztere Programm muß etwas
später unter Umständen durch ein mittlerweile noch wichtigeres Programm unterbrochen
werden usw.. Nach Beendung des jeweils vorgezogenen Programms müssen selbstverständlich die unterbrochenen, noch unvollendeten Programme fortgesetzt und beendet werden,
was wiederum durch neue Unterbrechungen verzögert werden kann.

Derartige Unterbrechungen von Programmen können gerätetechnisch durch die Einrichtungen einer Unterbrechungseingabe unterstützt werden. Durch Verwendung der Möglichkeiten einer Unterbrechungseingabe wird die Programmorganisation bei Rechnern und Mikrorechnern effizienter, wenn es andernfalls Aufgabe des Zentralprozessors wäre, fortlaufend
den Zustand externer Geräte zu überwachen. Nun kann sich ein externes Gerät durch eine
Unterbrechungsanforderung selbst melden. Durch gerätetechnisch festgelegten unterschiedlichen Rang bzw. unterschiedliche Priorität von Unterbrechungseingängen wird es einfacher
zu entscheiden, welche von verschiedenen, annähernd gleichzeitig eintreffenden Unterbrechungsanforderungen als nächste zu bearbeiten ist. Das Maskieren von Unterbrechungseingängen schließt aus, daß Unterbrechungsanforderungen auch dann wirksam werden
können, wenn eine Programmunterbrechung nicht zulässig oder unerwünscht ist.

Die Anschlüsse der Unterbrechungseingabe des Mikroprozessors INTEL 8085 wurden im
Abschnitt 4.3.2 Variablen der Unterbrechungseingabe behandelt; vgl. auch Abschnitt 4.3.4,
Prozessorsteuerung. Reichen die Anschlüsse des Mikroprozessors INTEL 8085 für Unterbrechungsanforderungen in einem zu entwickelnden Mikrorechnersystem nicht aus, so
kann man an den Prozessoranschlüssen $INTR$ und $\overline{INTA}$ hochintegrierte Bausteine an-
schließen, durch die die Anzahl der Eingänge für Unterbrechungsanforderungen vergrößert
wird. So ermöglicht der Anschluß eines PROGRAMMABLE INTERRUPT CONTROLLER
Typ INTEL 8259A die Verwendung von acht Unterbrechungseingängen statt des Unter-
brechungseinganges INTR. Der Baustein 8259A erzeugt eine Unterbrechungsanforderung
nur dann, wenn er ermittelt hat, daß eine eingetroffene Unterbrechungsanforderung den
Ablauf eines Programms von einem Rang verlangt, der höher als der des gerade vom Zentralprozessor bearbeiteten Programms ist.

Die Anzahl der bei einem INTEL 8080- oder 8085-System möglichen Unterbrechungseingänge kann man noch weiter vergrößern, indem man aus mehreren Bausteinen INTEL
8259A eine Kaskadenschaltung aufbaut. Man kann eine Unterbrechungseingabe mit 64
Unterbrechungseingängen statt des einen Einganges $INTR$ des INTEL 8085 realisieren, indem man an jeden der acht Unterbrechungseingänge eines mit dem Mikroprozessor über

dessen Anschlüsse *INTR, $\overline{INTA}$* und verschiedene andere Leitungen verbundenen Bausteins 8259A ("Master") den Ausgang *INT* jeweils eines weiteren Bausteins 8259A ("Slave") anschließt. Der 8259A-Master-Baustein und die 8259A-Slave-Bausteine sind ferner direkt durch einen „Kaskadenbus" verbunden, der aus drei parallelen Leitungen besteht. Empfängt der 8259A-Master-Baustein auf einem Unterbrechungseingang eine Unterbrechungsanforderung von dem diesem Eingang zugeordneten 8259A-Slave-Baustein, so bewirkt er durch Aussenden der Adresse des betreffenden Slave-Bausteins auf dem Kaskadenbus, daß dieser Slave-Baustein und kein anderer während des nächsten oder der beiden nächsten Impulse $\overline{INTA}$ die Startadresse eines ihm zugeordneten Unterprogramms auf den Datenbus gibt.

Im Mikroprozessor INTEL 8085 wird eine Programmunterbrechungsanforderung wie folgt bearbeitet: Eine nicht maskierte Unterbrechungsanforderung wird erst dann wirksam, wenn der letzte Maschinenzyklus des gerade bearbeiteten Maschinenbefehls beendet ist. Bei wirksamen Unterbrechungen über die Eingänge *TRAP, RST 7.5, RST 6.5* und *RST 5.5* führt der Prozessor dann als nächstes einen *"Bus-Idle"*-Maschinenzyklus aus. Während eines solchen wird der Adreß- und Datenbus vom Prozessor nicht benutzt, d. h. der nächste Maschinenbefehl wird nicht unter Verwendung von Adreß- und Datenbus aus dem Hauptspeicher geholt. Nach Ablauf des *"Bus-Idle"*-Maschinenzyklus wird in weiterer Maschinenzyklen der Inhalt des Befehlszählers, der in diesem Zeitpunkt die Adresse des bei fehlender Programmunterbrechungsanforderung als nächstes auszuführenden Maschinenbefehls angibt, im Kellerspeicher abgelegt (Abschnitt 4.3.4 Kellerspeicherbefehle). Die intern erzeugte Verzweigungsadresse wird im Zuge dieses Ablaufes in den Befehlszähler geschrieben. Der Mikroprozessor erzeugt intern den Operationscode eines Maschinenbefehls **Restart** (Abschnitt 4.3.4, Verzweigungsbefehl), der abweichend vom externen Restart die folgenden festen Verzweigungsadressen vorgibt

Unterbrechungseingang	Neue Befehlsadresse (sedezimal)
TRAP	0024
RST 7.5	003C
RST 6.5	0034
RST 5.5	002C

Das durch eine Unterbrechungsanforderung auf dem Eingang *TRAP* ausgelöste Unterbrechungsprogramm beginnt also bei der Adresse $0024_{sedez.}$ usw.. Als letzten Maschinenbefehl muß ein solches Unterbrechungsprogramm einen Maschinenbefehl **Return (RET,** vgl. Abschnitt 4.3.4 Rücksprung aus dem Unterprogramm) enthalten. Durch die Ausführung dieses Maschinenbefehls wird die Weiterbearbeitung des zuvor unterbrochenen Programms eingeleitet.

Beim Schreiben eines Unterbrechungsprogrammes ist zu beachten, daß der Mikroprozessor jedesmal, wenn er am Ende des letzten Maschinenzyklus eines Maschinenbefehls eine gültige Unterbrechungsanforderung erkennt, das interne *"Interrupt-Enable-Flipflop"* zurücksetzt. Aus diesem Grunde muß jedes Unterbrechungsprogramm an geeigneter Stelle einen Maschinenbefehl **EI** enthalten, wenn in der Folgezeit weitere Unterbrechungen zugelassen werden sollen.

4.7 Beispiel für den Entwurf eines Mikrorechnersystems

4.7.1 Aufgabe und Lösung

Aufgabe

Ein einfaches Mikrorechnersystem ist zu entwerfen, das folgende Aufgaben zu erfüllen hat:

— Das Mikrorechnersystem besitzt die binären Schaltvariablen A, B und F als Eingänge, S als Unterbrechungseingang sowie Y und Z als Ausgänge.
— Für Y soll gelten:

F	Y
0	$A \vee B$
L	$A \wedge B$.

Nach jeder Änderung von A, B oder F soll gleichsam unmittelbar der neue Wert von Y ausgegeben werden.
— Beim Betätigen einer Taste S soll der gerade gültige Wert von Y am Ausgang Z ausgegeben werden und dann dort so lange anstehen, bis S erneut betätigt wird und der zu diesem Zeitpunkt vorhandene Wert von Y ausgegeben wird.
— Als Speicher für die Maschinenbefehle soll ein EPROM benutzt werden.

Lösungskonzept

Die Eingabe von A, B und F sowie die Ausgabe von Y und Z kann man mit einer der im Abschnitt 4.5.1 erwähnten, zu solchen Zwecken entwickelten hochintegrierten Schaltungen bewerkstelligen. Da auch ein RAM-Speicher erforderlich ist und da die Maschinenbefehle in einem besonderen EPROM gespeichert werden sollen, benutzt man in Verbindung mit einem Mikroprozessor INTEL 8085 am besten den Baustein INTEL 8155 (Abschnitt 4.5.2).

Der Baustein 8155 enthält auch das Adreßregister, das zum Zwischenspeichern des während Maschinenzuständen T1 vom Mikroprozessor auf $AD_0 \ldots AD_7$ ausgegebenen niederwertigen Adreßteiles erforderlich ist. Zum Anschluß externer Geräte besitzt der Baustein 8155 drei Gruppen von Eingabe-/Ausgabe-Anschlüssen. Durch Setzen einzelner Bits des COMMAND-Registers des 8155 wird festgelegt, in welchen Gruppen im einzelnen Eingaben oder Ausgaben erfolgen werden. Näheres ist dem Bild 4.19 zu entnehmen.

Der Baustein 8155 ist nur zugänglich, wenn sein Anschluß $\overline{CE} = 0$. Ob eine Datenübertragung zwischen den Datenbusanschlüssen $AD_0 \ldots AD_7$ und entweder dem RAM-Speicher oder einem der Ports, dem COMMAND-Register usw. stattfindet, wird durch Vorgabe des Wertes der Eingangsvariablen $IO/\overline{M}$ des Bausteins 8155 entschieden:

$IO/\overline{M} = 0$: Speicher; $\qquad IO/\overline{M} = $ L: Ports.

Die Adressierung der Ports und des COMMAND-Registers geht aus Tabelle 4.6 hervor.

Hinsichtlich der Anzahl der Speicherzellen des zu verwendenden EPROM läßt sich abschätzen, daß ein Baustein mit $2048 \cdot 8$ Bits, also der EPROM 2716, mit Gewißheit ausreichen wird.

Weiterhin liegt es nahe, die Taste S an den Unterbrechungseingang $RST\ 7.5$ des INTEL 8085 anzuschließen. Bei Verwendung dieses Anschlusses wird eine Unterbrechungsanforderung durch eine $0 \rightarrow 1$-Flanke unabhängig davon, ob der Unterbrechungseingang maskiert ist, gespeichert.

Das Programm zur Berechnung von Y kann man mit einer Programmschleife entwickeln, indem man die Werte von A, B und F liest, den jeweiligen Wert von Y berechnet und ausgibt und danach den gleichen Arbeitsgang von vorn beginnt (Bild 4.25). Bei Programmunterbrechung durch die Taste S wird der jeweilige Wert von Y festgestellt und gespeichert. Dieser Wert wird als Z fortlaufend zusammen mit Y ausgegeben.

Zuweisung der Adreßbereiche

Da der beim Mikroprozessor 8085 verfügbare Adreßraum bei der vorliegenden Aufgabe nur zu einem geringen Teil benötigt wird, kann die Verteilung der Adreßbereiche für RAM, EPROM und die Ports so vorgenommen werden, daß der Decodierer, durch den die Adreßbereiche zugewiesen werden, sehr einfach wird. Man kann zum Beispiel die in Tabelle 4.8 angegebene Zuordnung wählen. Dabei wurde berücksichtigt, daß

$$A_{15} = A_7, A_{14} = A_6, ..., A_8 = A_0,$$

sobald der Mikroprozessor unter Verwendung der Maschinenbefehle **IN** oder **OUT** und unter Ausgabe von $IO/\overline{M} = L$ ein Eingabe- oder Ausgabewerk adressiert.

Die Tabelle 4.9 gibt an, wie sich die Adreßbereiche auf den gesamten Adreßraum des Mikroprozessors verteilen. Aus dieser Tabelle ist zu ersehen, daß bei $IO/\overline{M} = 0$ der gesamte Adreßraum des INTEL 8085 belegt ist.

Tabelle 4.8 Wahl von Adreßbereichen für die Speicher- und Ein-/Ausgabe-Bausteine des zu entwickelnden Mikrorechners

$IO/\overline{M}$	A_{15}	A_{14}	A_{13}	A_{12}	A_{11}	A_{10}	A_9	A_8	A_7	$A_6..A_3$	A_2	A_1	A_0	Adressiert wird
0	0	X	X	X	X	X	X	X	X	X..X	X	X	X	EPROM
0	L	X	X	X	X	X	X	X	X	X..X	X	X	X	RAM
L	L	X	X	X	X	0	0	0	L	X..X	0	0	0	COMMAND REGISTER
L	L	X	X	X	X	0	0	L	L	X..X	0	0	L	PORT A
L	L	X	X	X	X	0	L	0	L	X..X	0	L	0	PORT B

Tabelle 4.9 Belegung des Adreßraumes des Mikroprozessors INTEL 8085 bei einer Wahl der Adreßbereiche der angeschlossenen Bausteine gemäß Tabelle 4.8. (Die Adressen sind sedezimal angegeben)

Funktionseinheit	Vorgesehener Adreßbereich	Aufgrund der besonderen Bausteinanwahl zusätzlich belegter Adreßbereich
EPROM	0000 bis 07FF	0800 bis 7FFF
RAM	8000 bis 80FF	8100 bis FFFF
COMMAND REGISTER	80	88, 90, 98, A0, A8, ..., F0, F8
PORT A	81	89, 91, 99, A1, A9, ..., F1, F9
PORT B	82	8A, 92, 9A, A2, AA, ..., F2, FA

Schließlich soll für die Lösung der Aufgabe festgelegt werden, daß Port A als Eingabeport mit $F = PA_0$, $A = PA_1$, $B = PA_2$ und Port B als Ausgabeport mit $Y = PB_0$ und $Z = PB_1$ verwendet werden.

Gerätetechnischer Entwurf

Die wichtigsten Bausteine wurden schon unter Lösungskonzept festgelegt. Zu ergänzen ist, daß für den EPROM 2716 noch ein 8-Bit-Adreßregister und ein Schaltnetz für die Adreßdecodierung und die Verknüpfung der Steuervariablen benötigt wird. Auch einige andere gerätetechnische Einzelheiten sind noch offen.

Mikroprozessor 8085

Zur Erzeugung der Taktfrequenz des Mikroprozessors in Verbindung mit der hierfür auf dem Baustein vorhandenen Schaltung kann man gemäß Abschnitt 4.3.2 Taktgenerator einen Schwingquarz verwenden. Bei der vorliegenden Anwendung braucht jedoch keine genaue Taktfrequenz eingehalten werden. In dem als Bild 4.24 wiedergegebenen Schaltbild wird

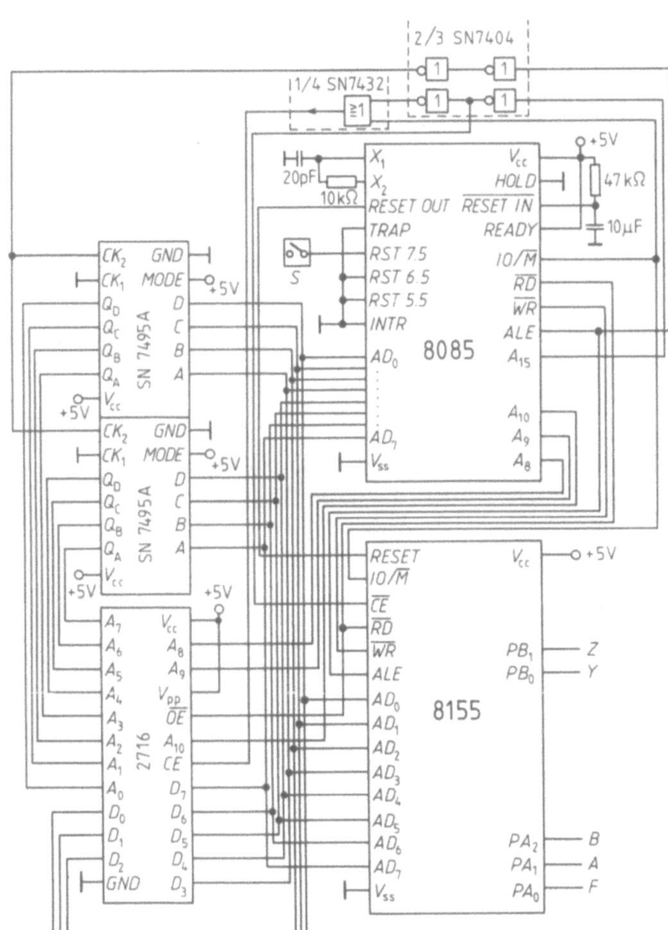

Bild 4.24

Schaltbild des entworfenen Mikrorechnersystems (Beispiel laut Text)

eine RC-Kombination angegeben, die ausreicht, um eine Taktfrequenz von ca. 1,5 MHz einzustellen.

Beim Einschalten der Versorgungsspannung muß der Mikroprozessor zunächst in den Maschinenzustand T_{RESET} gelangen (Abschnitt 4.3.2 Bestimmter Anfangszustand des Mikroprozessors). Daher ist auch der Eingang *RESET IN* mit einer RC-Kombination beschaltet.

Alle Steuereingänge des Mikroprozessors, die beim Aufbau des Systems nicht unmittelbar benötigt werden, sind fest auf 0 oder L zu legen. Der Mikroprozessor INTEL 8085 ist in MOS-Technik aufgebaut. Das bedeutet im allgemeinen, d. h. wenn der Eingang nicht intern über einen Widerstand an Masse gelegt ist, daß ein nicht beschalteter, also offener, Eingang keinen definierten Wert erzeugt. Beim INTEL 8085 kann von einem offenen Eingang entweder der Wert 0 oder der Werl L auf die internen Schaltungen wirken. Daher sind die folgenden nicht benötigten Eingänge auf den Wert 0 zu legen:

TRAP, RST 6.5, RST 5.5, INTR, HOLD.

Da Zustände T_{WAIT} nicht auftreten sollen, ist ferner anzuschließen:

READY = L.

EPROM 2716

Das Adreßregister, das für diesen Baustein zur Aufspaltung des Adreß-/Datenbus $AD_0 \ldots AD_7$ zusätzlich vorzusehen ist, kann man mit zwei Bausteinen SN 7495A realisieren. Als Takt dient ALE. Mit der L → 0-Flanke von ALE wird der niederwertige Teil der Adresse während der Maschinenzustände T1 in dieses Adreßregister übernommen. Am Ausgang des Registers stehen danach die Adressen $A_0 \ldots A_7$ zur Verfügung.

Die Adreßleitungen A_8, A_9, A_{10} können direkt an das EPROM angeschlossen werden. Auch die Ausgänge des EPROM sind direkt, und zwar an den Adreß-/Datenbus $AD_0 \ldots AD_7$, anzuschließen.

Der EPROM kann nach früherem nur gelesen werden. Die zur Steuerung der Lesezyklen benötigte Variable $\overline{RD}$ ist, wie aus der Beschreibung des Bausteins 2716 im Datenbuch hervorgeht, auf den Anschluß $\overline{OE}$ (Output Enable) zu legen.

Die Adreßbereichszuweisung für den EPROM 2716 erfolgt mittels seines Anschlusses $\overline{CE}$. Die im vorliegenden Fall sehr einfache Funktionstabelle des Decodierers folgt aus der Tabelle 4.8. Die Funktionstabelle ist in Tabelle 4.10 angegeben. Aus ihr folgt als Schaltfunktion des Decodierers:

$$\overline{CE}_{2716} = A_{15} \vee IO/\overline{M}.$$

INTEL 8155 (Eingabe, Ausgabe, RAM-Speicher)

Tabelle 4.10 Funktionstabelle des Decodierers für die Anwahl
des EPROM 2716 des zu entwickelnden Mikrorechnersystems

$IO/\overline{M}$	A_{15}	$\overline{CE}_{2716}$	Adressiert wird
0	0	0	EPROM
0	L	L	RAM
L	0	L	keine Funktionseinheit
L	L	L	PORT A, B usw.

Tabelle 4.11 Funktionstabelle des Decodierers für die Anwahl
des Bausteins INTEL 8155 des zu entwickelnden Mikrorechnersystems

$IO/\overline{M}$	A_{15}	$\overline{CE}_{8155}$	Adressiert wird
0	0	L	EPROM
0	L	0	RAM
L	0	L	keine Funktionseinheit
L	L	0	PORT A, B usw.

Der Baustein 8155 wird über den Adreß-/Datenbus $AD_0 \dots AD_7$ und die Steuerleitungen
mit den Variablen $\overline{RD}$, $\overline{WR}$, $IO/\overline{M}$, $RESET\ OUT$ und ALE mit dem Mikroprozessor verbunden. Die Verwendung von $IO/\overline{M}$ geht aus der Tabelle 4.8 hervor.

Gemäß Bild 4.9 bis 4.11 schreiben die Variablen $\overline{RD}$ und $\overline{WR}$ dem Baustein 8155 die Zeitintervalle vor, in denen eine Ausgabe von Daten auf den (Adreß-)Datenbus $AD_0 \dots AD_7$
bzw. eine Übernahme von Daten vom (Adreß-)Datenbus $AD_0 \dots AD_7$ zulässig ist. Die
hierbei erforderlichen Verknüpfungen führt der Baustein 8155 selbst durch, sobald er durch
$\overline{CE} = 0$ zugänglich ist. $\overline{CE}$ ergibt sich aus der als Tabelle 4.11 angeführten Funktiontabelle.
Aus dieser Tabelle folgt $\overline{CE}_{8155} = \overline{A}_{15}$.

Überprüfung der Belastung der sendenden Bausteine

Zur endgültigen Ausführung der Schaltung ist zu prüfen, welche statische Belastung der
Ausgänge von Bausteinen sich durch den Anschluß anderer Bausteine ergibt. Hierzu addiert
man die elektrischen Ströme aller an den Ausgang eines Bausteins angeschlossener Stromverbraucher, und zwar für die beiden Fälle, daß auf der Leitung das Signal "0" oder das
Signal "L" übertragen wird, und prüft, ob die betreffenden Summen dieser Ströme jeweils
dem sendenden Baustein entnommen werden dürfen. Bei dieser Prüfung können die Belastungen und die Belastbarkeit der hier verwendeten Bausteine gemäß Tabelle 4.12 zugrunde gelegt werden. Im übrigen sind diese Werte den jeweiligen Datenblättern zu entnehmen.

Danach kann ein MOS-Ausgang (bei "L") mit 40 MOS-Eingängen belastet werden, jedoch
(bei "0") nur mit einem TTL-Eingang. MOS-Bausteine sind die Bausteine 8085, 8155,
2716. TTL-Bausteine sind die Bausteine SN 7404, SN 7432 und SN 7495A.

Da ALE als Ausgang eines MOS-Bausteins die Taktvariable für zwei TTL-Bausteine
SN 7495A bildet, ist nach vorstehendem eine Signalverstärkung erforderlich. Man erreicht
sie durch zwei hintereinander geschaltete Inverter SN 7404. Entsprechendes gilt für A_{15};

Tabelle 4.12 Richtwerte für die Belastungen je Anschluß und die
Belastbarkeit von Ausgängen bei MOS- und bei TTL-Bausteinen

Signal auf der Leitung	Belastung je Anschluß		Belastbarkeit jedes Ausganges	
	MOS	TTL	MOS	TTL
"0"	10 μA	1,6 mA	2 mA	16 mA
"L"	10 μA	40 μA	0,4 mA	0,4 mA

der Unterschied besteht hier lediglich darin, daß für den Baustein 8155 auf jeden Fall $\overline{A_{15}}$ gebildet werden muß.

Entwicklung der Programme

Mit den Festlegungen unter Ziffer 2 und 3 sind auch die Grundlagen für die Entwicklung der Programme geschaffen. Empfehlenswert ist, zunächst einen Programmablaufplan zu entwickeln, vgl. Abschnitt 4.6.2 Programmablaufpläne.

Zur Lösung der vorliegenden Aufgabe erhält man für das Hauptprogramm und für das durch Programmunterbrechung, also durch vorübergehende Unterbrechung des Ablaufs des Hauptprogramms, aufgerufene Unterbrechungsprogramm die in den Bildern 4.25 und 4.26 dargestellten Programmablaufpläne.

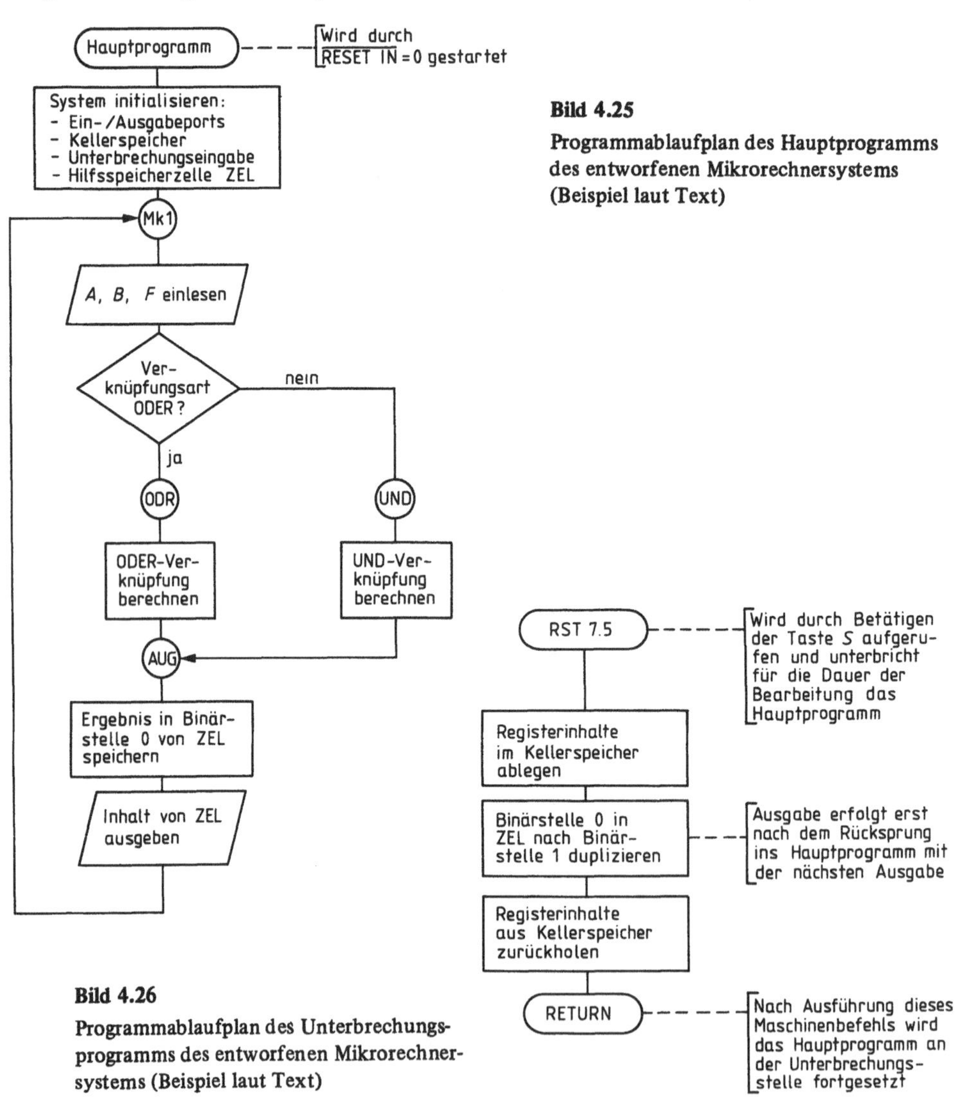

Bild 4.25
Programmablaufplan des Hauptprogramms des entworfenen Mikrorechnersystems (Beispiel laut Text)

Bild 4.26
Programmablaufplan des Unterbrechungsprogramms des entworfenen Mikrorechnersystems (Beispiel laut Text)

Aus den Programmablaufplänen müssen danach die von Mikrorechner tatsächlich ausführbaren Maschinenprogramme entwickelt werden. Dazu kann man als nächstes Fassungen der Programme auf Assembliererebene entwerfen und hieraus entweder in einfachen Fällen das Maschinenprogramm, also die Folge der Maschinenbefehle im Maschinencode, von Hand entwickeln oder die erforderliche Umwandlung mit einem Assemblierer auf einem Entwicklungsrechner vornehmen, vgl. Abschnitt 4.6.2 Programmentwicklungssysteme.

Letzteres ist im vorliegenden Fall geschehen. Die Auflistungen von Hauptprogramm und Unterbrechungsprogramm sind in Bild 4.27 dargestellt. Sie beginnen jeweils mit einer Bemerkung, in der Angaben über den Aufbau und Aufgabe des Programms gemacht werden. Darauf folgen die verschiedenen Festlegungen bezüglich der Adressen. Schließlich ist das eigentliche Programm in drei Hauptspalten ausgedruckt. In der mittleren Hauptspalte sind die einzelnen Maschinenbefehle in der von INTEL festgelegten, mnemotechnisch abgekürzten Schreibweise angegeben. ANF, MK1, ODR, AUG und UND sind hierbei Sprungadressen im Hauptprogramm in „symbolischer" Schreibweise, deren Bedeutung teilweise aus Bild 4.25 hervorgeht, von denen im Programm tatsächlich aber nur UND, MK1 und AUG verwendet werden. Entsprechende Sprungadressen im Unterbrechungsprogramm („Interruptprogramm') sind RS1 und RS2.

In der linken Hauptspalte von Bild 4.27 sind die Maschinenbefehle in sedezimaler Schreibweise angeführt, die das Ergebnis des Assemblierens darstellen. Ganz links stehen die vom Assemblierer ermittelten Adressen, unter denen jeweils das erste Befehlswort des betreffenden Maschinenbefehls im Hauptspeicher gespeichert wird. Die rechte Hauptspalte enthält schließlich Erläuterungen zu den verschiedenen Maschinenbefehlen.

4.7.2 Vergleich des entwickelten Mikrorechnersystems mit einem Schaltwerk gleicher Funktion

Bei vielen technischen Anwendungen digitaler Systeme konkurrieren die Lösungen mittels eines Mikrorechners mit Lösungen, die als besondere Schaltwerke nach den im 3. Kapitel dargelegten Verfahren entwickelt wurden. Es ist häufig nicht einfach, im voraus abzuschätzen, welcher dieser beiden Lösungswege zur einfacheren Realisierung führt. An sich kann die Entwicklung eines in seiner Leistungsfähigkeit erheblich überdimensionierten Mikrorechnersystems durchaus zweckmäßiger sein als die Entwicklung eines speziellen Schaltwerks, da beim Mikrorechnersystem im Durchschnitt Bausteine erheblich höherer Integration Verwendung finden und das Mikrorechnersysteme auch flexibler sind. Programme können leichter geändert werden als ein insgesamt gerätetechnisch entwickelter Aufbau.

Bei dem im Abschnitt 4.7.1 behandelten Beispiel ist eine Lösung durch ein spezielles Schaltwerk jedoch viel einfacher als die Lösung durch das entwickelte Mikrorechnersystem. Um dies zu zeigen, soll hier die Aufgabe nach Abschnitt 4.7.1 durch ein Schaltwerk gelöst werden.

Dieses Schaltwerk besteht nur aus zwei Teilen, nämlich einem Schaltnetz zur Bestimmung von Y und einem D-Flipflop und dem Taster S. Die Schaltfunktion zur Bestimmung von Y kann unmittelbar aus der Aufgabenstellung abgelesen werden

$$Y = [\overline{F} \wedge (A \vee B)] \vee [F \wedge A \wedge B] = [\overline{F} \wedge (A \vee B)] \vee (A \wedge B). \tag{4.2}$$

Bild 4.27

```
                        ;HAUPTPROGRAMM
                        ;--------------
                        ;Das folgende Programm liest zyklisch die
                        ;Information des Ports PA des Bausteins
                        ;8155 ein und wertet sie aus:
                        ;Ist die Bitstelle B0 (F) des eingelesenen
                        ;Wortes 0, werden die Bitstellen B1 und B2
                        ;ODER-verknuepft, ist sie L, werden B1 und
                        ;B2 UND-verknuepft. Das Resultat wird in
                        ;Bitstelle B0 der Speicherzelle ZEL ge-
                        ;speichert und ueber Port PB in der Bit-
                        ;stelle B0 ausgegeben.
                        ;
                        ;
8000            ZEL     EQU     8000H   ;Adresse von ZEL auf
                                        ;8000 festlegen
0081            PA      EQU     81H     ;Adressen der Ein- und
0082            PB      EQU     82H     ;Ausgabe-Ports festlegen
0080            CON     EQU     80H     ;Kontrollregisteradresse
8100            KEL     EQU     8100H   ;Kellerspeicheradresse
                        ;
                        ORG     0       ;Anfangsadresse ist Null
                        ;
                        ;Durch Einschreiben von 02 ins Kontrollregister
                        ;wird PA als Ein- und PB als Ausgabeport festge-
                        ;legt:
0000'   3E 02   ANF:    MVI     A,02H
0002'   D3 80           OUT     CON
                        ;
0004'   31 8100         LXI     SP,KEL  ;Kellerspeicheradress-
                                        ;register laden
                        ;
0007'   3E 0B           MVI     A,0BH   ;ueber das Maskenre-
0009'   30              SIM             ;gister wird nur
000A'   FB              EI              ;RST 7.5 freigegeben
                        ;
000B'   21 8000         LXI     H,ZEL   ;ZEL mit 0 laden
000E'   36 00           MVI     M,0
                        ;
0010'   DB 81   MK1:    IN      PA      ;Eingangsinformation
0012'   47              MOV     B,A     ;lesen und nach B
                                        ;duplizieren
                        ;Inhalt von A um eine Bitstelle nach rechts
                        ;und Bit B0 von A ins CY-Bit schieben
0013'   1F              RAR
0014'   DA 0026'        JC      UND     ;nach UND springen,wenn
                                        ;CY = L
                        ;ODER-Verknuepfung von B1 (jetzt B1-Stelle von
                        ;B) und B2 (jetzt B1-Stelle von A) der
                        ;Eingangsinformation durchfuehren
0017'   B0      ODR:    ORA     B
                        ;
0018'   1F      AUG:    RAR             ;Resultat zur B0-Stelle
                                        ;in A schieben
```

Fortsetzung Bild 4.27

```
0019'    E6 01                ANI    1         ;uebrige Bits loeschen
001B'    47                   MOV    B,A       ;nach B laden
001C'    7E                   MOV    A,M       ;Inhalt von ZEL nach A
001D'    E6 FE                ANI    0FEH      ;Bit B0 loeschen und
001F'    B0                   ORA    B         ;Resultat aus B einfuegen
0020'    77                   MOV    M,A       ;neuen Inhalt speichern
0021'    D3 82                OUT    PB        ;und ausgeben
0023'    C3 0010'             JMP    MK1       ;zurueckspringen und
                                               ;Zyklus wiederholen
                         ;
0026'    A0           UND:    ANA    B         ;UND-Verknuepfung und
0027'    C3 0018'             JMP    AUG       ;Sprung nach AUG


                 ;INTERRUPTPROGRAMM
                 ;-----------------
                 ;Das Interruptprogramm dupliziert die Bitstelle
                 ;B0 der Speicherzelle ZEL in die Stelle B1 der
                 ;selben Speicherzelle.
                 ;
                 ;
                         ORG    3CH       ;Anfangsadresse ist 3C
                 ;                        ;(hexadezimal)
                 ;
0036C'   F5           RST:    PUSH   PSW       ;Retten der Inhalte
003D'    E5                   PUSH   H         ;benoetigter Register
003E'    21 8000              LXI    H,ZEL     ;Inhalt von ZEL nach A
0041'    7E                   MOV    A,M       ;laden
0042'    1F                   RAR              ;B0 ins CY-Bit schieben.
0043'    DA 004E'             JC     RS2       ;Sprung, wenn CY=L
                         ;
0046'    3E FD                MVI    A,0FDH    ;durch UND-Verknuepfung
0048'    A6                   ANA    M         ;mit FD wird B1=0
                         ;
0049'    77           RS1:    MOV    M,A       ;Resultat speichern
004A'    E1                   POP    H         ;gerettete Registerinhalte
004B'    F1                   POP    PSW       ;zurueckspeichern
004C'    FB                   EI               ;Interrupt wieder zulassen
                                               ;(Er wurde bei Aufruf
                                               ;dieses Interruptprogramms
                                               ;automatisch gesperrt.)
004D'    C9                   RET              ;Interruptprogramm beenden
                         ;
                         ;
004E'    3E 02        RS2:    MVI    A,02H     ;durch ODER-Verknuepfung
0050'    B6                   ORA    M         ;mit 02 wird B1=L
0051'    C3 0049'             JMP    RS1       ;weiter bei RS1
                         ;
                         ;
                                 END
```

```
Macros:

Symbols:
ANF      0000'     AUG      0018'     CON      0080      KEL     8100
MK1      0010'     OOR      0017'     PA       0081      PB      0082
RS1      0049'     RS2      004E'     RST      003C'     UND     0026'
ZEL      8000


No   Fatal error(s)
```

Bild 4.27 Auflistung von Assemblierer-Fassungen von Hauptprogramm und Unterbrechungsprogramm des entworfenen Mikrorechnersystems (Beispiel laut Text) und der entsprechenden
Maschinenprogramme

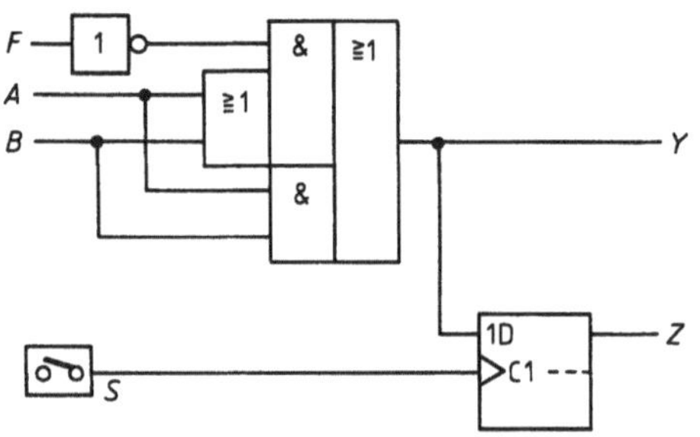

Bild 4.28

Schaltwerk zur Lösung der Aufgabenstellung
nach Abschnitt 4.7.1 Aufgabe als Alternative zum Mikrorechnersystem nach den
Bildern 4.24 und 4.27

Zur Bestimmung von Z kann nach der Aufgabenstellung ein einfaches taktgesteuertes D-
Flipflop verwendet werden, als dessen D-Eingang die Variable Y nach Gl. (4.2) benutzt
wird. Der Ausgang S des Tasters ist die Taktvariable für dieses Flipflop. Die Zustandsvariable des Flipflops realisiert dann die Variable Z. Die so gefundene Schaltung ist in
Bild 4.28 dargestellt.

Die Einfachheit der gefundenen Lösung im Vergleich zu dem im Abschnitt 4.7.1 entwickelten Mikrorechnersystem darf allerdings nicht zum Fehlschluß verführen, daß Aufgaben der Digitaltechnik grundsätzlich viel einfacher durch ein spezielles Schaltwerk al
durch ein Mikrorechnersystem zu lösen seien. Letzteres gilt nur für Sonderfälle, bei dene
– wie bei der vorliegenden Aufgabe – eine recht einfache Aufgabe der Digitaltechnik
mittels eines Mikrorechnersystems gelöst wird.

Doch zeigt der durchgeführte Vergleich auch, daß selbst dann, wenn man fest entschlosse
ist, ein Mikrorechnersystem zu entwickeln, ein Seitenblick auf die Grundlagen des Ent
wurfs von Schaltwerken lohnend sein kann.

Literatur zu Kapitel 4

[4.1]   DIN 44300. Informationsverarbeitung. Begriffe. März 1972.

[4.2]   MCS-85 TM User's Manual. INTEL Corp. (Neueste Ausgabe).

[4.3]   IN 6603 (1024 × 4)/IM 6604 (512 × 8) 4096 Bit Erasable Prom. Spezifikation. INTERSIL.

[4.4]   ICL 7109 CMOS 12 Bit. INTERSIL.

[4.5]   8 Bit A to D/D to A Converter ZN425E. Ferranti Ltd. Electronic Components Division.

[4.6]   *Schöne, A.:* Prozeßrechensysteme. Aufbau und Programmierung von Prozeßrechnern/Grundlagen und Verfahren ihrer Anwendung. Carl Hanser Verlag, München, Wien 1981.

[4.7]   DIN 66001. Informationsverarbeitung. Sinnbilder für Datenfluß- und Programmablaufpläne. Oktober 1969.

[4.8]   Intel MULTIBUS Interfacing. INTEL Corp.

[4.9]   *Philipp, H.:* Grundlagen und praktischer Einsatz von Logikanalysatoren. Firmenschrift Gould Electronics (1983). (Sonderdruck aus elektronik journal.)

Im Text nicht erwähnte Literatur:

[4.10] *Görke, W.:* Mikrorechner. Technologie, Funktion, Entwicklung. Wissenschaftsverlag, Mannheim, Wien, Zürich 1980. Das Buch gibt eine verhältnismäßig allgemeine Darstellung zur Entwicklungsgeschichte, Technologie und Funktion von Mikrorechnern.

[4.11] *Nölle, G.:* SUMA 85 – Ein Mikroprozessor-System für den Selbstbau. ELCOMP (1980) Jan., S. 38–41; Febr., S. 22–25; Teil 3: März, S. 10–15; Teil 4: April, S. 5–9; Teil 5: Mai, S. 7–11; Teil 6: Juni, S. 22–26; Teil 7: Juli/August, S. 65–73; Teil 8: Sept., S. 18–23; Teil 9: Okt., S. 28–33; Teil 10: Nov., S. 32–38. Die Aufsatzfolge beschreibt den Aufbau eines Mikrorechners mit einem Mikroprozessor 8085 im Stil einer Gebrauchsanweisung.

[4.12] *Hill, F. J.,* und *Peterson, G. R.:* Digital Systems: Hardware Organization and Design. John Wiley & Sons, New York etc. 1978.
Umfassende Darstellung des gerätetechnischen Aufbaus digitaler Rechner mit Erörterung der Beschreibung von Rechnern durch eine Rechnerbeschreibungssprache (RBS; englisch: Computer Hardware Description Language, CHDL). Kapitel 12 (74 Seiten) behandelt Systeme mit dem Mikroprozessor M 6800 von Motorola.

[4.13] *Schmidt, V.:* Digitalschaltungen mit Mikroprozessoren. B. G. Teubner, Stuttgart 1978. Das Buch behandelt Systeme mit dem Mikroprozessor M 6800.

[4.14] *Duncan, F. G.:* Mikroprozessor-Software. Carl Hanser Verlag, München, Wien 1980. Das Buch enthält Vorschläge für Programme von Systemen mit Mikroprozessoren unterschiedlichen Typs.

Sachwortverzeichnis

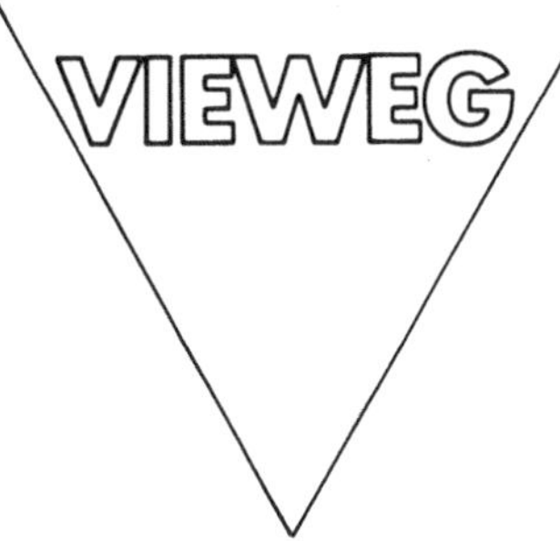

Anwendung von Mikrocomputern

Band 1
Norbert Hoffmann

Digitale Regelung mit Mikroprozessoren

1983. XII, 169 S. mit umfangr. Programmteil für den Mikrocomputer AIM-65 (ca. 50 Struktogramme), 105 Abb. und 7 Tab. 16,2 x 22,9 cm. Br.

Inhalt: Beschreibung eines Standardbeispiels: Vollständige Dokumentation eines Regelsystems mit dem AIM-65 als Regler — Grundlagen der digitalen Regelung: Analoge Regelung — Digitale Regelung — Regelalgorithmen — Beschreibung eines Beispiels: Entwurf eines Heizungssystem mit mehreren unabhängigen Heizkreisen — Praktische Probleme: Verbindung von Prozeß und Rechner — Verschiedene Detailprobleme — Typen digitaler Regler — Systemplanung.

Das Buch versetzt den Anwender in die Lage, ein funktionsfähiges Mikroprozessor-Regelsystem zu entwerfen und zu realisieren. Vorausgesetzt wird die Kenntnis des Aufbaus und der Programmierung von Mikrocomputern.

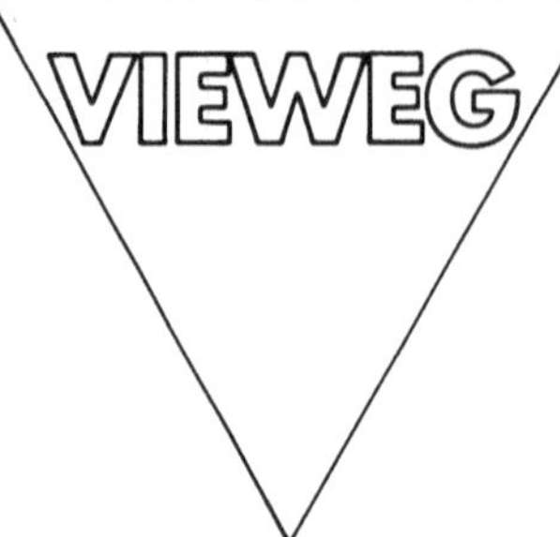

Gerhard Schnell und Konrad Hoyer

Mikrocomputer-Interfacefibel

1984. X, 175 S. 16,2 X 22,9 cm. Br.

<u>Inhalt:</u> Einführung — Die Nahtstelle zwischen Hardware und Software — Passive Datenempfänger — Passive Datengeber — Aktive Datengeber — Digital/Analog- und Analog/Digitalwandler — Geräte mit Quittungsverkehr — Externe Bussysteme — Interface-Bausteine für Parallel- und Seriellbetrieb — Literatur- und Sachwortverzeichnis.

Das Buch behandelt die Bindeglieder (interfaces) zwischen Mikrocomputer und Peripheriegerät vom einfachen Interface für den IEC-Bus. Darüber hinaus werden Übertragungsdaten und Bussysteme beschrieben. Obwohl die ausführlich kommentierten Interface-Programme in der leicht verständlichen, mikroprozessorunabhängigen Assemblersprache CALM meist für den Z 80 geschrieben sind, wurde auf Z 80-spezifische Sonderbefeh. der Allgemeingültigkeit wegen weitgehend verzichtet. Die Übert eit auf andere Mikroprozessoren ist deshalb problemlo. r

Sowohl für den Studente der Infor atik und Datentechnik als auch für den einschlägig tätige. igenieur, Physiker und Techniker stellt diese „Interfacefibel" ein didaktisch hervorragend konzipiertes Lehrbuch und ein immer wieder hilfsreiches Arbeitsbuch dar.